「学習成果の高い授業」に求められる戦略的思考

―― ゲーム理論による「優れた教師」の実践例の分析 ――

原口孝治 著

佛教大学研究叢書

ミネルヴァ書房

まえがき

　本書は，優れた体育授業の創造に資する教師の実践的思考様式を「戦略的思考」と押さえ，学習成果（態度得点と技能）を高めた教師（以下，'優れた教師'）が有する「戦略的思考」の実体を明らかにすることを目的としたものである。すなわち，'優れた教師'の実践的思考様式の内実を教授戦略の立場から検討するとともに，教授戦略をいかに工夫・実践すれば学習成果の高い授業を実践できるのかについて実践事例の分析を中心に検討したものである。

　これまで幾多の研究者によって熟練教師の実践的思考様式が検討されてきたが，どうすればそうした実践的思考様式を意識的に形成できるかまでは明らかにされていない。その後「授業研究栄えて，授業滅ぶ」（佐藤 1996）とする見解が提示され，授業の科学が優れた授業の創造に対して関与的でないことが問題視されるようになった。こうした現状にあっては，優れた授業の創造に資する授業研究法を開発・工夫する必要がある。そこで本書では，教師の実践的思考様式をとらえる研究方法の一つとして，経済学分野で発達してきた「ゲーム理論」を手がかりに，'優れた教師'の「戦略的思考」を客観的に記述・分析する方法を開発することに着手した。

　第1章では，本書を進めるにあたり，優れた教師の実践的思考様式を「戦略的思考」からとらえる意義について述べた。その上で，本書で記す研究の目的及び方法について明示した。とりわけ，本書では「戦略的思考」を明らかにする方法の構築を主たる目的としている点を押さえた上で，そのための具体的な手続きをフローチャートとして示した。すなわち，第2～4章で明らかにすべき研究課題の提示である。また，本書における研究の基軸となる「態度」と「ゲーム理論」について，これまでの先行研究を概観し，それぞれ「態度研究小史」「ゲーム理論小史」としてまとめた。

第2章では「ゲーム理論」に基づく教師の「戦略的思考」の概念整備を行った。まず経済学分野の「ゲーム理論」を考察視座とし、「ゲーム理論」の基盤となす「戦略型」と「展開型」の表現様式が授業設計段階における教師の「戦略的思考」を発現させるツールになり得るかどうかについて検討した。すなわち、小学校教師4名に前述の2つの表現様式による記述を依頼し、内容分析を行った。その結果、「戦略型」の表現様式は「学習指導法」に関する教師の知識を、「展開型」の表現様式は「運動教材に対するつまずきの類型とその対処法」に関する教師の知識を、それぞれ推定し得るツールとして有効であると考えられた。続いて、経済学分野の「ゲーム理論」の発展過程で導出された6つの解概念（インセンティブ、スクリーニング、シグナリング、コミットメント、ロック・イン、モニタリング）が体育授業における教師の教授戦略になり得るかどうかについて検討した。すなわち、これらの6つの解概念の教育学概念への読み替えと、体育授業における教授戦略概念への読み替えを試みた。いずれの観点においても、前述の6つの解概念は、教育学的概念になり得るとともに、体育授業における教師の教授戦略の観点にもなり得るものと考えられた。

　第3章では、学習成果（態度得点）が恒常的に高い小学校高学年担任教師4名を対象に、彼らの授業実践（走り幅跳び：全9時間）における教授技術の観察・分析を通して、前述の6つの教授戦略が実際にどのようにして発揮されているのかを検討した。まず、被験教師の授業設計段階における知識は「戦略型」と「展開型」の表現様式を用いて分析した。また、実際の授業展開場面においては、単元の序盤（2時間目）、中盤（5時間目）、終盤（8時間目）の計3授業を対象に、いずれの授業においても共通して意識的に使用されている教授技術を抽出し、試作した「教授戦略カテゴリー」を用いて彼らの教授戦略の特徴を検討した。その結果、モニタリング戦略とコミットメント戦略の発揮には「運動の構造的（技術的、機能的、文化的）知識」が、ロック・イン戦略の発揮には「運動教材における児童のつまずきの類型とその手だてに関する知識」が、インセンティブ戦略とシグナリング戦略の発揮には「学力観の知識」が、スクリーニング戦略の発揮には「アフォーダンス理論」の知識が、それぞれ関係し

ていることが認められた。併せて，これら4つの知識は階層的な構造にあるものと考えられた。

　第4章では，小学校高学年担任の男性教師1名の走り幅跳びの授業（全9時間）を対象に，前章で導出された4つの知識のうち下位層に位置する2つの知識，すなわち「運動の構造的知識（走り幅跳び運動の技術的知識の提示）」を一次情報として，また「児童のつまずきの知識（走り幅跳びの最適なプログラムの提示）」を二次情報として，それぞれ介入した。その結果，被験教師は，介入前の授業では教授戦略の発揮の仕方が一様でなかった状態から，介入後の授業になると教授戦略が時系列的に組み合わすようになった。このことは，介入により被験教師が授業展開を戦略的に思考してきたことをうかがわせるものである。しかしながら，学習成果（態度得点と技能）に顕著な向上は認められなかった。これには，練習活動の工夫に関わる「ロック・イン戦略」における実践的展開が単調であったことが原因の一つとして考えられた。

　第5章では，第1章から第4章までの研究結果を総括し，「よい体育授業」を成立させる教授戦略のあり方（戦術手法）について論及した。すなわち，'優れた教師'は，課題（めあて）形成・把握場面ならびに課題（めあて）の解決場面のそれぞれにおいて，児童の学習様態（活動状況）との関係から，単一な教授戦略を場当たり的に用いるのではなく，いくつかの教授戦略を時系列的に組み合わせ（順列戦略と称す）たり，空間的に組み合わせ（重複戦略と称す）たりして，授業を展開させているものと推察した。

　これらのことから，経済学分野の「ゲーム理論」から援用した6つの教授戦略は，優れた体育授業の創造に資する教師の実践的思考様式の内実を明示しているものと考えられ，この視点から教師の教授戦略を記述・分析する方法は，優れた授業を創造する授業研究法の一つとして意味あるものと考えられた点を指摘したのが本書である。

2016年12月

山口孝治

「学習成果の高い授業」に求められる戦略的思考
——ゲーム理論による「優れた教師」の実践例の分析——

目　次

まえがき

第1章　教師の実践的思考様式としての戦略的思考 ………… 1
1　実践的思考様式と戦略的思考 ………… 2
2　教授戦略が授業に及ぼす影響 ………… 9
3　戦略的思考解明への道程 ………… 10
4　態度研究とゲーム理論 ………… 13
（1）「態度研究」小史　13
（2）「ゲーム理論」小史　22

第2章　戦略的思考から教授戦略へ ………… 33
　　　──ゲーム理論に基づく思考の分析過程
1　「非協力ゲーム」の2つの表現様式と体育授業への援用 ………… 35
（1）経済学分野における「ゲーム理論」の発展過程　35
（2）「非協力ゲーム」の2つの表現様式と体育授業への援用　40
2　「優れた授業」の創造を紐解く鍵──6つの教授戦略 ………… 52
（1）インセンティブとスクリーニング　52
（2）シグナリングとコミットメント　57
（3）ロック・インとモニタリング　62
3　授業における教師の教授戦略の構造 ………… 67
4　戦略的思考からみた「優れた授業」のモデル ………… 73

第3章　「優れた教師」はどのような教授戦略を発揮しているのか ………… 77
1　「優れた教師」の選定と学習成果の測定　79
（1）教授戦略を明らかにすることの可能性　79
（2）「優れた教師」の選定と授業モデル　82
（3）学習成果の測定　82
（4）授業設計段階における実践的知識に関する調査　84

　　　　（5）授業実践段階における教師の教授戦略の分析　85
　　2　「優れた教師」の教授戦略の共通性と異質性………………………………92
　　　　（1）態度得点の診断結果と単元前後の跳躍距離の変化　92
　　　　（2）授業設計段階における実践的知識の共通性と異質性　93
　　　　（3）教授技術の観点からみた教授戦略の共通性と異質性　98
　　3　教授戦略を発揮するための実践的知識……………………………………115
　　4　教授戦略を読み解く──教授戦略の観察・分析から……………………120

第4章　教師の戦略的思考をいかにして高めるか…………127
　　　　──介入・実験授業の試みから

　　1　「見込みのある教師」の分類………………………………………………128
　　　　──4つの知識の階層構造と各々の教授戦略の分析を基に
　　　　（1）4つの知識の階層構造と教授戦略　128
　　　　（2）「見込みのある教師」の選定と介入前の授業実践　135
　　　　（3）学習成果の測定　136
　　　　（4）授業設計段階における実践的知識に関する調査　137
　　　　（5）授業実践段階における教師の教授戦略の分析　138
　　　　（6）介入・実験的授業の手続き　138
　　2　「見込みのある教師」の教授戦略の変容……………………………………143
　　　　（1）授業設計段階における実践的知識の変容　143
　　　　（2）教授技術の観点からみた教授戦略の変容　149
　　　　（3）学習成果の測定結果　157
　　3　教師の戦略的思考を高めるためには………………………………………159
　　4　介入・実験授業がもたらしたもの…………………………………………169

第5章　「優れた授業」の創造に求められる戦略的思考…………175
　　1　教授戦略の追求からみえてきたもの………………………………………176
　　2　教授戦略のコンビネーション──順列戦略と重複戦略…………………178
　　3　さらなる教授戦略の追求がもたらす可能性………………………………185

引用・参考文献
あとがき
巻末資料
索　引

第1章　教師の実践的思考様式としての戦略的思考

1　実践的思考様式と戦略的思考

　「学校」は量的にも質的にも拡張していく文化（財）を児童・生徒（以下，「子ども」あるいは「子どもたち」）に内面化・主体化させることによって，組織的・体系的な発達を促進させる機能を有する一つの制度として存在している。これを一言で表現すれば，学校は，文化（財）の伝達と継承を主たる責任性とする教育の場と解せられる（小笠原 1992：122-128）。しかし，ここでいう「伝達」は単なる知識や技術の模倣を意味しない。また，「継承」に関しても単なる文化の保持や維持を意味しない。それ以上に，先人の努力と英知を踏まえた文化（財）の再生産を企図するところでなければならない。それゆえ，「学校」における授業実践は，子どもたちの自己活動をかき立て，文化的価値に対する主体的な関わりをも形成しなければならない。そのためには，授業を一定の目標に子どもを到達させようと働きかける教師の「教授過程」と，子どもが教材に立ち向かって目標へ到達していく道筋である「学習過程」とを一体的・共同的に営む必要がある。

　しかし，これまでの授業実践においては，必ずしも「教授＝学習」過程が成立してきたとは言いがたい現実にあった。その理由の一つとして学校現場の教師が技術的実践に偏ってしまったことが挙げられる。こうした技術的実践への偏りの弊害について，Apple（1986）は，教授技術のレパートリーとして耐教師性（teacher proof）を保障されたものが学校現場に普及すればするほど，教授技術が'レシピ'へと転落し，教育内容はファーストフードのような安易な内容になってしまうと述べている。また，Lyotard（1984＝1998：33-35）によれば，子どもの学習経験の操作性を追求する実践は，社会を機能的な一つの全体としてとらえる世界観，つまりサイバネティクス理論に依拠したシステムズ・アプローチの考え方に立つため，そこにはテクノクラートの思想が流布していると指摘している。

　こうした技術的実践に偏した授業実践では，教師は，子どもたちの「生きる

力」,「生」をかき立てるものではなく,所詮自らが立案した学習目標の最大達成に向けて,彼らの「生」を調整したり,改良したりする操作性の強化にすぎないように考えられる。すなわち,そこでの教師による子ども理解は,一面的もしくは独善的になる危険性があると考えられる。

では,教師が子どもの現実を深層から理解していくにはどうすればよいのであろうか。これは,いかにして教授過程と学習過程とを一体的・共同的な関係として切り結ぶかとする問いでもある。

これまで,教育学史において「子ども理解」に関する言説が,多くの研究者によって発せられてきた。古くは子どもの内的成長（発達）に即した教育のあり方を提唱したルソーや,子どもの教育は「自然的状態−社会的状態−道徳的状態」へと発展的に移行させることが重要であると考えたペスタロッチによって,子どもの存在が認知（子どもの発見）されるようになった（今野 1962；Tröler 1988＝1992：58-73）。

さらに,ルソーやペスタロッチの理論の確証を摑む方向の必要性を自覚したフレーベルや,エレン・ケイ,モンテッソーリらにより,「子どもによい教育を行おうとすれば,子どもを知ることから始まる」という立場から,子どもの独自の存在意義が尊重されるようになり,子どもの発達段階に応じた教育方法の工夫や改善が必要とされるようになった（岩崎 1979；Key 1909＝1960；ルーメル 2004）。

わが国においても子ども理解を真正面に据えた実践者が大正自由教育運動において認められる。沢柳政太郎,手塚岸衛,千葉命吉,木下竹次らである。彼らは,総じて生活即学習という「当為一元論」の立場より,子どもの理解とりわけ子どもの生活のしかたの理解に力を注いだとされている（中野 1998：268-273）。戦後になって,齊藤喜博,大村はま,東井義夫らをはじめとする多くの卓越した実践者は,前述の生活即学習の理念を踏まえつつ,子ども一人ひとりで学習過程が異なることをわれわれに強く認識させるに至った。中でも,「子どもを理解」した卓越した実践者である長岡（1981：147-166）は,「真に教えるということは,〈この子〉を探ることの連続であり,〈この子〉のつぶやき

に根ざす授業を構想することである」としている。すなわち,「私の教育は,〈この子〉が,外界や自己に対して働きかけ,自らを構築し,創造していく力,学習する力を強化させることで,〈この子〉が,自らの学習法を開拓創造することを支援することをねらう」と述べている。また教育研究者の立場から,中井(1986)は,「どうして木の葉が揺れるの?」とする子どもの問いを例に挙げ,教材との関わりで生じる子どもの学習行為は「問いの構成(学習過程)」を知ること,すなわち子どもの情念的世界(基層)から子どもを理解することの重要性を論及し,実践者による「子ども理解のしかた」を支持した。

前例の長岡と中井の言説より,子どもの深層を理解するとは,その子自身の性格やパーソナリティを探ることではなく,教材との出会いによって生じる子どもたちの実際の活動の中で,一人ひとりで異なる子どもの思考スタイルを知ることの重要性が示唆される。すなわち,教師による子どもの思考スタイルの探りは,教師自身に教材下における子どもの思考スタイルの共通性と異質性を理解させる一助となる。こうした子どもの思考体制の共通性と異質性の理解の内実は,教師自身が有する「実践的知識(practical knowledge)」[1]に拠るものと考える。

一般教育学分野において教師の「実践的知識」の性格に関する研究は,Schwab(1969;1971)の 'The Practical' に始まる。Schwab は,教師の専門領域に,行動科学を基礎とした「理論的知識(theoretical knowledge)」とは異なる「実践的知識」と呼ばれる知識領域の存在を指摘したのである。

Schwab の研究は,多くの研究者に,教師の「実践的知識」に対する関心を触発し,教師の実践的知識や実践的思考に関する研究を促す役割を果たしてきた。

Schwab の研究を受けて,Shulman(1986;1987)は,教師の知識領域を,①「教科内容についての知識(content knowledge)」,②「一般的な教授方法についての知識(general pedagogical knowledge)」,③「カリキュラムについての知識(curriculum knowledge)」,④「教科内容を想定した教授方法についての知識(pedagogical content knowledge)」,⑤「学習者と学習者の特性についての知識

第1章 教師の実践的思考様式としての戦略的思考

図1-1 教師の知識領域の構造図

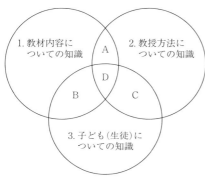

A．教材内容と教授方法についての知識
B．教材内容と子ども（生徒）についての知識
C．教授方法と子ども（生徒）についての知識
D．教材内容，教授方法，子ども（生徒）についての知識

出所：吉崎（1987：13）。

（knowledge of learners and their characteristics）」，⑥「教育的文脈についての知識（knowledge of educational contexts）」，⑦「教育的目標・価値とそれらの哲学的・歴史的根拠についての知識（knowledge of educational ends, purposes, and values, and their philosophical and historical grounds）」の7つのカテゴリーにまとめて提示した。

わが国では，吉崎（1987；1991：86-94）が図1-1のように，教師の知識領域を示している。彼はShulmanの研究を踏まえ，授業についての教師の知識が相互に重なり合うこと，つまり個々の知識が複合することを強調するために「カテゴリー」に代えて「領域」という用語を使用している。すなわち，「教材内容についての知識」「教授方法についての知識」「子ども（生徒）についての知識」といった「単一的知識」とそれらが重なり合う「複合的知識」（「教材内容と教授方法についての知識〈領域A〉」「教材内容と子ども（生徒）についての知識〈領域B〉」「教授方法と子ども（生徒）についての知識〈領域C〉」「教材内容，教授方法，子ども（生徒）についての知識〈領域D〉」）の7つの知識領域を提示している。吉崎は，これらの知識領域において，とりわけ「複合的知識」の重要性を指摘している。

この後，一般教育学の分野において，前述の「実践的知識」と教師の思考

（意思決定）の関係性を明らかにしようとする研究が認められるようになってきた。すなわち，教師の「実践的思考様式」[2]を解明しようとする研究である。佐藤ら（1990）は，熟練教師と初任教師を対象に，「オン・ライン・モニタリング法（発話プロトコル）」と「オフ・ライン・モニタリング法（診断レポート）」を用いて，彼らの実践的思考様式の内実を量的な視点と質的な視点の両面から分析している。その結果，熟練教師は，初任教師に比して，「即興的思考」「状況的思考」「多元的思考」「文脈化された思考」「思考の再構成」という5つの性格で特徴づけられることを報告している。秋田ら（1991）は，前述の佐藤らの研究を受けて，熟練教師と初任教師を対象に，「発話プロトコル法」を用いて分析を試みた結果，熟練教師は，発言や行為を他の発言や行為との関連，その場にいる他の子どもとの関連など授業状況を構成しているさまざまな関連性を考慮に入れてとらえ評価していることを明らかにした。さらに，岩川（1991）は，熟達した教師1名を対象に，彼の思考過程を事例的に記述・分析した結果，授業の計画過程で問題の枠組みをあらかじめ自覚化する問題設定型の思考と授業過程で問題を再構成する問題再構成型の思考を有していることを報告している。

　これら一連の研究より，熟練教師の有する実践的思考様式の内実を明らかにした点は評価できる。しかしながら，どのようにすればこうした実践的思考様式を意識的に形成できるかまでは明らかにされていない。

　一方，わが国の体育分野における授業研究についてみてみると，前述した教師の「実践的思考様式」に関する研究は中心的かつ継続的な研究テーマとして検討されてこなかった（中井 2000：290-306）。すなわち，「プロセス－プロダクト研究法」に代表される「授業の科学」を志向するところに主たる関心が向けられてきた。そこでは，「ALT-PE観察法」（高橋ら 1989；米村ら 2004）や「組織的観察法」（高橋ら 1989；高橋ら 1991；梅野ら 1997）を用いて積極的に授業研究が展開されてきた。しかしながら，それにより得られた研究成果，例えば，「マネージメント行動を少なくして相互作用を多くすれば授業評価は高まる」は，およそ「優れた授業の創造」に資するものにはなり得なかった。すなわち，

Lyotard, J. F.（1984＝1998：33-35）や Apple（1986）の批判に認められるように，「授業の科学」の進歩は教師の授業力の画一化・一般化へと向かうことになり，過去の卓越した実践者を想定し「どのようにすればそうした実践者に近づけるようになるのか」を明らかにしてこなかったのである。このように，「授業の科学」が優れた授業の創造に対して関与的でないことが問題視されるようになった。

このような中で，近年，体育分野においても教師の「実践的思考様式」に関する研究が認められるようになってきた。

齋木・中井（2001）は，イメージマップテストを用いて，単元構想時の思考プロセスを抽出した結果，どの年代の教師も単元構想時の知識や関心は「授業の内容」に集約しており，経験年数が高まるにつれて「授業の内容」に「授業の方法」を関連づけるようになることを明らかにした。さらに，中井・齋木（2002）は，「オン・ライン・モニタリング法」を用いて，同一の体育授業のモニタリング過程に現れる思考活動の記述・分析を行った結果，経験年数が高い教師でも「教材内容」「教授方法」「子ども」といった「単一的知識」で思考する教師もいれば，経験年数が低い教師でも「単一的知識」が相互に関連し合った「複合的知識」で思考する教師も存在し，必ずしも経験年数が高いからといって熟練度が高いとは限らないことを明らかにした。とりわけ，こうした傾向は，「子ども」との複合領域に関わるモニタリング内容において顕著な相違を認めている。

これら中井らの一連の研究より，教師の授業モニタリングには教職の経験によって拡大・深化する内容と，教職経験という体験だけでは拡大・深化しがたい内容とが存在していることを示している。特に後者の内容は，教師の「子ども」に関する知識の適用力の高低が深く関係していることを示唆している。しかしながら，「子ども」を中心とする複合的知識を拡大・深化させる授業研究のあり方までは言及されていない。

いずれにしても，これまでの授業研究は，佐藤（1992：63-88）の「授業研究栄えて，授業滅ぶ」とする見解に認められるように，「優れた授業の創造」に

資するものとしてなり得ていなかった。辻野（1997）は，前述の佐藤と同様に，それまでの「技術的実践」に偏した授業研究のあり方を批判するとともに，これからの授業研究は「教師に求められる実践的な認識のあり方」を追求することの重要性を述べている。そのためには，これまでの授業研究の枠組みに限定されない授業研究への視野が必要であることとその一つとして授業の「事例研究」の必要性を指摘している。

　こうした現状にあっては，優れた授業の創造に資する授業研究法を開発・工夫する必要がある。しかし，これまで，体育分野に限ってみても，教師の思考様式を検討するため，面接・インタビュー法（Housner and Griffey 1985），ジャーナル記述法（Tsangaridou and O'Sullivan 1997），授業VTR視聴による再生刺激法（中井 2000）やVTR中断法（吉崎 1983），「出来事」調査法（厚東ら 2004）など多面的な方法による試みが認められるが，いずれの方法についてもそれぞれの研究目的に限定されるため，具体的な思考活動の全体性をとらえているとは言いがたい現実がある。では，これら教師の実践的思考様式をとらえる研究視点と研究方法は，どのように開発・工夫していけばよいのであろうか。

　この問題の解決に向かう一つの方途として，「ゲーム理論」が挙げられる。「ゲーム理論」は，さまざまな利害が複雑に絡み合った多様な実践を対象とし，相互依存関係にある対人間の合理的な行動の仕方と帰結の問題を解明する学問であり，今日，経済学をはじめ，社会学や政治学，生物学など多くの研究分野で用いられている。「ゲーム理論」は，独自に開発された表現様式や解概念を用いて「戦略的思考」を駆使することで，さまざまな問題を解決してきたのである。とりわけ，経済学分野では，問題解決の過程で導出された解や解概念を，さらに実践の場に展開させる（戦略として用いる）ことで実践学として成立してきた。

　これを授業論から眺めてみると，「ゲーム理論」で展開される「戦略的思考」は，教師が意図する教授過程と子どもの学習過程との相違や'ズレ'を教師に認知させ，子どものつまずきというリスクをできるだけ小さくして，彼らの学習過程を保障する教師の実践的思考様式に相当するものと解せられる。すなわ

ち,「戦略的思考」は「子どもを中心とする複合的知識」(4)を基盤に「子ども」が望む体育授業を展開させる教師の実践的思考様式を解明する視点に,「ゲーム理論」で用いられる表現様式は教師の実践的思考様式を解明するツールに,それぞれなり得る可能性があるものと考えられる。

　以上のことから,本書では,「子どもを中心とする複合的知識」を基盤に「子ども」が望む体育授業の展開を可能にしている教師の実践的思考様式を「戦略的思考」と押さえ,その内実を明らかにしようとするところに動機がある。もっと言うならば,経済学分野で発達してきた「ゲーム理論」を手がかりに,'優れた教師'の「戦略的思考」を客観的に記述・分析する方法を開発することに着手した。

2　教授戦略が授業に及ぼす影響

　本書は,優れた体育授業の創造に資する教師の実践的思考様式を「戦略的思考」と押さえ,学習成果（態度得点と技能）を高めた教師（以下,'優れた教師'）が有する「戦略的思考」の実体を明らかにすることを目的とした。すなわち,'優れた教師'の実践的思考様式の内実を教授戦略の立場から検討するとともに,教授戦略をいかに工夫・実践すれば学習成果の高い体育授業になるのかについて実践事例の分析を中心に検討するところに目的がある。この目的を達成するために,以下の点について検討する。

1. 経済学分野における「ゲーム理論」を考察視座とし,'優れた教師'の「戦略的思考」の分析の観点（インセンティブ,スクリーニング,シグナリング,コミットメント,ロック・イン,モニタリング）を導出し,それらが体育授業の場における教授戦略の観点になり得るかどうかを検討する。
2. '優れた教師'（小学校高学年担当）を対象に,前述の6つの教授戦略（インセンティブ,スクリーニング,シグナリング,コミットメント,ロック・イン,モニタリング）を発揮させるには,どのような知識が関与してい

のかについて，彼らの授業実践における教授技術の観察・分析を通して検討する。
3．「見込みのある」教師（小学校高学年担当）を対象に，前述の6つの教授戦略（インセンティブ，スクリーニング，シグナリング，コミットメント，ロック・イン，モニタリング）の発揮に関与する知識の伝達可能性について，介入・実験授業における教授技術の観察・分析を通して検討する。

このように，本書の第1の目的は，体育授業における教師の「戦略的思考」の観点を定義することであり，第2の目的は，'優れた教師'の教授戦略の発揮の実際より，教授戦略の発揮に関与する知識を仮説的に導出し，それらを「見込みのある教師」に伝達することで教授戦略の発揮に関与する知識が授業場面において発揮されるかどうかについて明らかにすることである。

以上，本書では，小学校体育授業を対象に，'優れた教師'が有する「戦略的思考」の実体を明らかにするものである。

3　戦略的思考解明への道程

本書は，前述したように，優れた体育授業の創造に資する教師の実践的思考様式を「戦略的思考」と押さえ，'優れた教師'が有する「戦略的思考」の実体を明らかにすることを目的とした。すなわち，'優れた教師'の実践的思考様式の内実を教授戦略の立場から検討するとともに，教授戦略をいかに工夫・実践すれば学習成果の高い体育授業になるのかについて実践事例の分析を中心に検討するところに目的がある。

前述の目的を達成するために，図1-2に示す3つの研究課題を設定した。

「研究課題1」では，経済学を中心に'消費者のニーズと生産者のニーズをいかにマッチングさせるか'という視点から発展してきた「ゲーム理論」が，教師の「戦略的思考」の考察視座になり得るか概念整備を行う。「ゲーム理論」では，「戦略型（strategic form）」と「展開型（extensive form）」の2つの表現様

第1章　教師の実践的思考様式としての戦略的思考

図1-2　研究計画フローチャート

「研究課題1」
経済学の分野における「ゲーム理論」の発展過程の中で導出された6つの解概念を「教育学における戦略的思考の観点」に，さらに「体育授業における教師の戦略的思考の観点」として読み替えを試み，体育授業における教師の戦略的思考の観点を整理する。

「研究課題2」
恒常的に態度得点の高い小学校高学年担当の4名の教師を対象に，実際の授業の観察・分析を通して彼らの教授戦略の発揮の実態を明らかにする。これにより，6つの教授戦略を意図的に発揮させるためには，その前提としてどのような知識が必要になるのかについて検討する。

「研究課題3」
「見込みのある」小学校高学年担任の1名の教師を対象に，「研究課題2」で導出した知識を介入する（提示する）ことによって，彼の授業実践がどのように変容するかについて明らかにする。これにより，教授戦略の発揮に関与する知識の伝達可能性について検討する。

式を用いて，数多くの問題が解決されるとともに，ゲームの解や解概念が導出されている。しかし，これを体育授業の場にそのまま援用することには無理がある。そこで「ゲーム理論」の概念を教育学の概念として変換（読み替え）を施すことにより，体育授業実践への援用を試みた。

　すなわち，まず経済学分野における「ゲーム理論」の発展史を批判的に概観し，その過程で形成された解概念（戦略的概念）を導出する。次に，「ゲーム理論」の基盤となす2つの表現様式（「戦略型」と「展開型」）が，授業設計段階における教師の「戦略的思考」を発現させるツールになり得るかどうかについて，小学校教師4名が記述した表現様式の内容分析を行う。続いて，「ゲーム理論」の発展過程で導出された6つの解概念（インセンティブ，スクリーニング，シグナリング，コミットメント，ロック・イン，モニタリング）が，体育授業における教師の教授戦略になり得るかどうかについて，教育学者や卓越した実践者の言説を織り込みつつ，これまで科学的・経験学的研究で明らかになった授業分析の事例や体育雑誌等で紹介されている授業実践例を傍証として取り上げ，検討す

る。併せて，これら6つの教授戦略の観点が，体育授業の場面においてどのような構造をもって関連するのかを検討する。

「研究課題2」では，学習成果（態度得点）が恒常的に高い小学校教師4名を対象に，彼らの授業実践（走り幅跳び：全9時間）における教授技術の観察・分析を通して，前述の6つの教授戦略が実際にどのようにして発揮されているのかを検討する。まず，被験教師の授業設計段階における知識は「戦略型」と「展開型」の表現様式を用いて分析する。すなわち，「戦略型」の表現様式を用いて学習指導法の選定の知識を，「展開型」の表現様式を用いて運動教材に対する子どものつまずきの類型とその手だての知識を，それぞれ比較検討する。

また，実際の授業展開場面においては，被験教師の教授戦略を分析するためのカテゴリーを作成する。ここでは，梅野ら（1990：110-111）ならびにSiedentop（1983＝1988）が提示した教授技術の再構成を試みる。そして，単元の序盤（2時間目），中盤（5時間目），終盤（8時間目）の計3授業を対象に，いずれの授業においても共通して意識的に使用されている教授技術を抽出し，試作した「教授戦略カテゴリー」を用いて彼らの教授戦略の特徴を検討する。さらに，4名の教師の教授戦略の発揮の実際を分析することにより，6つの「戦略的思考」の発揮に関与する知識を導出する。

「研究課題3」では，「研究課題2」で導出された知識を「見込みのある教師」に介入し（提示し），教授戦略の発揮に関与する知識の伝達可能性を検証する。そのために，まず小学校高学年担任の男性教師1名を対象に，「戦略型」の表現様式の記述ならびに一単元にわたる授業実践を依頼し，教授戦略の発揮の実際を，「研究課題2」と同様の手法により明らかにする。次に，被験教師に，前章で導出された4つの知識のうち下位層に位置する2つの知識，すなわち「運動の構造的知識（走り幅跳び運動の技術的知識の提示）」を一次情報として，また「児童のつまずきの知識（走り幅跳びの最適なプログラムの提示）」を二次情報として，それぞれ介入する。その前後で記述された「展開型」の表現様式（3度の記述）が，どのように変容したかについて検討する。続いて，一単元にわたる授業実践（走り幅跳び：全9時間）ならびに，単元終了後に「戦略型」の

表現様式の記述を依頼し，彼の教授戦略の発揮の実際が，介入前後でどのように変容したのかについて検討する。

本書では，前述の3つの研究課題を設定し，目的の達成に迫ることとした。「研究課題1」は理論的研究として，「研究課題2」ならびに「研究課題3」は実証的研究として，それぞれ位置づけられる。よって，前者の理論的研究については〈哲学的-解釈学的方法〉を用いて検討する。後者の実証的研究については授業の「事例研究」を用いて検討する。とりわけ，後者の事例研究については，Lyotard（1984＝1998：33-35）の指摘，すなわち，「技術的実践に偏した今日の学校現場の舵取りは，授業の科学のホモロジー（相同性）のうちに見出すのではなく，授業の探究におけるパラロジー（推論性）のうちに求める必要がある」を鑑みたとき，優れた体育授業の創造を企図する立場からは，ふさわしいものと考えた。

以上の手順により，'優れた教師'が有する「戦略的思考」の実体を明らかにする。

4　態度研究とゲーム理論

（1）「態度研究」小史
1）態度の概念ならびに態度研究の発展過程

態度（attitude）は，人の社会的行動を予測・説明するために考案された仮説的構成概念の一つである。この構成概念の定義は，きわめて多く，現在その内容や意味が一義的に確定しているとはいえない。なぜなら，この概念は，心理学，社会学，文化人類学などのさまざまな研究領域の中で独自の発展を遂げ，その中で意味を明確にしてきた。とりわけ，盛んに研究が進められてきたのが心理学と社会学である。しかしながら，両者におけるとらえ方は異なっている。

まず，心理学についてみてみると，Allport（1935：798-844）の定義が広く認知されている。彼は，それまでの態度概念の学説史的概観を行った上で，その基本特性を「反応のための準備状態（state of readiness）」と規定した。その上

で彼は，態度とは経験を通して組織化された心的神経的な準備状態であり，諸個人が関係するすべての対象や状況に対して反応する際に指示的力学的な影響を及ぼすものとして定義づけている。

前述の Allport の定義は，現在も広く受け入れられているものであるが，包括的にすぎるきらいがある。そこで，Sherif and Cantril（1945）は，準備状態から態度を分別する基準として次の5つを挙げている。

① 態度は，主体＝客体関係を含む。すなわち，態度には必ず対象がある。この点で態度はパーソナリティと区別される。何々に対する態度というのはあっても，何々に対するパーソナリティというのはない。
② 態度は，経験を通して形成される。すなわち，学習によって後天的に獲得される。
③ 態度は，さまざまな程度の感情的特性をもつ。すなわち，〈良い-悪い〉〈好き-嫌い〉といった価値の評価や好悪の感情を伴う。
④ 態度は，ある程度持続する準備状態である。したがって，一時的な状態である動機や心構え（mental set）とは区別される。
⑤ 態度は，それが関係する刺激の全領域にわたる。その範囲は広狭さまざまで，特定の刺激または状況と結びついた個別的・特殊的な態度もあれば，広範囲の多様な対象と関連する一般的な態度もある。

このように，彼らは，態度を後天的に学習を通して形成された反応の準備状態であると述べている。このように，心理学では態度を諸個人の心理学的特質との関連においてとらえる傾向がある。

一方，社会学では，Thomas and Znaniecki（1918）の研究が挙げられる。彼らは，ポーランド移民の研究において，社会環境の変化に伴う個人の行動の変化と多様性を分析し，社会との関連で個人の行動を説明する概念として態度を導入した。ここでは，態度と価値を相互依存的にとらえ，態度をある社会的価値に対して反応しようとする個人の全体的な傾向性であり，態度の客観的写し

が価値だとするならば，態度は価値の個人的次元での写しであると押さえている。すなわち，社会学では態度を社会的価値と関連させて考える傾向があることが認められる。

このように，心理学と社会学では多少の違いはあるが，どちらも態度という概念によって個人のパーソナリティの内部にある力動的なメカニズムと個人を取り巻く環境や対象の世界とを結びつけ，両者の関連において人間行動を明らかにしようとする点では共通している。

では，態度研究はどのような背景より成立し，発展してきたのであろうか。

態度概念が受け入れられた歴史的背景には，McDougall（1908）の「本能論」に対する反発があったといわれる。また，多くの移民を受け入れアメリカ化していく必要に迫られていた当時のアメリカ社会の要請も態度研究の推進に寄与したといえる。

特に，1920～1930年代と1950～1960年代に活発な研究が行われた。1920～1930年代の主要な関心は，態度測定の問題であった。態度は構成概念であり直接に観察できないので，それを測定する方法を開発することが研究の第一歩となった。この時期には，Thurstone and Chave（1929），Likert（1932）などにより，さまざまな一次元的な態度測定の方法が開発された。同時に政治的態度や人種的偏見といった実際的な問題に関する研究が行われた。第2次世界大戦後の1950～1960年代にかけて再び態度に関する研究が活発化した。この時期には，Guttman（1950）などにより，より動的な側面，すなわち態度の成分，構造，形成と変容が中心的課題となった。近年では，態度を多次元的に捉え，態度の成分や構造に関する研究や，態度と他の諸要因及び行動との因果的な関係についてモデルを構成してそれを検証していこうとする研究が多く行われるようになってきている（Petty and Cacioppo 1986 ; Ajzen 1988）。

飽戸（1970：258-259）は，態度構造について次のような見解を示している。すなわち，ある特定の態度を構成する成分及びそれらの成分間の関係が問題となる「態度内構造（intra-attitude organization）」の側面と，複数の態度の間の相互関係が問題となる「態度間構造（inter-attitude organization）」の側面を含む。

態度内構造アプローチは動的態度構造あるいは「態度成分 (components of attitude)」間の均衡を扱うアプローチであるのに対し，態度間構造アプローチは静的態度布置 (attitude constellation) あるいは空間的態度構造を扱うアプローチであるといった点で相違が認められる。しかしながら，両アプローチは共に態度を多次元的に，構造連関の中でとらえようとする点で共通している。

　態度内構造に関する研究は，Rosenberg et al. (1960) や Krech et al. (1962) らに認められる。Rosenberg et al. は，態度が「感情 (affect)」「認知 (cognition)」「行動 (behavior)」の3成分からなると説明している。感情的成分は，対象に対する〈快−不快〉〈好意−非好意〉といった感情であり，認知的成分は，対象についての信念 (belief) で，特に影響力のあるのは〈良い−悪い〉〈望ましい−望ましくない〉といった評価を伴った信念である。行動的成分というのは，行動傾向のことで，〈受容−拒否〉〈接近−回避〉といった動機的側面を含む。これらの3成分は，①交感神経系反応や感情の言語的表現，②知覚反応や信念の言語的表現，③外顕的行為や行動に関する言語的表現から，それぞれ測定できる。3成分間には強い関連性があり，3成分間で一貫性が保たれる傾向がある。したがって，ある成分が変化すると他の成分もそれに応じて変化する。同様に，Krech らも態度の3成分説を唱え，「認知的成分 (cognitive component)」「感情的成分 (feeling component)」「行為傾向成分 (action tendency component)」を仮定している。

　態度間構造に関する研究は，主として，因子分析法によって抽出された次元上に諸態度を位置づけることで，それらの相互関係を分析する手法がとられる。Thurstone (1928) は，'態度は測定できる' という主張のもとに，「愛国主義」「離婚」などの社会事象に関する態度尺度を構成し，これらによって測定した結果を因子分析して，〈急進主義−保守主義〉，〈国家主義−非国家主義〉の2因子を見出している。また，Eysenck (1954) は，〈急進主義−保守主義〉，〈硬い心−柔らかい心〉の2因子を析出し，この2因子は態度間構造研究の諸結果を統合するもので，社会的態度 (social attitude) の基本的な次元をなすとしている。

態度は，経験や環境の影響を通して学習され，形成されるのである。態度形成に影響する要因は社会的要因と個人的要因に分けられると考えられている[5]。また，すでに形成されている態度がどのような条件の下で変化するかは，社会心理学において広く研究されている。態度変容に関する研究は，大きく2つの流れに分けてとらえることができ，一つはHovland, C. I. et al.（1953=1960）を中心とした「説得的コミュニケーション」に関する研究であり，もう一つはFestinger et al.（1957）の「認知的斉合性理論」の考え方に基づく研究である。

「説得的コミュニケーション」に関する研究では，相手の態度を変えようとするコミュニケーションが，どのような条件のもとで効果的であるかが検討されるが，その条件は説得を構成する3つの要素の観点から整理できる。すなわち，①送り手，②メッセージ，③受け手，の3条件である。送り手の要因としては，信憑性，意図，好ましさ，受け手との類似性などが挙げられる。情報源が権威ある機関や，その分野の専門家など信憑性が高いほど，また送り手が受けてにとって好ましく魅力あるほど，態度変容の効果は大きい。また情報を偶然聞いた場合のように，送り手の説得の意図があからさまでないときの方が態度変容の大きいことが知られている。メッセージについては，支持する立場だけを強調した一面的メッセージと反対の立場にも触れた二面的メッセージに区別できる。受け手の教育水準が高く，当初の態度が説得しようとする方向と一致しないときには，二面的メッセージが効果的であるといわれている。受け手の要因としては，受け手のパーソナリティ特性が考えられる。例えば理想的な自己と現実の自己とのずれが大きく自分に否定的な評価をもちやすい人ほど，説得による態度変化が起こりやすい。

また，説得に対して，メッセージが主張する方向とは逆の方向に態度変化が起こることがある。例えば自分がすでにもっている態度と一致する方向で，強制的なメッセージが与えられると，自分の自由が侵害されると感じ，自由を確保するためむしろメッセージと反対の方向の態度をとるものだと考えられている（Brehm 1966）。

「認知的斉合性理論」では，人間は認知的一貫性を求め，認知の不一致があ

るときには、この不一致を解消しようとする方向に態度の変容が起こると主張する。このような立場には、Heider（1946）の「認知的バランス理論」、Festinger（1957）の「認知的不協和理論」などがある。説得の事態は、送り手、受け手、対象という三者関係と考えることができる。「認知的バランス理論」によると、受け手が送り手に対して好意的でありかつ対象に対して好意的であるというメッセージが与えられたとき、受け手が対象に対して非好意的であれば、三者関係は不均衡な状態となる。人は均衡状態へと動機づけられるので、受け手は、対象への態度を好意的な方向に変容させることになる。

これまで、態度研究発展の概要をみてきた。態度とは総じて「事物・事象に対する構え」と押さえることができよう。

2）教育実践学の立場からみた態度の概念及び態度尺度の開発

教育学の分野において態度はどのようにとらえられるべきものであろうか。この点について鈴木（1988：520）は、次のように述べている。

> 「教育の面では、知識の理解、技術・技能の習熟とならんで、知識技術の習得を支え、また知識技術習得の結果として形成される心的傾向を指し、これに態度という概念を設立し、教育目標とすることが多い。したがって、学力向上といった教育目標では知識・技術技能・態度の3つの観点から考えるべきだとする見解が広くみられる。態度には、知識技術習得の際に、それを価値あることとみるかどうか、また学習を自律的、持久的、協力的、探求的に行うかどうかといった学習態度、習得した知識技術を他の知識技術と総合し、自然・社会・人間・人生・文化・世界への科学的見方（観）にまで構成する態度、他の見解をも尊重し、真理・真実を追究する民主的な態度などがある。」

この鈴木の言より、教育学において態度の概念を検討するとき、教育目標すなわち、学力観の問題を切り離して考えることができないことがわかる。なぜなら、前述したように、態度は遺伝的、生得的なものではなく、経験を通して

後天的に形成されるものと考えられるからである。態度がどのようにして学習されるかについて、「古典的条件づけ」「オペラント条件づけ」といった学習理論の立場からの見解も認められている（土田 1999：552-554）。

　教育学の問題をさらに教育実践学の問題としてとらえたとき、態度とはどのような概念として考えられるだろうか。

　岩田（2006：10-34）は、教育学と教育実践学の理念について次のように述べている。

　　「教育学は、人間形成に関わる教育全般を対象として研究を進めている。理論から実践、実践から理論の両者の研究を進めているので、当然のことながら、実践にも関わっている。しかし、実践が常に中心を占めているわけではない。例えば、カリキュラム研究をする場合には、詳細な歴史研究や、カリキュラム構造の精緻化、カリキュラム社会との関係等、必ずしも実践と直接的には結びつかない研究も行われる。

　　それに対して、教育実践学の場合には、実践との関係を常に中核に置きながらの研究となる。例えば、カリキュラムが授業をどう変えるのか、子どもはどのような学びができるのかなどの日々の授業との関係が明確にされる必要がある。常にその研究は授業をどう変えるのか、子どもの学びはどう変わるのか、といった実践的意味が問われ続ける。」

　さらに岩田は、教育実践学の研究領域として、①教育実践の本質（人間形成論としての教育実践学）、②教育実践の歴史（教育実践の諸課題の解決への取り組みとその変遷）、③授業論（単元設計論、教授学習過程論、教科内容構成論、学習指導案設計論）、④教授方法論（一斉学習、グループ学習、習熟度別学習）、⑤教科書（内容構成、学習材としての構成論）、⑥評価（評価問題構成論、形成的評価）を挙げ、とりわけ、教育実践学の中核は授業であると述べている。

　これらより、授業実践学の立場から態度をとらえたとき、態度は「授業実践に対するレディネス」、もっというならば、刺激を教師が行う授業とし、態度

形成の主体をそれを受ける子どもと仮定したとき，態度は「教師の行う授業実践に対する，子どもの心的な準備状態」ととらえることができる。

こうした授業実践をもとに，開発された尺度についてみたとき，体育授業においてもこれまでに多くの尺度が開発されている。

体育科の授業に対する態度尺度の開発や測定は，1950年代を中心に Thurstone（1951）や Wear（1951）らに認められる。そこでは，体育の目標から直接下位尺度を作成する立場が多くとられてきた。こうした研究は，1970年代以降盛んに行われ，Colvin and Roundy（1976）や Noble and Cox（1983）が作成した尺度は大学生を対象に授業改善のための指標として広く用いられた。

このような中で，わが国では小林（1978：170-258）が「授業の基底は，授業に対する子ども達の好意的な態度（心情）を育てることである」という前提に立ち，開発したのが体育授業診断法の態度測定である。すなわち，小学校高学年以上の児童・生徒を対象にして，彼らの態度構造に基づく体育科の授業に対する態度尺度を作成した。これ以後，梅野・辻野（1980），鐘ヶ江ら（1987），奥村ら（1989）などにより，小・中・高・大学生のすべての学年で使用できる尺度とその診断基準が作成されている。

前述の尺度の開発により，小学生の態度構造の経年的変化が明らかになってきた。すなわち，小学生の態度尺度は加齢的に「よろこび」から「評価」，そして「価値観」が形成される傾向にあり，感情的尺度である「よろこび」の因子が態度の基底をなしていることが認められている。このことは，小林（1978：170-258）のいう「『よろこび』から『評価』が生まれ，そして『価値観』が育つ」という態度形成のプロセスを発達の面から裏付けたものと考えられ，各態度尺度間に内的整合性のあることを示すものである。それゆえ，前述の態度尺度は体育科の授業における子どもの態度変容の原因を追究する授業分析の一方法になり得るものと考えられた。

さらに，こうした態度構造は，広岡（1976：45-52）の学力観（態度主義的学力観）の中核である「感じ方・考え方・行い方」の態度の構造とよく対応している。このことから，子どもたちの態度得点は態度主義的学力観からみた学力の

形成と深く関係しているものと考えられる。これらのことから，態度測定は単に体育授業に対する子どもの態度を測定するだけにとどまらず，態力主義的学力観からみた体育科における「よい授業」の一つの規準を仮説的に提示しているものといえる。

これに対して，鐘ヶ江ら（1985a；1985b；1985c）や高橋ら（1985）は，小林の方法の意義を認めつつも，その尺度構成が大きすぎ，得られた診断結果が授業改善に対して具体的な示唆を与えにくいことを指摘し，小林と同様に中学校生徒を対象にして，近年の体育目標論を反映させた項目を加えた態度尺度の再構成を試みている。その結果，中学生の体育授業に対する態度構造が「楽しさ」「成果」「仲間」「先生」の4因子で構成されていることを報告するとともに，実際に体操（マット運動）やハードル走における授業分析に適用し，この評価法の有効性を検証している。

さらに，高田ら（1999；2000）は，「授業評価は授業改善に向けての多くの意味ある情報を得るために行うものであり，同時にそこで行われた授業実践における学習指導が効果的であったかどうか，その指導の成否を問うために重要である」と押さえた上で，学習目標と学習指導の対応を企図した授業評価法の作成を試みている。その結果，小・中・高・大学生のすべての学年で，体育研究者らが主張する目標，運動（技能）目標，認識目標，社会的行動目標，情意目標の4つの目標に一致する因子構造（たのしむ，できる，まもる，まなぶ）を抽出している。

しかし，前述の鐘ヶ江らや高橋らならびに高田らの態度尺度は，次のような問題点がある。すなわち，前者は，中学生用の尺度しか開発されておらず，作者自身が指摘しているように「先生」の因子に含まれる項目の扱いに配慮を要する点，後者は，作成した尺度の体育授業の実際場面における適用が認められず，その検証がなされていない点が挙げられる。

いずれにしても，前述したThurstoneやWearらと同様に基本的には体育の目標から直接下位尺度を作成したものととらえられ，「学びとり方の能力」を形成する立場からすれば，子どもの態度構造に基づく小林ならびに梅野らの

態度測定法の方がより望ましいものと考えられる。

（2）「ゲーム理論」小史
1）「ゲーム理論」の誕生と合理性（合理的行為）の追求

「ゲーム理論」は，さまざまな利害が複雑に絡み合った多様な実践を対象とし，相互依存関係にある対人間の合理的な行動の仕方と帰結の問題を解明する学問である（金子 1998：135-169）。

「ゲーム理論」は，今から65年程前に，経済行動を分析するための数学理論として誕生した。現在,「ゲーム理論」は，自律した行動主体（生命システム）の相互作用の分析ツールとして認知されており，その研究対象は，経済学だけにとどまらず他の社会科学や人文科学，自然科学や情報科学などの広範囲な学問分野で見出されている。すなわち，脳神経学，人類学，社会物理学，量子力学といった人文科学や自然科学の最先端においても，「ゲーム理論」はその威力を発揮している（Siegfried 2006＝2008）。

こうした背景には，21世紀に入り，地球温暖化などの新しい問題の解決には，自然科学や社会科学における諸学問の総合的な知見が必要であり，「ゲーム理論」が急速に進行している学問の総合化に貢献できるものと期待がある（岡田 2008）。

「ゲーム理論」という名前の由来は，数学者フォン・ノイマンの論文『社会的ゲームの理論について（Zur Theorie der Gesellschaftsspiele）』に端を発しているとされている（鈴木 1994：379-425）。フォン・ノイマンは，「ゲーム理論」を創設したばかりでなく，数学や量子力学などの基礎科学，さらに工学や情報科学などの応用科学で画期的な業績を残した。現在のコンピュータ（プログラム内蔵方式）は，その基礎理論がフォン・ノイマンによって確立されたので，ノイマン型コンピュータと呼ばれている。そして，この論文にオーストリア学派の経済学者であるモルゲンシュテルンが関心をもち，両者の共同研究による『ゲームの理論と経済行動（*Theory of Games and Economic Behavior*）』（ノイマン＆モルゲンシュテルン 1972）が著され，「ゲーム理論」の基盤が創られたのであ

る。

　また，フォン・ノイマンやモルゲンシュテルンが「ゲーム理論」を誕生させたその思想的背景には，当時の中央ヨーロッパに流布していたヴィトゲンシュタイン，ジンメルらの思想が影響している（鈴木 1999：36-57）。

　ヴィトゲンシュタインは，オーストリア生まれの哲学者で，彼の業績は大きく前期と後期に分けられ，『論理哲学論考』の著書に代表される前期の写実理論と『哲学探究』の著書に代表される後期の「言語ゲーム」に分けられる（橋爪 2003：6-76）。「ゲーム理論」誕生には「言語ゲーム」の思想が大きな影響を与えたものと考えられている。ヴィトゲンシュタインは，『哲学探究』（Wittgenstein 1953＝1976）の中で次のように述べている。

　　「言語ゲームとは，言語と言語が織り込まれている諸活動全体である。」
　　「言語ゲームという言葉を使うのは，言語を話すことは，一つの活動，或いは生活様式を際立たせるためである。」

　ヴィトゲンシュタインは，日常言語と日常生活の包括な全体を「言語ゲーム」ととらえる世界観を有していたのである。さらに彼は，「言語ゲーム」の思索を深める中で，数学も論理学もすべて「言語ゲーム」の一部分でしかないという結論に辿りつく（橋爪 2003：6-76）。すなわち，現実社会で生起するさまざまな事象は，数学や論理学によって説明できるとする可能性を示したのである。こうした思想は，当時，とても斬新なものであったが数学や論理学の学問領域においては公然と受け入れられるものではなかった。しかしながら，数学者フォン・ノイマンには大きな影響を与えたものと考えられる。

　ヴィトゲンシュタインの言語ゲームと近似した思想を展開させたのが，偉大な哲学者で社会学者かつ経済学者であったジンメルである。フォン・ノイマンの論文のタイトルは，Spiel（ゲーム，遊戯）の理論ではなく，Gesellschafts-spiele（社会的遊戯）の理論となっていたが，この Gesellschaftsspiele という言葉の意味について定義したのがジンメルである。彼は『社会学の根本問題――

個人と社会』(Simmel 1917＝1979) の中で次のように述べている。

> 「社会的遊戯（Gesellschaftsspiele）という表現は，深い意味において重要である。人間の間の一切の相互作用形式，社会化形成，例えば，勝利への意思，交換，党派の形成，奪取の意思，偶然の邂逅や別離のチャンス，敵対関係と協力関係との交替，落し穴や復讐――これらは何れも，油断のならぬ現実では目的内容に満たされているのに，遊戯となると，これらの機能そのものも魅力だけを基盤として生きて行く。なぜなら，遊戯が賞金目当ての場合でも，お金は他の色々な方法で獲得できるので，それは遊戯の眼目ではなく，むしろ，本当の遊戯者から見れば，遊戯の魅力は，社会学的に重要な活動形式そのものの活気や僥倖にある。
> 　社会的遊戯には，更に深い二重の意味がある。すなわち，それが実質的な参加者たる社会のうちで行われるという意味だけでなく，加えて，それによって実際に『社会』が『遊戯』になるという意味がある。」

　こうしたジンメルの社会認識は，「社会化のゲーム形式」という理論を構築するに至る。この理論は，きわめて「ゲーム理論」的で，フォン・ノイマンが表現しようとしたのも，このようなGesellschaftsspieleに他ならない（鈴木 1994：379-425）。
　このように，ヴィトゲンシュタインの「言語ゲーム」やジンメルの「社会的遊戯」の思想は，複数の意思決定主体が複雑に絡み合うことによって引き起こされる社会的状況の存在に目を向け，それらが新たな学問体系として成り得ることを示唆した。しかし，「言語ゲーム」ならびに「社会的遊戯」の思想は，どちらもその概念が提示されただけにとどまり，彼らの理論は定式化されるまでには至らなかった。フォン・ノイマンとモルゲンシュテルンは，「ゲーム理論」を構築することによって，ヴィトゲンシュタインやジンメルが提示した理論を分析するツールを生み出し，さらに，実学として展開させたのである。
　フォン・ノイマンとモルゲンシュテルンが「ゲーム理論」の基盤を築いた後，

「ゲーム理論」の発展には2つの潮流が認められた。一つは経済学分野であり，もう一つは社会学，政治学の分野である。なぜ，これら2つの異なる潮流が認められたのか。そこには，'合理性（合理的行為）とは何か'とする「ゲーム理論」の根幹をなす問いに対するとらえ方の違いがある。

　鈴木（1999：36-57）は，合理性について「目的合理性」と「形式合理性」の2つを提示し，前者を「従来の伝統的な経済学をはじめ，多くの計画理論や最適化理論では，効用とか利益とかを最大にするという目的があって，その目的を無駄なく効率的に実現する行動」と，後者を「数学的な論理に合った行動，すなわちその人の考えが論理的な整合性をもっていて，首尾一貫している行動」としている。さらに，「ゲーム理論」が，基本モデルとして理性的な人間の行動を前提にして考察する「方法論的合理主義」を強く意識することによって，行動基準，均衡点，提携といった多くの概念を生み出してきたことを指摘している。

　経済学分野における合理性は，あくまでプレイヤー（意思決定主体）が利得や効用の最大化を目指す行動をとることを前提として進められてきた。むしろ，このように限定することによって問題が明確に定式化された限定的な状況から分析を始め，そこででき得る限りの明晰な結論が得られた後に，より複雑な問題に分析を進めるという科学研究のプロセスに従うものであった（岡田 2008）。

　しかしながら，自己利益の最大化を目指すことを前提とするなら，それを一歩進めて，人は，相手を陥れたり不正をしたりしてでも，自分の利益を増大させるという行動をとるかもしれない。そのような行動も合理的行動からは排除できない。こうした行動は「機会主義的行動（opportunistic behavior）」と呼ばれている。すなわち，「機会主義的行動」とは「相手」を想定し，その相手の行動との依存関係を考慮しながらも，自己の利益を追求していく行動である。例えば，病気に悩む人に効かない薬を売りつける行為や，チラシ配りのアルバイトがチラシをゴミ箱に捨ててしまうという行為である。こうした「機会主義的行動」が横行すると，効かない薬にはあるべき価格より高い価格がつくことになり，チラシを捨てたアルバイトには適正な水準以上の給料が支払われるこ

とになる。これにより，「見えざる手」が適正に機能せず，結果として非効率が生じることになる（金子 1998：135-169）。経済学においては，このような「機会主義的行動」は倫理や不公正という視点からではなく，経済的な非効率性の視点から問題とされてきたのである。

　一方，社会学や政治学の分野の「ゲーム理論」では，前述の「機会主義的行動」を容認する立場をとってきた。社会学や政治学の分野において，「機会主義的行動」に相当するものとして，「共有地のジレンマ（the tragedy of the commons）」と呼ばれる理論モデルがある（「共有地の悲劇」とも言われている）。

　　「中世のある村では，牧草地が入会地として村民全体で共有され，全員に開放されていた。そのために，羊飼いのなかには，自分の羊を何匹もそこに連れてきて牧草を食べさせようとするものが出てくるかもしれない。そのような不心得者がひとり出てくると，他の羊飼いも競って自分の羊をたくさん連れてきてそこで牧草をたらふく食べさせるようになり，結果として，みなの財産である共有地は丸坊主になり，荒れ果ててしまうことになる。」（金子 1998：135-169）。

　このように，「共有地のジレンマ」は，集団のメンバー全員がそれぞれ協力的な行動をとればすべてのメンバーにとってよい結果になることはわかっているにもかかわらず，個々のメンバーが合理的になろうとすると協力的な行動をとらないという選択（機会主義的行動）をすることとなる。その結果として，「共有地のジレンマ」は，集団全体にとって不利な状況を示すことになる[7]。

　「共有地のジレンマ」の理論モデルは，集団のミクロレベルとマクロレベルでのギャップが発生する蓋然性を指摘するものである。

　すなわち，プレイヤーが合理的行為を追求すればするほど，〈協力〉もしくは〈裏切り〉といった二律背反的な選択（行動）の決定が相手を欺くこと（裏切り）に集約していくことになる。Hollis（1987＝1988：23-88）は，こうした状況を「理性の狭知」と称している。しかしながら，社会学や政治学の分野では，

このような選択（行動）も合理的行動として認められてきたのである。

　これまでみてきたように，社会学や政治学の分野では「ゲーム理論」を「戦略的思考」の科学と位置づけ，「『戦略的思考』とは，相手がこちらを出し抜こうとしているのを承知した上で，さらにその上をいく技である」（Dixit & Nalebuff 1991＝1991：188-204）とする考えのもと，さまざまな問題を解決し，発展してきたのである。

　ここまで，「ゲーム理論」誕生と発展の過程を述べる中で'合理性（合理的行為）'のとらえ方に2つの立場のあることが認められた。

　このことから，「ゲーム理論」を考察視座にして教育学に援用しようとするとき，'合理性（合理的行為）'のとらえ方を明確にする必要がある。ここで両分野の'合理性（合理的行為）'のとらえ方を授業論的にアナロジーすると，経済学でのとらえ方は〈教師の教授効果や子どもの学習成果を最大化するための方略〉を追求する立場に，社会学や政治学でのとらえ方は〈授業の場における教師と子どもの"騙し-騙され"の方略〉を追求する立場に，それぞれ立つことになる。しかし，教育学的見地からは，前者の立場に立ち研究を進めていく方が望ましい。よって，本書では，経済学分野の「ゲーム理論」を考察視座とし，研究を進めていくことにする。

　2）ゲームの解と解概念

　「ゲーム理論」は，大まかに2種類に大別される。一つは，フォン・ノイマンとモルゲンシュテルンが提示し，「ゲーム理論」の創始となった「協力ゲーム」であり，もう一つはナッシュによる「非協力ゲーム」である（岡田 2008）。「協力ゲーム」とは，プレイヤーたちが十分にコミュニケーションをとることができ，合意に達した場合，その合意には拘束力があるようなゲームである。これに対して，非協力ゲームでは，プレイヤー間のコミュニケーションはなく，どんな拘束をも働かせることもできないようなゲームである。したがって，これらのゲームでは分析の手法がまったく異なってくる。

　「協力ゲーム」では，プレイヤー全員が提携できるような利益の配分の仕方が問題となる。数人での部分的な提携で一定の利益を確保できる設定なので，

どのプレイヤーにも納得できる配分を約束しないと、部分的な提携を結ぶ形で離反が起きてしまい、全員での提携は達成されない。例えば、A、B、Cの3人で提携すれば、90万円の利益が得られる環境でも、その利益の配分が30万円ずつの当分でよいとは限らない。仮にAとBが2人だけの提携によって、70万円の利益をあげることが可能だとするなら、彼らは3人提携で得る60万円より、それを拒否して2人提携で70万円の利益をあげた方がよいと判断し、離反する例である。A、B2人の離脱を防ぐには、当分よりももっと多くの利益を渡さなければならない。「協力ゲーム」の「解」とは、このような'全員が納得でき、誰も離反しないような合理的な配分を定義すること'である。これまでにも、ノイマン＝モルゲンシュテルン解、コア、シャープレー解、カーネル、仁などの「解」が提唱されてきた（小島 2008）。

これに対して、「非協力ゲーム」が着目するのは'戦略の兼ね合い'である。ここでは、プレイヤー全員が、個々のプレイヤーが選んだ戦略すべてを組にしたものによって各プレイヤーの利得が決まる構造になっているため、各プレイヤーがどのような戦略を選ぶのが合理的な帰結か、そのときの利得はどのような水準になるのか、それらを決定するのが非協力ゲームのテーマとなる（渡辺 2008）。「非協力ゲーム」には「戦略型（strategic form）」と「展開型（extensive form）」の2つの表現様式がある。前者は「すべてのプレイヤーが同時に行動をする」と考える表現方法で、代表的な例はジャンケンである。これに対して、後者は、それ以外の状況を含み、特にどのプレイヤーも同時に行動せず、一人ずつ順番に行動するゲームなどを含む。その代表的な例はチェスや将棋である。いずれの表現様式も、分析したい現象のプレイヤー、戦略、利得の3つの要素を特定することによってモデル化できる。プレイヤーはゲームにおいて意志決定をする主体であり、これは個人であったり、国家であったり、企業であったりする。戦略は、プレイヤーが選べる行動のことを指す。そして、利得はプレイヤーの戦略の組み合わせに対する各プレイヤーの好みを数値に表したものである。

「非協力ゲーム」においては、'プレイヤーは相手の戦略を予想し、それに対

し利得を最大にする戦略を選ぶ''お互いに相手がそのような合理的なプレイヤーであることを知っている'という前提に立つならば，ゲームの「解」は2人のプレイヤーが共に最適反応戦略を選ぶ結果になるはずである。このようなすべてのプレイヤーが最適反応戦略を選んでいる戦略の組み合わせが「ナッシュ均衡」と呼ばれている。すなわち，「非協力ゲーム」におけるゲームの解は「ナッシュ均衡」である（渡辺 2008）。「非協力ゲーム」が，経済学分野で多くの問題を解決していく過程の中で，'ある特定の状況設定の中での解が，同じ考え方（概念）を有する'ことが認められるようになってきた。例えば，インセンティブ，シグナリング，コミットメントといった解概念（行動原理）である。

こうした解概念は，「ゲーム理論」の発展に大きく寄与してきた。一般に，経済問題には，その背景に生産者や企業，消費者，環境等，さまざまな要因が複雑に絡まりあっており，解決が難しいとされている。このような経済問題に対して，「ゲーム理論」で導出された解概念を適用することで，それまで解決できなかった経済問題の解決が図られ，そのメカニズムが，説明されるようになってきたのである。

これより，本書において，経済学分野の「ゲーム理論」を考察視座とする立場に立つとき，これまで「非協力ゲーム」が導出してきた解概念が，教育学における教師の「戦略的思考」の視点になり得るかどうかの検討を試みることは，教師の実践的思考様式の視点の具体的提示という立場から，意味あるものと考えられる。

注
(1) Schwab（1969）は，「実践的知識」について，問題解決のために多様な理論と方法を統合する「取捨選択と総合」（art of election）の知と既知の事柄の意味を深めたり再解釈したりする「熟考」（art of deliberation）の知の二つの知を教師の「実践的知識」の固有性として性格づけている。さらに，佐藤ら（1990）は，自らの授業の事例研究に基づいて，教師の「実践的知識」の特徴的な性格を，①実戦経験を基礎として既知の事柄の意味を深めたり再解釈する熟考的な知識，②教材の特性，

子どもの認知の特性，教室の文脈の特性に規定された事例知識，③問題解決に向けて多領域の理論的知識が活用される総合的知識，④暗黙知や無意識の信念が重要な機能を果たす経験的な知識，⑤個人的な経験を基礎とした個性的な知識の5つで提示している。

(2) 佐藤ら（1990）は，実践的思考様式の概念として次のように提示している。すなわち，熟練教師たちは，彼らの授業の創造過程において，「実践的知識」を活用して，実践的な場面に積極的に関与し，教室で生起する複雑な事象の相互の関連を見出しながら，不確かな問題の発見に探りを入れ，その問題の表象と解決を行っている。熟達した創造的な教師たちは，単に「実践的知識」において豊かであるだけでなく，それらの「実践的知識」の形成と機能を有効に達成する特有の思考様式をも形成している。このような教師の専門領域で形成され，機能している特有の思考様式，すなわち，「実践的知識」を基礎として営まれる教師の実践的な状況への関与と問題の発見，表象，解決の思考の様式を実践的思考様式と呼ぶとしている。

(3) Lyotard（1984＝1998：33-35）は，「いつでも，どこでも，誰にでも」通用する指導プログラムや指導技術による子どもの学習経験の操作性の追求は，社会を機能的な一つの全体としてとらえる世界観，つまりサイバネティクス理論に依拠したシステムズ・アプローチの考え方に立つため，「技術的・官僚的構造」に授業の関心を寄せる「官僚主義の思想（テクノクラート）」が流布していることを，また，Apple（1986）は，教授技術のレパートリーとして耐教師性（teacher proof）を保障されたものが学校現場に普及すればするほど，教授技術がレシピへと転落し，教育内容はファーストフードのような安易な内容になってしまい，教師の「無能化（deskilled）」を促してしまうことを，それぞれ批判している。

(4) 教師の知識研究を進めている吉崎（1991：86-94）は，Shulman（1987）の研究を受けて，教師の知識領域を「教材内容」「教授方法」「子ども」といった単一的知識と，それらが重なる複合的知識領域からなる7つの領域で構成されることを提案した。その上で，「子ども」を中心とする複合的知識領域の重要性を指摘している。

(5) 鎌原（2002：518-519）によると，態度は経験や環境の影響を通して学習され，形成される。態度形成に影響する要因は社会的要因と個人的要因に分けられるとしている。社会的要因については，具体例として，家族，仲間などの集団，教師やマスメディアなどを，個人的要因については，欲求やパーソナリティ特性をそれぞれ挙げている。

(6) 「古典的条件づけ」の立場からすれば，当初は中性的である対象が，常に肯定的な情動を引き起こす刺激とともに結合して現れれば，その対象に対して肯定的な態度が形成されると考えられる。例えば，子どもにとって好意的でも非好意的でもないある民族の名を，その親がしばしば侮辱的な調子で口にするとすれば，子どもは，

その民族に対して非好意的，敵対的態度を学習するであろう。

　態度は「オペラント条件づけ」によっても習得される。すなわち，ある対象についての好意的な態度の表明に対して，親や仲間から報酬や言語的な賞賛が与えられれば好意的な態度が形成されるであろう。またある対象が，子どものもつ欲求を満足させてくれるのであれば，子どもはその対象に対して肯定的な態度を形成する。子どもがまだはっきりした態度をもっていない幼少期においては，このような条件づけのメカニズムは態度学習の主要な過程であると考えられる。さらに観察学習によっても態度は形成される。明白な報酬や罰が存在しなくても，親や仲間の態度は模倣を通して子どもに受け継がれる。

　態度変容は，すでに形成されている態度の変化を意味するが経験による後天的な態度の学習であることには違いない。したがって，「認知的斉合性理論」など態度変容に関する理論によって態度学習を説明することもできる。そのような理論によれば，親や仲間集団に強く依存している子どもは，認知的な一貫性を保持するために親や仲間集団のもつ態度に一致した方向で態度を学習していくと考えることができる。

(7)　当事者が2人の「共有地のジレンマ」は，「囚人のジレンマ」と呼ばれる。「囚人のジレンマ」は次のような状況設定になっている。

　2人のプレイヤーは，それぞれ独房に入れられた容疑者であり，それぞれ，取り調べのときに黙秘すること（協力）と「相手がやった」と自白すること（裏切り）という2つの選択肢をもつ。各プレイヤーの利得は，受ける刑の重さにマイナスをつけたものである（マイナスをつけるのは，刑が短いことを'より望ましい'ことに対応させるためである）。両方とも黙秘すれば2人とも軽微な罪で1年の刑となる。双方が相手がやったと白状すると，どちらも起訴され3年の刑を受ける。一方が黙秘したときに他方が相手がやったと白状すれば，「出し抜かれた」方は単独犯となり，重い（5年の）刑に処せられ，「出し抜いた」方は無罪放免となる。

第 2 章　戦略的思考から教授戦略へ
　　　　──ゲーム理論に基づく思考の分析過程

前章では，本書の目的に迫るために，本書において学習成果を優れて高めた教師の実践的思考様式を「戦略的思考」として押さえること，ならびに「ゲーム理論」を考察視座に置くことを述べてきた。

　本章の目的は，①経済学分野における「ゲーム理論」の発展過程を概観し，さまざまな経済事象を解決する中で形成されてきた解概念を導出すること，②「ゲーム理論」における「戦略型」と「展開型」の表現様式が，体育授業における授業設計段階の教師の「戦略的思考」を発現させるツールとしての実際的援用の可能性について検討すること，③体育授業における授業実践段階の教師の「戦略的思考」の内実を探ること，具体的には，経済学分野の「ゲーム理論」の発展過程で認められた6つの解概念（インセンティブ，スクリーニング，シグナリング，コミットメント，ロック・イン，モニタリング）が体育授業における教師の教授戦略の観点になり得るかどうかを探るとともに，教授戦略の構造を考察することである。

　本章の目的を遂行するために，授業設計段階における教師の「戦略的思考」の内実は，「ゲーム理論」の基盤となす「戦略型（strategic form）」と「展開型（extensive form）」の表現様式を用いて検討した。具体的には，小学校教師4名を対象に，双方の型の表現様式（各型の表現様式で2名ずつ）を用いて記述してもらった例を取り上げ，考察する。

　実践段階における教師の「戦略的思考」の検討では，「ゲーム理論」の発展過程で認められた6つの解概念の教育学概念への読み替えと，体育授業における教授戦略概念への読み替えを試みた。このとき，教育学者や卓越した実践者の言説を織り込みつつ，これまで科学的・経験的研究で明らかになった授業分析の事例や体育雑誌等で紹介されている授業実践例を，傍証として取り上げ考察した。

1 「非協力ゲーム」の2つの表現様式と体育授業への援用

(1) 経済学分野における「ゲーム理論」の発展過程

今日,「ゲーム理論」は多くの研究分野で応用されている[(2)]。その中で,歴史的にも最も盛んに活用されてきたのが経済学分野である。経済学分野では,実体経済現象の理解に市場分析だけでは不十分であり,「ゲーム理論」を用いた分析が必要な方法として認識されてきた。では,経済学分野の「ゲーム理論」はどのような発展過程を経てきたのだろうか。

鈴木(1994；1999)は,フォン・ノイマンの論文が発表された1928年から1999年までにわたる「ゲーム理論」の発展の歴史を5つの段階に分けている。以下,鈴木の解説をもとに「ゲーム理論」の発展過程を,経済学分野の「ゲーム理論」を中心に概観してみる。

表2-1は,経済学分野における「ゲーム理論」の発展過程を示したものである。

第Ⅰ期(1944～1960年)では,主として2人のプレイヤー(経済学における「経済主体」に対応する「ゲーム理論」側の言葉が「プレイヤー」である)たちが,どのような戦略をとっても利得の合計がゼロになることに関する「ゼロ和2人ゲームの理論」[(3)]と利得をn人で分け合う(利害関係を明らかにする)「n人ゲームの理論」[(4)]を中心に,最小の努力で最大の効果を求めようとするミニマックス定理の信頼性を保証しようとした。その結果,「ナッシュの均衡点」や「コアの概念」[(5)]といった解概念の存在が明らかになってきた。しかし,この時期の研究は有限個の中での分析から脱却できず,実用性に富む理論にはなり得ていない状態であった。

第Ⅱ期(1961～1970年)は,「ゲーム理論」が机上の空論ではなく,実践的に展開していく時期である。第Ⅰ期でn人までしか扱われなかったプレイヤーの数が無限のゲームに適用されたことにより,経済学において完全競争市場の原理が「コアの概念」によって証明された。

表2-1　経済学分野における「ゲーム理論」の発展過程

時　期		明らかになった理論や問題点，トピックス等
第Ⅰ期 (1944〜1960)	理　論	主として2人のプレイヤー（経済学における「経済主体」に対応するゲーム理論側の言葉が「プレイヤー」である）たちが，どのような戦略をとっても利得の合計がゼロになることに関する「ゼロ和2人ゲームの理論」と利益をn人で分け合う（利害関係を明らかにする）「n人ゲームの理論」を中心に，最小の努力で最大の効果を求めようとするミニマックス定理の信頼性を保証しようとした。その結果，ナッシュの均衡点やコアの概念といった解概念の存在が明らかになってきた。
	問題点	この時期の研究は有限個の中での分析から脱却できず，実用性に富む理論にはなり得ていない状態であった。
第Ⅱ期 (1961〜1970)	理　論	ゲーム理論が机上の空論ではなく，実践的に展開した時期である。第Ⅰ期でn人までしか扱われなかったプレイヤーの数が無限のゲームに適用されたことにより，経済学において完全競争市場の原理がコアの概念によって証明された。すなわち，プレイヤーの数が無限になると，生産者の供給と消費者の需要のニーズが収束して一致するという経済学の最も基本的な問題がゲーム理論によって明らかにされた。こうした中で，さまざまな問題やそれらを解決するための独自な戦略的概念が導出された。具体的にはAkerlofによるインセンティブ（incentive）やスクリーニング（screening）である。
第Ⅲ期 (1971〜1980)	理　論	協力ゲームの解の公理化により，解の意味がより一層明確になり，解の概念の相互作用も明らかになってきた。すなわち，消費者のニーズが最大限になる生産者の利得の得方に関するゲーム理論へと発展した。具体的には，公共の問題など市場メカニズムによらない問題へのゲーム理論的アプローチである。またこの時期には，Spenceによるシグナリング（signaling），Lucasによるコミットメント（commitment）の戦略的概念が導出された。
	トピックス	社会学，政治学，経営学，会計学のような分野でも，経済学と同様な視点でゲーム理論が展開されるようになった。1971年にはゲーム理論の専門誌 International Journal of Game Theory が発刊され，ゲーム理論が実践学として体裁が整った時期である。
第Ⅳ期 (1981〜1992)	理　論	非協力ゲーム理論が発展した。その背景には，これまでは「生産者」と「消費者」という関係のもとで協力関係が成り立ち，ゲーム理論も協力ゲーム理論を中心に発展したが，「生産者のニーズ」ではなく，「生産者から見た消費者のニーズ」に応えようとしたこの時期には，逆転の発想が強いられることになり，協力ゲームの理論では説明できなくなってきたことがある。「生産者」が消費者の立場に立つということは「情報」がより重要になってくる。非協力ゲーム理論は「情報」の問題を包括することができ，その発展によって，従来の経済学や経営学，政治学，社会学などの方法では，その重要性にもかかわらず，分析が困難で未開拓なまま放置されてきていた問題が考察可能となった。こうした発展過程の中でDavidによるロック・イン（lock in）とOkuno-Fujiwaraによるモニタリング（monitoring）の2つの戦略的概念が形成された。

第2章　戦略的思考から教授戦略へ

第Ⅴ期 (1993以降)	問題点	プレイヤーの「合理的行動」を追求していくことの困難さも表出してきた。
	理　論	利益を得るために合理的な行動そのものを追求することに限界が生じてきたため，すなわち，合理的プレイヤーを前提とするそれまでの分析アプローチを超えて，不確実性下での意思決定に焦点を当てた「限定合理性」に基づく新しいゲームのモデル（進化ゲーム）が構築された。また，理論研究ばかりではなく，実験によって理論を検証するとともに，現実の人間行動に影響を与える限定合理的な問題へのアプローチへと移行した。
	トピックス	非協力ゲームの発展によって，協力ゲーム理論の成果を非協力ゲーム理論の視点から基礎づける研究（ナッシュ・プログラム）も精力的に行われた。

図2-1　「ゲーム理論」発展過程を考察するための模式図

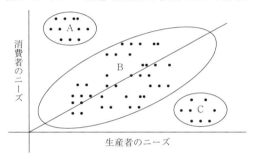

A…公共の問題を扱う領域
B…市場メカニズムが作用する領域
C…生産者からみた消費者のニーズに応えようとした領域

　すなわち，プレイヤーの数が無限になると，生産者の供給と消費者の需要のニーズが収束して一致するという経済学の最も基本的な問題が「ゲーム理論」によって明らかにされたのである。このことを模式的に表したのが図2-1である。消費者のニーズを縦軸に，生産者のニーズを横軸におき，両者のニーズの関係を回帰直線に示した。
　図中の領域（A，B，C）が示す内容は，次のとおりである。A領域は，生産者のニーズが低いものの，消費者のニーズが最大限になる領域を示し，公共の問題など市場メカニズムによらない領域である。B領域は消費者と生産者のニーズが一致する領域，つまり，市場メカニズムが作用する領域である。C領

域は消費者のニーズが低いものの，生産者のニーズが高い領域を示し，生産者からみた消費者のニーズに応えようとした領域である。

　これより，この時期の「ゲーム理論」は市場メカニズムによるB領域の問題を明らかにしてきたのである。しかし，この第Ⅱ期においては，図中に示すA領域やC領域までは，論を展開させる域にまでは達していなかった。

　また経済学分野の「ゲーム理論」では，その発展過程の中でさまざまな実体経済現象の問題やそれらを解決するための独自な解や解概念が導出されている。具体的には，この時期の最晩年にAkerlof（1970）によりインセンティブ（incentive）とスクリーニング（screening）の2つの解概念が提示された。

　第Ⅲ期（1971～1980年）は，協力ゲームの解の公理化により，解の意味がより一層明確になり，解の概念の相互作用も明らかになってきた。すなわち，消費者のニーズが最大限になるA領域における生産者の利得の得方に関する「ゲーム理論」へと発展した。具体的には，公共の問題など市場メカニズムによらない問題への「ゲーム理論」的アプローチである。

　こうしたA領域の問題を解決していく過程の中で，Spence（1973）によりシグナリング（signaling）が，Lucas（1976）によりコミットメント（commitment）がそれぞれ解概念として形成された。

　他方，社会学，政治学，経営学，会計学のような分野でも，前述の経済学と同様な視点で「ゲーム理論」が展開されるようになった。1971年には「ゲーム理論」の専門誌 *International Journal of Game Theory* が発刊され，実践学として「ゲーム理論」の体裁が整った時期である。しかし，依然としてC領域の問題を解決するには至っていない。

　第Ⅳ期（1981～1992年）は，C領域の問題を解決すべく，「非協力ゲーム」が発展した。具体的には'生産者のニーズ'ではなく，'生産者からみた消費者のニーズ'に応えようとしたのである。つまり，これまでは「生産者」と「消費者」という関係のもとで協力関係が成り立ち，「ゲーム理論」も「協力ゲーム」を中心に発展してきたのである。しかし，C領域の問題を解決するために，「生産者」が消費者の立場に立って考えれば，「消費者」と「消費者」の関係に

なり，逆転の発想が強いられることになり，協力ゲームの理論では説明できなくなってきたのである。「生産者」が「消費者」の立場に立つということは，「情報（混合戦略）」(6)がより重要になってくる。「非協力ゲーム」の発展は，「情報」の問題を包括することができ，従来の経済学や経営学，政治学，社会学などの方法ではそれらの分析が困難で未開拓なまま放置されていた問題が考察可能になった。しかし，プレイヤーの「合理的行動」を追求していくことの困難さも表出してきた。

こうしたC領域の発展過程の中で，David（1985）によりロック・イン（lock in）が，Okuno-Fujiwara（1987）によりモニタリング（monitoring）がそれぞれ解概念として形成された。

第Ⅴ期（1993年以降）は，利益を得るために合理的な行動そのものを追求することに限界が生じてきたため，合理的プレイヤーを前提とするそれまでの分析アプローチを超えて，不確実性下の意思決定に焦点を当てた「限定合理性」(7)に基づく新しいゲームのモデル（進化ゲーム）が構築された（佐々木 2003：274-289）。また，理論研究だけでなく，実験によって理論を検証する動きがみられだし，現実の人間行動に影響を与える限定合理的な問題へのアプローチへと移行した。その他にも，「非協力ゲーム」の発展によって，「協力ゲーム」の成果を「非協力ゲーム」の視点から基礎づける研究（ナッシュ・プログラム）も精力的に行われた。すなわち，第Ⅳ期と第Ⅴ期の「ゲーム理論」の発展によって，「ゲーム理論」が実践学として確立したとみることができる。

これまで述べてきたように，「ゲーム理論」はさまざまな利害が複雑に絡み合った多様な実践を対象とし，独自の表現様式や解概念を用いて，相互依存関係にある対人間の合理的な行動の仕方と帰結の問題を解明するとともに，抽出された解や解概念を実践の場に展開させる（戦略として用いる）ことで実践学として成立してきた(8)。特に，経済学に代表される社会科学における「ゲーム理論」は，「現実の完全な記述を目的としたものではなく，逆に複雑な現実の環境を抽象化及び単純化することにより，それらの背後にある戦略的関係を明らかにし，その結果として本来複雑な意思決定の過程や行動基準の本質的部分を

解明することを目的としてきた」(梶井 2002：43) のである。

　これを授業論から眺めてみると,「ゲーム理論」は,「子どもを中心とする複合的知識」を基盤に「子ども」が望む体育授業の展開, 換言すれば教師が意図する教授過程と子どもの学習過程との相違やズレを教師に認知させ, 子どものつまずきというリスクをできるだけ小さくして, 彼らの学習過程を保障する教師の実践的思考様式を解明する視点になり得る可能性があるものと考えられるのである。とりわけ, 幾多の問題を解決する中で導出されてきた解概念であるインセンティブ, スクリーニング, シグナリング, コミットメント, ロック・イン, モニタリングは, 授業実践の場において, 教師の「戦略的思考」の観点になり得る可能性があるものと考えられる。

　なぜなら, 生産者(企業), 消費者, 財(環境)が複雑に絡み合う経済事象と教師, 子ども, 教材(環境)が複雑に絡み合う授業の場において, それぞれの場で生ずる問題は, 互いにさまざまな要因が多様に関連して引き起こされるという点において同様である考えられる。そうであるなら, 上記6つの解概念が, 現実の経済問題の解決に向けて展開されてきたものであることを鑑みたとき, それらは, 教育の場で生起するさまざまな問題を成功裡に導く, すなわち,「教授＝学習」過程をマッチングさせるための教授戦略ととらえることができるからである。

(2)「非協力ゲーム」の2つの表現様式と体育授業への援用

　「ゲーム理論」は大きく「非協力ゲーム」と「協力ゲーム」という2つの理論に分けることができる。現在,「ゲーム理論」と言うときは, それは非協力ゲームを指す。非協力ゲームは, ナッシュによって最初に定義され, ハルサニとゼルテンによって発展的に展開された。彼ら3名はそれぞれが,'非協力ゲームの理論に画期的な貢献をした'理由により, 1994年ノーベル経済学賞を受賞している(岡田 1996：1-18)。

　今日まで,「ゲーム理論」が実学として発展していく過程の中で, とりわけ, 非協力ゲームにおいては, さまざまな問題に対する解を導くために主軸となっ

第2章 戦略的思考から教授戦略へ

表2-2 「ゲーム理論」における「戦略型」表現様式の例

プレイヤーAの戦略 (生産者・企業)	プレイヤーBの戦略 (消費者) 戦略 a	戦略 β
戦略1	(1, 1)	(2, 4)
戦略2	(2, -1)	(5, 6)
戦略3	(4, 3)	(-3, 5)

てきた表現様式がある。それは、「戦略型（strategic form）」と「展開型（extensive form）」とする表現様式である。

まず「戦略型（strategic form）」は、静的ゲームに用いられる。数学的な行列の理論をもとに作られたもので、縦軸と横軸にプレイヤーの戦略を書き、それぞれが交差するセルの中に互いの利得（ペイオフ：pay-off）が書き込まれた利得表から、互いにとって最適な戦略を求める表現様式である。

表2-2は、利得表の一例である。この表で一番左の列に書いてあるのはプレイヤーAがとりうる戦略（この場合は3つ）であり、一番上に書いてあるのはプレイヤーBがとりうる戦略（この場合は2つ）である。また、この表で6つのカッコ内にそれぞれに並べて書かれた2個の数字のうち、1番目のものはAとBがそれぞれの戦略をとったときのプレイヤーAの利得を、2番目の数字はそのときのプレイヤーBの利得を表している。例えば、プレイヤーAが'戦略2'、プレイヤーBが'戦略a'を選んだとき、表2-2では（2, -1）という数字の組が読み取れる。これは両プレイヤーがそのような戦略をとったときに、プレイヤーAは2の利得を、Bは-1の利得を獲得できることを意味している。この例の場合、プレイヤーAが'戦略2'、プレイヤーBが'戦略β'をとったときに互いの利得が最大であることを示している。しかし、後述する「展開型」ゲームにおいても同様であるが、一般に利得は必ずしも数値化されている必要はなく順序がつけられることのみが本質である。

続く「展開型（extensive form）」は、動的ゲームに用いられる。集合の理論から作られたもので、根からどんどん枝分かれして生い茂っていく「木」をイ

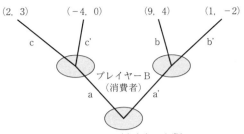

図2-2 「ゲーム理論」における「展開型」表現様式の例

メージした「ゲームの木（decision tree）」と呼ばれる樹形図で表される表現様式である。ゲームは始点から始まり，プレイヤーが頂点以外の分岐点（手番）で選択肢（戦略）を選び進行していく。そして，これより先に枝がない点（終点）のいずれかで終わることになる。このとき，どのような選択肢を辿っていくことが最適な戦略かを求めようとするものである。図2-2は，ゲームの木の一例である。プレイヤーAとプレイヤーBが対戦するゲームを表している。

　図2-2では，プレイヤーAの選択肢（戦略）がaかa'であり，次にプレイヤーBがAの戦略を受けて選択肢（戦略）bかb'あるいはcかc'を選ぶことになる。この例では，プレイヤーBが何らかの戦略をとった後で，プレイヤーAには選択肢（戦略）がないためこのゲームは終わる。終点に書かれている数字が「戦略型」ゲームと同様「利得」を表す。このゲームにおいてはプレイヤーAがa'を選び，プレイヤーBがbを選んだときの利得が互いに最も大きいことがわかる。このように，「展開型」は「戦略型」と比べて時間構造や情報構造が明示的に（しかも視覚的に）明らかになるというメリットがある。その一方，多くの事柄を記述しなければならないので，あまりルールが難しくないごく単純なゲームを記述する場合は便利であるが，少し複雑なゲームになるとさまざまな要素が図形上で複雑にからまりあったりして何を意味しているのかよくわからないものになってしまう恐れがある。

　これら2つの表現様式はどちらも視覚的に理解しやすく明解であり，今日までに経済学をはじめ多くの研究分野で諸問題を解決するための方法として用い

られてきた。

　では，これら2つの表現様式は教育学，すなわち，授業研究の場面においてどのように援用可能であろうか。

　Reigeluth（1983：5-7）は，授業設計を学習理論と授業理論とを結接させる結合科学として位置づけ，子ども一人ひとりの学習成果を十分に向上させる最適な教授方法を決定するプロセスであるとしている。この指摘は，いずれも〈教師と子ども〉または，〈教材と子ども〉の関係で生じる'ズレ'を起こさせないように授業を設計することの重要性を示唆している。このことから，授業設計段階においては，子どものつまずきというリスクをできるだけ少なくして，子どもの学習過程と教師の教授過程をマッチングさせるためには，「子ども」を中心とする複合的知識の深さが教師に求められることになる。

　またRomiszowski（1981：271）は，授業設計段階における手続きを4つの段階に分類している。すなわち，①unit，②lesson，③exercise，④stepの4つである。

　①のunitは教材の単位であり，②のlessonは具体的な授業の設計を，さらに③のexerciseは授業で示した内容の習得を目指す練習場面の設計であり，④のstepは学習成果の評価に関わる設計であるとした。その上で，これら4つの段階は，円環的なつながりをもって機能する「入れ篭構造モデル」をなしているとした。ここで，これら4つの段階のそれぞれの働きに着目してみると，①と②はどのような教材をどのような指導法で進めるかに，③と④はどのような学習活動を具体的に組んで，どのように評価するかに，それぞれ力点が置かれる様態にあるものと看取できる。このように見ると，前者は「教材の選定と学習指導法の選択」であり，後者は「指導プログラムや指導案の立案」となる。前者は，一度決定すれば基本的には変更できないことから静的ゲームの様相を，後者は，予想される子どものつまずきとその対処がダイナミックに展開されることから動的ゲームの様相を，それぞれ示すことになる。これより，これら設計段階における2つの機能は，前者では「戦略型（strategic form）」が，後者では「展開型（extensive form）」が，それぞれ対応するものと考えられる。以下，

それぞれの表現様式の観点から援用の可能性について検討してみることにする。

1)「戦略型」の表現様式──学習指導法に対する教師の重みづけ

本項では，AとBの2人の教師が記述した利得表を例に，「学習指導法の選択」における「戦略的思考」を検討する。A，B両教師のプロフィールは，いずれも男性教師で，教職経験年数は25年であり，大学時代から現在に至るまで体育を中心に実践してきた教師である。利得表への記述に際しては，以下のような条件で作成してもらった。

① 対象学年及び運動教材
　4年生・跳び箱運動（実施時期：4月当初とした）
　（取り扱う種目は，「開脚跳び」及び「かかえ込み跳び」とした）

② 教師の戦略を学習指導法とし，子どもの戦略を技能的レディネスとした。

　教師の戦略になる学習指導法は，次のような5つに設定した。

　一般に学習指導法は，目標を基礎目標か高次目標かのどちらにおくかによって，系統学習か課題解決学習に分かれる（梅野・辻野 1980a）。さらに，系統学習でも論理系統と心理系統とアルゴリズム（知的系統）の3つに分かれる。しかし，体育科においては，アルゴリズムの系統は，心理系統，または論理系統に包括される場合が多いため，論理系統と心理系統の2系統に約めることにした。

　一方，課題解決学習の場合は，課題（めあて）の設定状況の違いから，教師が課題（めあて）を子どもたちに与えて自立解決を図る「課題解決型」，教師が予め用意したいくつかの課題（めあて）を子どもたちに選択させて自立解決を図る「課題選択型」，課題（めあて）を子どもたち自らで形成させ，自立解決を図る「課題形成型」の3つとした（辻ら1999）。

　また，子どもの技能的レディネスについては，「高い」，「低い」の2つに設定した。このとき，「中程度」も加えた3つにすることも考えられたが，2つにすることによって，値踏みをつける教師の意図がより明

表2-3 とびばこ運動（4年）における「戦略型」の表現様式

	A教師		B教師	
	児童の技能的レディネス		児童の技能的レディネス	
	高 い	低 い	高 い	低 い
論理的系統学習	（2，1）	（1，−5）	（6，7）	（8，9）
心理的系統学習	（8，8）	（10，8）	（5，3）	（8，7）
課題解決型学習	（10，9）	（8，6）	（4，5）	（7，4）
課題選択型学習	（6，4）	（4，6）	（1，−1）	（1，1）
課題形成型学習	（8，8）	（8，6）	（5，5）	（10，6）

確に反映させ得ると考えた。
③ 教師の利得は，教師のねらいや思いに基づく教授効果とした。
④ 子どもの利得は，予想される学習成果とした。
⑤ 利得は，−10から10までの整数をつけるものとし，きわめて高い利得及びきわめて低い利得を表現したセルに対しては，その理由を記述する。加えて，その他のセルについても，理由があれば遠慮なく記述することとした。

表2-3は，A教師及びB教師のそれぞれが記述した利得表である。

まず，A教師においてのみ認められる特徴として，子どもの技能的レディネスに関係なく，「論理的系統学習」による授業に対しての教授効果及び学習成果ともに最も利得を小さくしている点にある。その理由づけとして，A教師は，「助走-踏み切り-滞空-着地」といった運動経過に即した段階指導では，子どもの恐怖心を軽減することが難しく，結果的に上手く跳び越すことのできない子どもを生じさせると記述されていた。これは，A教師の「子ども」を中心とする複合的知識の一つと考えられる。

次に，B教師においてのみ認められる特徴として，子どもの技能的レディネスに関係なく，「課題選択型学習」による授業では，教授効果及び学習成果ともに最も利得が小さいと判断している点にある。これは，B教師が「課題選択

型」の指導法を適用することにきわめて否定的な見方をしていることを示している。しかし，A教師には，そのようなとらえ方は認められない。これには，これまでB教師が「課題選択型」の指導法を用いたことがないため，教授効果及び学習成果に自信がもてないことが理由として記述されていた。これは，B教師の「教授方法」を中心とした複合的知識と考えられる。

　続いて，両教師に共通した特徴をみると，技能的レディネスの低い子どもに対して「心理的系統学習」もしくは「課題解決型学習」に比較的高い利得が示されている点にある。理由づけにおいても，両教師は，レディネスの低い子どもに関しては，教師の直接的な指導性の発揮が重要であり，しかも彼らの跳び箱に対する恐怖心を軽減させる必要のあることを記述していた。これは，A・B両教師が有する「子ども」を中心とする複合的知識の一つと考えられる。

　これら利得の記述の仕方と理由づけ以外にもさまざまな相違が認められるとともに，「子ども」や「教授方法」の知識が多様に重なり合う複合的知識の存在が確かめられた。さらに，各教師の理由づけを総合的に見ることで，それぞれの教師の「目標-内容（運動教材）-方法（学習指導法）」の一貫した見方や考え方を分析することが可能であった。具体的には，A教師は，自らが普段に展開させている「課題形成型学習」よりも，学級の子どもたちの技能的レディネスが高い場合には「課題形成型学習」を，逆に子どもたちの技能的レディネスが低い場合には「心理的系統学習」をそれぞれ重視する意図が認められた。これには，実践の時期が学年当初（4月）であること，さらには用いる運動教材が「跳び箱」運動であることに留意し，基礎的基本的な知識や技術の習得に単元の目標を定めるべきと判断したことによるものと考えられた。すなわち，値踏みに対するA教師のジレンマが看取できる。これに対してB教師は，学習指導法の違いに関係なく，総じて学級の子どもたちの技能的レディネスが低い場合に多くの利得を与える傾向にあり，前述のA教師の場合と異なり，学習指導法の選択理由が実践時期や運動教材の内容と無関係に利得を与える様相が認められた。これより，B教師については技能的レディネスの低い子どもを大切にする構えは認められるものの，子どもに形成する学力と学習指導法との関連意

識が浅いものと考えられた。

　これらのことから，「戦略型」の表現様式は，多様な複合的知識を基盤に，「学習指導法の選択」，つまり Romiszowski のいう unit と lesson における「戦略的思考」を浮き彫りにする働きを有しているものと考えられた。逆に言えば，教師による利得の表現は，どのような学習指導法によって子どもにどのような学習成果を期待するのかといった「戦略的思考」を反映する性質を持っているものと考えられた。

　他方，「ゲーム理論」では利得表に示された数字そのものには意味がないとされ，数字の大きさのみが本質であるとされている（金子 1998）。例えば，仮にAの利得が1で，Bの利得が3のとき，すなわち1＜3のとき，Bの利得がAの利得より大きいということのみが大事なことであり，両者の差'2'そのものには意味がないのである。しかし，授業設計段階の教師の「戦略的思考」においては，利得として表現された数字自体は，教師の指導法に対する志向性が反映されていると読み取れる。すなわち前述の例で考えるなら，'3の方が1より大きい'だけでなく，両者の差である'2'に何らかの根拠や意図が含まれている（'1'と'3'という数字の値踏みにその教師の意図が含まれる）と考えられる。もっと言うならば，前述したA教師に認められたように，この数字の値踏みに，前述した「共有地のジレンマ」や「囚人のジレンマ」に相当する教師の学習指導法へのジレンマが反映される可能性が高い。例えば，日頃「課題形成型学習」を重視している教師が，目の前の子どもの技能レディネスが低いと判断した場合に，「課題形成型学習」でいくべきか，「課題解決型学習」をとるべきか，あるいは「心理的系統学習」をとるべきかといったジレンマが反映されるのである。これらのことから，利得表に示す数字にも大きな意味があるものと考えられる。

2）「展開型」の表現様式——児童のつまずきとその対処法に関する知識

　「ゲームの木」は，経済学では生産者と消費者（あるいはライバル関係にある2つの生産者）が交互に戦略をとりながら進み，最適な戦略が何かを明らかにするために用いられる。前述の利得表に比して，具体的な戦略を明示することが

求められ，相手の戦略の意図や効果を正しく評価する必要がある。このことから，「ゲームの木」を授業実践において援用しようとするとき，これは授業設計段階における exercise と step の「戦略的思考」を明らかにするのに適していると考えられる。すなわち，教材に向かう子どものつまずきの類型と教師の手だて（対処法）を反映させるものになると考える。

本項では，先程の「戦略型」と同様にCとDの2人の教師が作成した「ゲームの木」（予想される子どものつまずきとその手だて）を例に，「指導プログラム及び指導案の立案」における「戦略的思考」を検討する。ここで，C，D両教師のプロフィールを示せば，いずれも男性教師であるが，教職経験年数（C教師：17年，D教師：24年）及び実践の中心となす教科（C教師：体育専攻，D教師：国語専攻）が異なるところに相違がある。

ゲームの木の作成に際しては，以下のような条件で作成することを依頼した。

① 対象学年及び単元……5年生・サッカー（10時間）
② 学習指導法は，課題解決型学習（発見的学習）を用いることとし，ゲーム中心の単元構成を行うこととした。指導プログラム例を見せて授業の流れをイメージ化した上で記述するとととした。
③ ゲームの木の枝分かれの数は，記述者の任意とした。
④ 子どものつまずきの類型及び観点は，記述者の任意とした。
⑤ 教師の利得は，教師のねらいやねらいを達成するのに解消しなければならない重要なつまずきとその手だてとした。
⑥ 子どもの利得は，子どもが教材の特性にふれるのに解消しなければならない重要なつまずきとその手だてとした。
⑦ ゲームの木の利得はマイナスもあるが，ここではつまずきとその手だてを示す。どれだけ小さなつまずきもその解消をねらうため，マイナスの利得は発生しない。そこで，ゲームの木の利得は0から10までの整数をつけるものとし2分法の場合は上段と下段，3分法の場合は上・中・下段のセッション毎に教師と子どもの最大の利得である10を必ずどこか

につけるように依頼し，その理由を記述する。加えて，その他のセルについても理由があれば遠慮なく記述することとした。

図2－3は，C教師及びD教師が作成したゲームの木（予想される子どものつまずきとその手だて）を示している。

まず，C教師のゲームの木は，「少数の者がボールを支配する」と「パスがつながらない」というゲーム展開場面でよく見受けられる戦術的なつまずきから出発する。そして，それぞれのつまずきの原因をポジショニングの理解不足とチームワークの未発達とおく。その上で冒頭の2つのつまずきを解消する手だてとして，「作戦カードの活用」「チームとしての作戦の確立」「一人ひとりの思いを確認」などを中心にする。これらは，C教師の「教授方法」の知識と考えられる。

利得についてみると，上段（少数の者がボールを支配する）のつまずきでは，教師ならびに子どもともに「一人ひとりの思いを確認」に10を置いていた。さらに，下段（パスがつながらない）のつまずきも，上段と同様，教師ならびに子どもともに「作戦カードを活用し，一人ひとりの思いの確認」に10を置いていた。その理由として，上段・下段に共通して，サッカーという集団スポーツにおいては子どもたち同士のコミュニケーションが学習成果に影響してくると記述されていた。これより，C教師は，子どもの思いをくみとることや子ども同士の関わりを重視していることが看取できる。これは，C教師の「子ども」の知識の発現と解せられる。

これらのことから，C教師は，「子ども」と「教授方法」の複合的知識を重視しているものと考えられた。

これに対して，D教師のゲームの木は，ゲーム展開場面で発生する幾多のつまずきを「個人技能」と「集団技能」というボール運動の一般的な技能の枠組みに分類することから出発する。その上で「個人技能」に関するつまずきを解消する手だてとして，用具の工夫，練習回数の保障，ルールの理解，ルールの改編，視聴覚機器の活用など，多様な方法が記述されていた。また，「集団技

図2-3 サッカー(5年)における「展開型」の表現様式

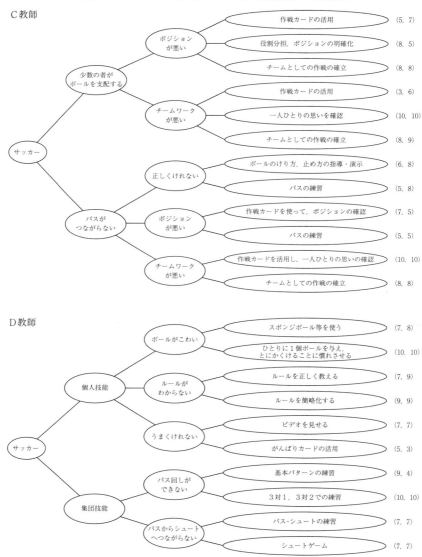

能」に関するつまずきを解消する手だてとして，タスクゲームやシュート練習を活用する方法を採っていた。これらは，D教師の「教材内容」や「教授方法」を中心とする複合的知識の一つと考えられる。

　利得についてみると，上段（個人技能）のつまずきでは，教師ならびに子どもともに「ひとりに1個ボールを与え，とにかくけることに慣れさせる」に10を置いていた。その理由として，技能はその運動の回数に比例して伸びるため，ボールに触れる回数を増やすには，一人ひとりにボールを1個ずつ与えることが適当であると記述していた。また，下段（集団技能）のつまずきでは，教師ならびに子どもともに「3対1，3対2での練習」に10を置いていた。ここでは，相手チームの動きを意識しながらボールをキープしたり，パスを出したり，シュートしたりするという経験を多くさせたいためという理由づけがされていた。これらの記述からも，D教師は「教材内容」や「教授方法」を中心とする複合的知識に力点を置いているものと解せられた。

　総合的に見ると，両者で具体的に表現されるつまずきと手だての背景に，複合的知識が基盤になっていることや，教師の指導観，例えばC教師では子ども同士の関わりといった人間関係を大切にしていること，D教師ではゲームがうまくできない子どもを大切にしているといった教師のサッカーゲームに対する指導観が浮かび上がってきた。

　このように同じ条件の下で記述したゲームの木であるが，そこから両教師の子どものつまずきや手だてに対するとらえ方の違いが明白になった。すなわち，C教師及びD教師が記述したゲームの木は，両者とも階層が3層であったがその内実は大きく異なっていた。これより，「展開型」の表現様式の利得は，子どものつまずきとその手だてを教師がどのように構造化しているかを明示するものといえる。さらに，'どこに10をつけるか'という利得を明示させることによって，値踏みをつける教師が「子ども」「教材内容」「教授方法」のそれぞれの知識のどれを重視しているかを把握することが可能となる。

　これらのことから，「展開型」の表現様式は，「指導プログラムや指導案の立案」，つまりRomiszowski（1981：271）のいうexerciseとstepにおける「戦

的思考」を浮き彫りにする働きを有しているものと考えられた。すなわち，教師による「ゲームの木」の表現は，子どもたちがある運動教材に向かうときに，どのようなつまずきを予想し，どのような手だてをとるのかといった「戦略的思考」を反映する性質を持っているものと考えられた。

　以上のことから，「ゲーム理論」の基盤となす「戦略型」と「展開型」の表現様式は，授業設計段階における教師の「戦略的思考」の内実を鮮明に記述させる働きのあることが確かめられた。すなわち，「戦略型」の表現様式は，「学習指導法」に関する教師の知識を，「展開型」の表現様式は，「運動教材に対するつまずきの類型とその対処法」に関する教師の知識を，それぞれ推定し得るツールとして有効であると考えられた。

2　「優れた授業」の創造を紐解く鍵——6つの教授戦略

（1）インセンティブとスクリーニング

　「ゲーム理論」の第Ⅱ期（1961～1970年）は，「ゲーム理論」が机上の空論ではなく，実践的に展開していく時期である。すなわち，プレイヤーの数が無限になると，生産者の供給と消費者の需要のニーズが収束して一致するという経済学の最も基本的な問題が「ゲーム理論」によって明らかにされたのである。

　この時期の後半には，生産者が'いかにして消費者の購買意欲を促進させるか'という点に関心が向けられた。その中で，消費者の誘因に働きかけ消費行動を高める戦略の存在が認められるようになってきた。これらをインセンティブ（incentive）概念という。さらに，こうしたインセンティブ概念を戦略として機能させるためには，消費者のニーズが何にあるのか，所謂，市場調査を機能させることの必要性が認識されるようになってきた。こうした戦略がスクリーニング（screening）概念として形成された。

　これら2つの解概念を活かして，消費者の購買意欲を高める具体的な戦略例を挙げてみる。一つは，'値引き'である。今，定価150円の商品を30円値引き

して120円で販売する場合と10円値引きして140円で販売する場合を考える。前者の戦略は，薄利多売である。ここで，この商品の原価を100円とし，2,000円の利益を得ようとすれば，前者では100人に売らなければならない。これに対して後者では，50人に売るだけでよい。言うまでもなく，消費者からすれば，同じ商品なら少しでも安く手に入れたいと考えるのは常套である。しかし，そのために，余分なコスト，例えば安い値段で売っている店が隣町にあり，買いに行くには別途交通費がかかる状況なら，消費者も購入をためらうだろう。このように考えると，売り手にとっても，必ずしも値引き幅を大きくすることが最適戦略とは限らない。すなわち，いかに値引き幅を設定するかが問題となる。これがインセンティブ戦略の始まりである。

もう一つは，'おまけ'である。前述の140円の商品に30円のみかん（原価20円とする）を'おまけ'で付けて売る場合と前述と同様120円で売る場合を設定する。このとき，1個の売り上げにつき，どちらも純利益は20円である。はたして消費者はどちらを購入するだろうか。売り手にとってはどちらもインセンティブ戦略である。しかしながら消費者にとっては，判断が分かれるところである。したがって，これらのインセンティブ戦略を有効に機能させるためには，消費者の志向を探る必要が出てくる。それにより，例えば，A市では，'おまけ'を好む消費者が多いことがわかれば，140円の商品に30円のみかんを付けて販売する戦略を，B市では，値引きを好む消費者が多いことがわかれば，120円で販売する戦略を，それぞれとればよい。このように，消費者の志向（消費行動）を探る戦略，すなわち，スクリーニング戦略の重要性が認められるようになってきたのである。

1）インセンティブ

インセンティブとは，ある主体から特定の行動を引き出すためのエサ（あるいは罰則）や，そのエサが与えられる仕組みを指す（梶井 2002：94-95）。

経済学では，経済主体が特定のルールや制度の下で，人々の行動が所期の目的を達成するためには，関係者の行動パターンを正しく理解し，その望ましい行動に対する人々の意欲を引き出すためにはどのような仕組みが必要かを考え

なければならないとする立場に立つ。こうした立場から，Akerlof（1970）は，中古車市場における売る側と買う側の情報の偏在（情報の非対称性）が「逆選択（adverse selection）」と呼ばれる現象を引き起こし，場合によっては商品の取引を不可能にすると論じた。またStiglitz（1974）は，銀行やその他の金融機関から資金を借り入れたいと望む企業に「信用割当（credit rationing）」が誘因に働きかける力になっていることを明らかにした。これらの指摘より，インセンティブとは，消費者が生産者・企業の望む購買行動を行うための一種のルール，すなわち行動動機を能動行為へと変えていく戦略と考えられる。

　これらのインセンティブ戦略を教育学的視点として読み替えると，それは子どもの行動動機を授業の目的・目標に向かう学習過程や学習活動に対する確信へと変換させる教授行為と考えられる。

　子どもの行動動機は，上寺（1982）によれば「目的希求性」と称されている。その上で上寺は，目的希求性−自己決断性−自己制御性−自己責任性とする意識の順序性を基盤に，子どもの学習行動を高めていくことの重要性を指摘している。とりわけ「自己制御的姿勢で他者指向すれば，他者理解性を呼び起こし，自己責任性や社会連帯性を生み出すとともに，一方で"自立性"を砥ぎすます，文化・論理・形成・理念などの人間的価値による厳しい洗礼を経る」と述べている。これに呼応するかのように，ドイツの解放的教育学者の一人であるMollenhauer（1985＝1993：159-160）は，上寺の指摘する学習行動を「自己活動への要求」と称して，子どもの行動動機をより積極的で能動的な活動エネルギーへと変換させることの重要性を指摘した。つまり彼は，「（自己活動は）外的強制によって貫徹されるのではなく，権威のあるやり方で，つまりその真理性の示唆によって貫徹される」（傍点は著者による）のであり，そこでは，「自己活動を可能にするようなある態度を提案することによって〈自己活動への要求〉が行われている」（傍点は著者による）とした。これを授業に当てはめると，多面的かつ拡散的な性格を有する子どもの生活を保障しつつ，一面的・集中的な文化的価値内容である教材の特性に積極的に出会わせることの重要性を示唆していると読み取れる。

体育科の授業の中心は，運動技術の習得であることに異論はないであろう。しかし，これまで体育の授業においては個人のパフォーマンスレベルを技能評価に据えることが多かった。例えば'走り幅跳び'なら，身長や疾走能力の違いが考慮されずに，子どもたちの跳躍距離が評価されてきた。しかも，そこで提示される基準に，科学的根拠の乏しい場合が多かった。こうした基準では，自分の現在値と目標値のズレを小さくするための課題（めあて）が明確になるとは考えがたい。

　近年になって，絶対評価の重要性が認識されるようになり，数々の評価方法の開発・工夫が生まれてきた。例えば，陸上運動ならば「走り幅跳び診断表」（辻野・梅野 1995：697-701）「HJS 指数」（川本ら 1991；後藤 2007）が挙げられる。ボール運動ならば，「ゲームパフォーマンス評価：Game Performance Assessment Instrument（GPAI）」（Griffin 1997）がある。これらの評価法は，客観的・科学的根拠を有するものであり，かつ，数値目標を示すだけでなく何が課題かを明確にするものである。そして，これらの評価法を用いるにあたって，前述のボール運動の例（GPAI）ならば，教師はゲームの様子をビデオで撮影しておき分析を行いその結果を提示することによって，子どもたちの自発的な学習が主体的な学習へと高まる可能性が期待できる。その結果，子どもたち自身の課題（めあて）の必然性や意味が理解されることになる。

　以上のことから，インセンティブは，子どもたちの自発的な学習活動を主体的な学習活動へと高めていく教師の「戦略的思考」の観点と見なせるものと考えられる。体育授業の場では課題（めあて）の必然性と意味理解を明確にさせる評価道具の工夫と解せられる。

2）スクリーニング

　スクリーニングとは，情報をもっていない主体が，情報をもっている主体の属性あるいは予期的行動を探ろうとすることである。

　Bester（1985）は，銀行が無担保貸出契約と担保付貸出契約のいずれかを選択させるという例から，担保がスクリーニングの機能として働き，借り手を選別することができるというメカニズムを分析した。前述した Akerlof（1970）

の中古車市場の問題は，売る側と買う側の情報の偏在（情報の非対称性）の状況下では，的確なスクリーニングを行うことの効果を示唆している。これらの指摘より，スクリーニングとは，生産者・企業が，消費者の特性，属性，及消費行動を探ろうとする戦略であるといえる。

　このスクリーニング戦略を教育学的視点として読み替えると，それは教師が子どもを理解するための教授行為に相当すると考えられる。

　長岡（1981：147-166）は，前述したように，「授業は子どもをさぐる場」ととらえ，「〈真に教える〉ということは，〈この子〉を探ることの連続」（傍点筆者）であり，〈この子〉のつぶやきに根ざす授業を構想すること」であると明言した。その上で，「私の教育は，〈この子〉が，外界や自己に対して働きかけ，自らを構築し，創造していく力，学習する力を強化させることにある。即ち〈この子〉が，自らの学習法を開拓創造することを支援することをねらう」（傍点筆者）としている。また，和田（1982：115-118）は，「子どもの理解は，必ずしも子どもについて事実的に総てを知り尽くしていること」ではなく，「子どもを理解する正しい構え，態度をもっていること」（傍点筆者）であるとし，「子どもとは教育されることを前提として自己形成しつつある人間である」とする「子どもの人間学」を指向した。これら両者の言説から，教師は子どもの拡散的・多面的な思考体制を知り，子どもの世界に入り込んでいくことによって，彼らに対する全人教育を深めようとする教授行為がいかに大切であるかを示唆しているものといえる。

　このような子どもの思考体制を探る一つの方法として，体育授業の場ではグループノートや個人カードの活用が挙げられる。グループノートからは，各グループのめあてがどのように変容しているかを探ることができる。また個人カードからは，子ども一人ひとりのめあての系列だけでなく，その子どもの運動教材に対する感じ方，考え方をとらえることが可能となる。これらグループノートや個人カードの読み取りは，教師に子どもたちの学習過程の内実を把握させ，これに即する教授過程を展開させるものと考えられる。こうしたスクリーニング戦略に長けた体育の実践者として，生活綴り方を重視した佐々木

(1984：150-172) や子どもの自由記述の感想から「子どもからみたよい授業」を導出した高田（1979：21-40）が挙げられよう。

他方，子どもの思考体制を探る方法として多用される教授技術に「発問」がある。これまで子どもからみた授業評価の高い教師は，発問能力に長けていることが授業の分析的研究より確かめられている（梅野・辻野 1984；小林 1986：63-68；岸本・山口 1992）。

これらのことから，スクリーニングは，多様な子どもたちの学びを授業の場に顕在化させていく教師の「戦略的思考」の観点と見なせるものと考えられる。体育授業の場ではグループノートや個人カードの記述を通して，あるいは教師の発問の工夫によって，子ども一人ひとりの感じ方や考え方の違いを顕在化させ，彼らの学習過程に即した教授過程を実現する方法と解せられる。

（2）シグナリングとコミットメント

「ゲーム理論」の第Ⅲ期（1971〜1980年）は，協力ゲームの解の公理化により，解の意味がより一層明確になり，解の概念の相互作用も明らかになってきた。すなわち，消費者のニーズが最大限になる状況における消費者の利得の得方に関する「ゲーム理論」へと発展した。具体的には，公共の問題など市場メカニズムによらない問題への「ゲーム理論」的アプローチである。こうしたアプローチの背景には，前期において導出されたインセンティブやスクリーニング概念は，生産者（企業）の利潤追求を最優先とする方向に展開されることに偏したことへの反省による。

この時期は，生産者が有する有益な情報を，「いかに消費者に伝え，消費行動を生産者の意図する方向に制御するか」という点に関心が向けられた。すなわち，消費者からすれば，生産者の戦略の意図を見抜くことができると多大な利益を得ることができるが，そうでなければ利益は得られない状況へのアプローチである。このとき，消費者への情報の内容やその伝達方法を総じて，シグナリング（signaling）概念と呼ぶ。こうしたシグナリング概念を戦略として用いることで，その有用性を検討してきたのである。さらに，生産者が自らの

戦略を予め，消費者に明示することで，消費者の行動を生産者の意図する方向に導くことができることが認められるようになってきた。これらはコミットメント（commitment）概念として認知されるようになった。

　ここで前述の内容を，前項の具体的な戦略例を用いて説明してみたい。前項のA市の消費者は，商品に'おまけ'を付ける方が値引きよりも，B市の消費者は，商品を値引きする方が'おまけ'を付けるよりも，それぞれニーズが高いことがわかり，それぞれに応じた戦略を施す必要があることが明らかになった。さらにより一層，売り手が消費者の購買意欲を高めるためにはどのような戦略が必要だろうか。A市なら，みかんを2つ'おまけ'とする，B市なら，さらに10円値引きして110円で売るという戦略が考えられる。このとき，これらのインセンティブ戦略をいかに消費者に知らせるかを考えなければならない。例えば，'おまけ'が増えることや値引き額が大きくなることを，新聞紙に折り込みチラシとして入れるとか，店の前に「本日，みかん2つおまけします」とか「本日，特価110円」といった看板を掲げるといった戦略が考えられる。しかしながら，この戦略はすべての消費者が利益を被るとは限らない。すなわち，折り込みチラシや看板に気づいた消費者は，利益を得ることができるが，そうでない消費者は，利益を得ることができないという仕組みになっているのである。このような戦略がシグナリング戦略である。

　一方で，前述の折り込みチラシは，売り手からすれば，消費者に対して，記載された内容（みかんを2つ'おまけ'とすることとか110円で売ること）を〈約束している〉ことになる。逆に消費者は前述の内容を〈約束された〉ものと考える。すなわち，折り込みチラシが，売り手と消費者の契約関係を成立させているのである。これにより，消費者からすれば安心してチラシに記載された商品を購入することができる。さらに，同じ商品を売るときに，消費者との交渉術に長けている売り手とそうでない売り手がいた場合，前者が対応すると消費者が思わず商品を購入してしまうことはよくあることである。その結果，両者の間で売り上げが変わってくる。これらのことから，売り手がいかに消費者の消費行動を自らの考える方向性に導こうとすることが重要であるかが認識される

ようになった。このような戦略をコミットメント戦略と呼ぶ。

1）シグナリング

シグナリングとは，情報をもつ主体が自分の行動を通じて，もっている情報を他の主体に伝達するメカニズムをいう。

経済学におけるシグナリング分析の出発点となったSpence（1973）は，大学の卒業資格を例に，潜在能力に富む労働者にとっては，大学を卒業することはたやすいが，そうではないものにとってはコストの高いシグナルになり，卒業証書が戦略的シグナリングの効果をもつと述べている。また，Ross（1977）は，企業の融資を例に，資金供給者は企業の将来性に相当に確実な予測がない限りは，積極的に資金を負債で調達しようとはしない。そこで，資金供給者たちが，積極的に負債の形で資金を調達しようとする企業ほど将来有望と判断できることを明らかにしている。これらの指摘より，シグナリングとは，生産者・企業がもっている有益な情報を，自分の行動を通じて意図的に消費者に読み取らせる戦略であるといえる。

このシグナリング戦略を教育学的視点として読み替えると，それは教師が子どもに自分の意図を読み取らせる教授行為に相当すると考えられる。

一般に，教師が語ることよりも，教師がなすことによって潜在的に学習され伝達されるカリキュラムは「潜在的カリキュラム」と称され，その効果が着目されている（鈎 1997：118-134）。熊谷（1990）は「潜在的カリキュラム」が，子どもに対する教師の期待の表明，ラベリングによる教育的効果の側面を有していることを指摘した。すなわち，「教師の子どもに対する期待感情は，〈自己成就的予言（self-fulfilling prophecy）〉となって，その後の子どもの学習や行動にプラスの影響をもたらす」としている。このことは，子どもの学習経験というものが，顕在的カリキュラムに明示されない暗黙裏に学びとられた意味や価値や性向が常に含まれているため，教師が計画し教えた事柄以上の経験になることを示唆している。

これまで，体育授業においては「教師コーチの問題」（久保 1992：209-231）や「『体育座り』は体育授業における暗黙の身体的暴力である」（舛本 1992：

81-99）という指摘にみられるように，潜在的カリキュラムの負の面に対する論説が認められる。これに対して，細江ら（1990：57-59）は「運動が子どもの自我構造に意味のある存在として組み入れられる」には，「時間環境と物理環境を心理環境に統合する仕組みを考えること」（傍点筆者）とし，「潜在的カリキュラム」を意図的に顕在化することの重要性を指摘している。このことは，教師が仕組んだ閉じたシステムを子ども自身が拓かれたシステムへと変えていくこと，すなわち，教師が子どもをいかに文化である客観態に参入させるか（文化的価値への参入）ということの必要性を示唆している。つまり，子どもたちに教材である運動それ自体のもつ楽しさ（技能的特性）に自らで触れていかせる仕組みを意図的に設定することである。

しかしながら，前述の教師が有する潜在的カリキュラムを積極的に導入した実践は，文献誌上に見当たらない。そこで，これまで著者らが参観してきた授業の中で，潜在的カリキュラムを積極的に用いたと考えられる例を2つ取り上げてみる。

ハンドボールの授業でゴールにゴムをはり，真ん中にシュートできたら2点，あとは1点というルールにする。子どもたちからすれば，普通は逆だろうと思う。しかし，教師からすると真ん中に入れたら2点とすることに戦略がある。つまり，真ん中に入れようと思うとキーパーをしっかり横に動かす必要がある。ゴール前のパスワークでそれができれば，ゴールの真ん中がきれいにあくので，そこに決めることができれば良い作戦だから2点なのである。ここでは，巧みなパス回しの必要性を気づかせることを意図的にねらっているのである。これは用具の工夫の例である。

安全確保のための場の設定やルールも考えられる。特に，第一次ルールと呼ばれる最初にゲームを行うときに教師が考えるルールもあてはまる。例えば不合理なルールを意図的に組み込むことや，後で発展するように大雑把なルールにすることである。そういう場合はさまざまなトラブルが起こるが，そのことも教師の頭の中にあって，そのトラブルを解決するのにルールが加えられていき，未組織なゲームから組織的なゲームへと変わっていくという展開を仕組ん

だ例である。

　以上のことから，シグナリングは，総じて学習環境（時間的・物理的・心理的環境）の仕組みを子どもたちの学習活動に即させる教師の「戦略的思考」の観点と見なせるものと考えられる。体育授業の場においては，子どもに教師の意図（仕込み）を見抜かせる環境（コート，ルールなど）の工夫と解せられる。

２）コミットメント

　コミットメントとは，自分が将来に取る行動を表明し，それを確実に実行するということを約束する（「コミット」する）行為や，約束の内容を指す。

　現代社会において，人々はさまざまなルールや契約に取り巻かれて生活をしている。しかし，ルールや契約の中には，その実効性が疑わしいと感じるものも少なくない。では，ルールや契約が実効的であるためには，どのような条件が必要だろうか。経済学ではこのような問題をコミットメントという概念を用いて明らかにしてきた（梶井 2002：128-129）。コミットメントの重要性については，Kydland & Prescott（1977）が，「動学的不整合性（dynamic inconsistency）」の状況を取り除くことや，Lucas（1976）がインフレ対策における「信認（credibility）」を得ることの必要性を論じている。これらの指摘より，コミットメントとは，消費者と生産者・企業が互いの利得がわかっているときに，消費者の期待を変えることで消費者の戦略を変え，生産者・企業が均衡を相対的に有利な方向へ変える戦略と考えられる。

　このコミットメント戦略を教育学的視点として置き換えると，それは子どもたちの教材に対する要求を踏まえつつ，より望ましい学習成果を子どもたちに獲得させるべく，粘り強く交渉を繰り返していく教授行為，具体的には教育的相互作用に相当すると考えられる。

　教育的相互作用について，梅野・片岡（1995）は，モレンハウアーが「教育者から被教育者へ指示や要求が与えられたりする，いわゆる情報交換的コミュニケーションあるいは〈操作される客体〉ではなく，〈目的指向性をもった主体〉として，自らの問題状況を解決し得るコミュニケーション」（傍点筆者）であるととらえ，教師と子どもの教育的関係を「討議（Diskurs）」として押さえ

ていることを言及している。こうした「討議」の考え方について，高久（1990：96-98）は「〈教育者〉と〈被教育者〉との間の情緒的関係というよりは，ある問題につまずき，行きづまることで，その解決を求める人間と，この解決への方向づけを与える人間との間の冷静な対話または共同検討の関係である」（傍点筆者）と指摘している。

これまで，体育授業の分析的研究においては，「マネージメント」行動が少なくて「相互作用」行動を積極的に展開すれば，子どもたちの授業評価が高まることが明らかになっている（梅野・辻野 1982, 1984；梅野ら 1986, 1997；高橋ら 1989, 1991；中井ら 1991）。とりわけ，肯定的・矯正的フィードバックや受理・傾聴を多くし，否定的フィードバックを少なくすることの重要性が認められている。また教師の言語的相互作用の適切性の観点から，学習成果（態度得点）を高めた学級の教師とそうでない学級の教師の品詞使用を比較した研究（上原・梅野 2000, 2003；上原ら 2005）では，学習成果を高める特有の品詞（副詞叙述，形容詞二項対立をはじめとする8種類の品詞）の存在が明らかにされ，これらの品詞の用い方は教師の状況的・文脈的思考を実体化したものと推察されている。

以上のことから，コミットメントは，教師と子どもとの相互作用を展開させる中で，子どもたちの試行錯誤の学習から試行接近の学習へと方向づける教師の「戦略的思考」の観点と見なせるものと考えられる。体育授業の場では子どもたちを技能的特性に触れさせる積極的・能動的な教授活動であると解せられる。

（3）ロック・インとモニタリング

「ゲーム理論」の第Ⅳ期（1981～1992年）は，「非協力ゲーム」が発展した。具体的には'生産者のニーズ'ではなく，'生産者からみた消費者のニーズ'に応えようとしたのである。つまり，これまでの「協力ゲーム」では，説明できなくなってきた問題を「非協力ゲーム」によって解決を図ろうとしたのである。「非協力ゲーム」の発展は，「情報」の問題を包括することができ，従来の

経済学や経営学，政治学，社会学などの方法ではそれらの分析が困難で未開拓なまま放置されていた問題が考察可能になった。

　前期までに導出されたインセンティブやスクリーニング，ならびにシグナリングやコミットメントといった解概念を，実際の経済問題の解決へ向けて展開させることによりさまざまな問題が解決されるようになってきた。この時期は，前期において，生産者がある程度制御できた消費者行動を，より一層制御しようとすることに，あわせて，さまざまに展開させた各種の戦略がどのような効果を得られたかどうかといった点から，消費者行動を観察・分析することに，それぞれ関心が向けられた。こうした問題を解決すべく形成された解概念がロック・イン（lock in）とモニタリング（monitoring）である。前述の前者の問題はロック・インが，後者の問題はモニタリングが相当する。

　近年，都市部におけるディスカウントスーパーが，多大な利益を得ていることは周知の事実である。これに類似した傾向が，電機製品の量販店にも認められる。これらの店舗に買い物に行くと，消費者は，そこに陳列されている商品の種類と量の多さに圧倒される。消費者からすれば，「ここに来れば必要なものが何でも揃う」という安心感を得ることができる。そのことにより，結果として予定以上に多くの商品を購入してしまっていたという場合が多い。売り手からすれば，消費者にこのような思いをもたせることが戦略となっているのである。すなわち，売り手が消費者の購買意欲や消費行動を自分たちの意図するものに支配しようとする戦略である。これらをロック・イン戦略と呼ぶ。

　一方，前述の店舗の商品の陳列方法を見てみると，さまざまな工夫が認められる。例えば，人気商品や目玉商品は，フロアーの中で消費者の最も目にとまりやすい位置に置くとか，棚の上，中，下を見たときに，消費者のニーズ応える商品ほど消費者の視線と同じ高さの位置，すなわち棚の中（真ん中）程に陳列し，そうでない商品ほど消費者が取りにくい棚の上方や下方に置かれている。このとき，陳列方法だけに着目すれば，前述したシグナリング戦略に相当するとも解せられる。しかし，シグナリングと異なるのは，この陳列方法の背景には，売り手が，消費者の消費行動に寄り添おうとしている意図が内包されてい

るという点である。すなわち，売り手が消費者の立場に立ち'消費者のニーズ'に応えようとして，消費者の消費行動を観察・分析した結果，発揮されたものであるということである。こうした戦略をモニタリング戦略と呼ぶ。

 1 ）ロック・イン

　ロック・インとは，ある主体の行動を自分に有利になるような行動から変えられなくしてしまう戦略である。

　ロック・インの例として有名なものに David（1985）のキーボードの文字キーの配列がある。現在のキー配列は手の動きを最も無駄なくするようにデザインされたものではなく，タイプライターから受け継がれたものである。旧式のタイプライターでは，一定のペースで文字が紙に打ちつけられることが重要であり，そのため，キーボードの配列は，早く打てるということを目的としたのではなく，ペースを乱してキーが連打されるのを防ぐことを念頭にしてデザインされたのである。現在のコンピュータではそのようなことを心配する必要はないわけであるが，1度慣れ親しんでしまうと他の配列でタイプの練習をするのには大きなスイッチング・コストがかかるため，現在の配列に順応しているのである（Dixit & Nalebuff 1991＝1991：212-216；梶井 2002：128-129）。この指摘より，ロック・インとは，生産者・企業が消費者の行動を変えようとしたが，それをすれば多大なコストがかかるため，生産者・企業が消費者の要求を是認する戦略と考えられる。

　このロック・イン戦略を教育学的視点として読み替えると，子どもたちの自然な学びの過程を無理に変えようとせず，子どもの学習過程を深めていく教授行為が相当すると考えられる。

　このような子どもの学びの過程の保障について，長岡（1977：24-26）は，「子どもの力を育てる筋道は〈この子を育てる筋道〉（傍点筆者）であり，ひとりひとりのための指導の筋道であり，個に徹するものである」と述べている。すなわち，教師が教材についての理解を深めようとすれば，目の前にいる子どもの学習する筋道（学習過程）を保障し，教材の特性に触れさせることが最も重要な要件になることを指摘した。さらに，高田（1972：38-45）は，授業のは

じめから終わりまで、教師と子ども、指導と学習の緊張関係が緩むことなく続き、しかも高まっていく授業を「生き生きとした授業」ととらえ、こうした授業を生み出すための条件として運動教材の「内容のエキスを絞る」(傍点筆者)ことが教材の特性を知ることに通じるとし、その必要性を説いている。彼は、授業をうまくするためには机上の教材研究を重ねるだけでは不十分で、「その教材に即した扱いのコツも同時に知るような形で知らなければ生きてこない」(傍点筆者) とした。

　これら両者の言説より、体育授業の場においては、教師は子どもの運動特性に対する欲求、及び要求（子ども一人ひとりに対して異なる楽しさ）と教師が考えるどの子にも感じてほしい楽しさを融合させる手だてということになろう。もっと言うと、教師は子どもたちに運動種目が有する独自の楽しさ（技能的特性）に触れさせることにとどまらず、みんなにその楽しさを共有化させることの重要性を示唆しているのである（片岡・森田 1990）。

　こうした考え方を顕在化させた事例として、山本（1984：143-166）の「8秒間走」「ねらい幅跳び」「折り返し持久走」が代表的な実践として挙げられる。これらは、子どもたち一人ひとりの異なる楽しさ、特に運動の苦手な子どもの立場を理解した上で、どの子にも運動種目がもつ面白さを味わわせたいとする願いにより工夫された実践であり、運動の楽しさをすべての子どもたちに共有化させる実践の試みである。

　これ以外に、「効果的な場の工夫」と称される練習活動（学習活動）の工夫として、走り幅跳びの「横木幅跳び」（辻野・梅野 1995：697-701）や器械運動の「段階指導」（小久保 1981）などもロック・インの「戦略的思考」に属するものと考えられる。これらの練習活動は、いずれも運動種目がもつ独自の面白さを練習活動として顕在化させている点で共通している。

　以上のことから、ロック・インは、一人ひとりが感じる楽しさを保障しつつ、運動教材がもつ独自の面白さを練習活動（学習活動）として顕在化させる教師の「戦略的思考」の観点と見なせるものと考えられる。体育授業の場では課題（めあて）を解決するための効果的な練習活動の設定や施設・用具を工夫するこ

とと解せられる。

2）モニタリング

モニタリングとは，主体に対して施した各種戦略の効用を判断・評価することを指す。

Okuno-Fujiwara（1987）は，さぼらなければ次期も契約を続ける長期雇用関係と新古典派的短期雇用契約を比較し，外部オプションと賃金の差が大きい場合などには長期雇用関係が有利になり，長期雇用関係を採る企業が転職者の賃金を低くする場合には非自発的失業が生じないことを論じている。また清水・堀内（2003：141-171）は，委託人と代理人の関係において情報入手の大切さを示した上で，その情報入手の方法の一つとして，委託者自らが一定の情報生産活動に従事する方法であるモニタリングの有効性を述べている。両者ともそれぞれの戦略の是非を継続して調査，及び評価することの重要性を指摘している。これより，モニタリングとは，各種の経営戦略を総合的に評価し，どの経営戦略が良かったのか，弱かったのかを判断するための戦略であるといえる。

このモニタリング戦略を教育学的視点として読み替えると，それは教師の教授過程と子どもの学習過程のマッチングを図る包括的な評価活動に相当するといえ，教師が施した手だての有効性を的確に判断・評価する教授行為と考えられる。

こうした判断・評価の方法について高田（1972：126-131）は，他と比較してランク付けをする「ヨコの評価」と比して，一人ひとりに即してその子の伸びを認める評価法を「タテの評価」と称し，その重要性を指摘した。そして，練達の授業者といわれる教師たちの評価法の特徴として，「子どもの行動をその子に即して観察し，継続的に追跡して，どんな小さな伸びも見逃さずに捉えていたこと，そしてそれを前進のための跳躍台として，タイミングよく活用していた」（傍点筆者）としている。すなわち前述の「タテの評価」が実践されていたこと，その背景には「天賦の才能と豊富な体験」（高田 1979：204-205）の存在を指摘している。この指摘は，教授過程と学習過程とのズレを察知し，授業のねらいに即した授業展開へと修正する状況的・文脈的な思考を高める戦略と

して意味を持つものと考えられる。

　以上のことから，モニタリングは，子どもの動きを再現し，それを彼らにモニタリングさせることで課題解決を図る教師の「戦略的思考」の観点と見なせるものと考えられる。体育授業の場では子どもの動きの診断行為として，子どもの動きのまずさを教師が再現し，指導・助言を与える教授行為と解せられる。

3　授業における教師の教授戦略の構造

　表2-4は，前節でみてきた6つの戦略的概念を，体育授業における教師の「戦略的思考」の観点として読み替えたものを一覧で示したものである。「ゲーム理論」で導出された6つの解概念は，いずれも教育学的視点として読み替えることが可能であるとともに，いずれも体育授業の場における教師の具体的な教授方略と対応させ得ることが認められた。

　では，'優れた教師'は実際の体育の授業場面で，これら6つの観点に基づく「戦略的思考」をどのように発揮させているのであろうか。また，一つひとつの「戦略的思考」が授業の場面でどのように関連し合いながら機能しているのであろうか。本項では，体育授業のメカニズムという視点から，教師の「戦略的思考」に関する哲学的考察を試みる。

　今日の教育学では，一つの学習指導のスタイルに固執するのではなく，教育の目標に応じて適切なスタイルを選択すべきだとする考え方が広く受け入れられるようになったといえよう。水越（1989：19）は，今日「期待される学力が非常に多様化してきたために，すべてをオファーできる学習指導法は存在しえなくなってきた。どのような学力をねらうかによって，指導法を選び替えたり，組み合わせていく必要が出てきたのである。いつでも，どこでも，誰でも，同じ一つの指導法でのぞむというワンパターンの発想から脱皮する必要が出てきた」と指摘している。すなわち，教師は「目的−内容（教材）−方法」の一貫性を損なわず，学習者である子どもたちに適するようにさまざまな学習指導法を使い分けていく必要があるのである。このようにみてくると，「生きる力」を

表2-4 「ゲーム理論」からみた体育授業における「戦略的思考」の内容

戦略的概念	経済学における戦略的思考のとらえ方	教育学的視点への読み替え（教師の戦略的思考の内容）	体育授業における教師の戦略的思考の内容
インセンティブ（incentive）	消費者が生産者・企業の望む購買行動を行うための一種のルール，すなわち行動動機を能動行為へと変えていく戦略	子どもの行動動機を授業の目的・目標に向かう学習過程や学習活動に対する確信へと変換させる教授戦略	子どもに課題（めあて）の必然性と意味理解を明確にさせ，彼らの自発的な学習活動を主体的な学習活動へと高めていく教授戦略
スクリーニング（screening）	生産者・企業が，消費者の特性，属性，及び消費行動を探ろうとする戦略	子どもの拡散的・多面的な思考体制を知り，子どもの世界に入り込んでいくことによって，子どもに対する全人教育を深めようとする教授戦略	子ども一人ひとりの感じ方や考え方の違いを顕在化させ，彼らの学習過程に即した教授過程を実現させる教授戦略
シグナリング（signaling）	生産者・企業がもっている有益な情報を，生産者・企業の行動を通じて意図的に読み取らせる戦略	教師が課題達成へ向かうために仕組んだ方略の意図を子どもに読み取らせる教授戦略	子どもに教師の意図（仕込み）を見抜かせる方法の工夫等，学習環境（時間的，物理的，心理的環境）の仕組みを子どもたちの学習活動に即させる教授戦略
コミットメント（commitment）	消費者と生産者・企業が互いの利得がわかっているときに，消費者の期待を変えることで消費者の戦略を変え，生産者・企業が均衡を相対的に有利な方向へと変える戦略	教育的相互作用にみられる，教材に対する要求を踏まえつつ，より望ましい学習成果を子どもたちに獲得させるべく，粘り強く交渉をくり返していく教授戦略	子どもたちを技能的特性に触れさせる積極的・能動的な教授活動により，彼らの学びの過程を試行錯誤から試行接近へと近づける教授戦略
ロック・イン（locking in）	生産者・企業が消費者の行動を変えようとしたが，それをすれば多大なコストがかかるため，生産者・企業が消費者の要求を是認する戦略	子どもたちの自然な学びの過程を無理に変えようとせず，子どもの学習過程を深めていく教授戦略	子ども一人ひとりが感じる楽しさを保障しつつ，運動教材がもつ独自の面白さを練習活動（学習活動）として顕在化させる教授戦略
モニタリング（monitoring）	各種の経営戦略を総合的に評価し，どの戦略が良かったのか，弱かったのかを判断するための戦略	教師の教授過程と子どもの学習過程のマッチングを図る包括的な評価活動であり，教師が施した手だての有効性を的確に判断・評価する教授戦略	子どもの動きを再現し，それを彼らに「モニタリング」させることで課題解決を図る教授戦略

育むことが求められている今日，子どもたちの自発的・主体的な学習の成立を主たるねらいとする課題解決的学習の展開は重要であろう。

現在，わが国では「発見的学習」「めあて学習」「課題形成的学習」の3つの異なるタイプの課題解決的学習の実践が行われている（辻ら 1999）。いずれの学習指導法も「課題（めあて）の形成・把握」-「課題（めあて）の自力解決」という学習過程を踏む点で共通している。以下，前述の課題解決的学習における学習過程の構造に即して教師の「戦略的思考」の内実を検討する。

まず，「課題（めあて）の形成・把握」場面について考えてみる。

「課題（めあて）の形成・把握」場面においては，「課題（めあて）」の必然性や意味を子どもたちが理解することが重要である。しかし，それを現実化することは容易でない。この点について Mollenhauer（1985＝1993：159-160）は，子ども一人ひとりで異なる個性を対象に文化（財）を伝達・指導するとき，「伝授可能であり実演可能であるのは問題設定のみである（この問題設定については，子どもは，自分に向けて提示された生活形式のなかにそれを形成するための多様な機会を発見する）」とし，課題（めあて）を設定する前提に問題状況を共有化することの重要性を指摘している。しかも，このときの問題状況は，「外的強制によって貫徹されるのではなく，権威あるやり方で，つまりその真理性の示唆によって貫徹される」ことが望ましいことも指摘している（Mollenhauer 1985＝1993：176-177）。これらの指摘から，Mollenhauer は，授業の場における子どもの個人差や個性の違いを問題状況の共有化によって吸収・克服しようとしているものと解せられる。これを体育授業の場に援用すれば，問題状況の設定（例：どうすれば遠くに跳ぶことができるのか）により子ども一人ひとりが感じ方や考え方に違いがあることを認識させ，その上でどのように問題に向き合っていけばよいかを認識させようとする方法と考えられる。つまり問題状況の設定は，「身体は自らの有り方の中に，意味体系を取り入れることによって，自らの有り方，世界への企投の仕方，現実への応答の仕方を多様にせしめる」（竹原 1994：19）ことを可能にするのである。

では，いかにして問題状況を共有化させればよいのであろうか。これに関し

ては，子どもたちの自己要求と教師の教育学的要求（授業のねらい）とのズレ（目標値と現在値の距離）をできるだけ客観的に示すことと考えられる。Mollenhauer（1985＝1993：141）の言説を借りれば，「教育的関係における教育者・教師の責任は，子どもの理性諸力を挑発すること，しかも流動性と概念的努力の発揮を子どもたちに要求することを通してそれを行うことにある。」ということになろう。ここでいう「子どもの理性諸力を挑発すること」とは，子どもの問題意識を切実な状況へとかき立てることであり，「流動性と概念的努力の発揮」とは，教師による子ども一人ひとりへの相互作用（主として発問）を通して，授業のねらいへと向かう課題（めあて）を形成・把握させることと解せられる。それゆえ，Mollenhauer（1972：65）は「討議」概念を用いたのである。

これらのことから，「課題（めあて）の形成・把握」場面における教師の「戦略的思考」は，前項で論及した内容から判断して，インセンティブとコミットメントが主要な「戦略的思考」の観点になり得るものと考えられる。しかも，この両者は相互補完的な関係を保ちながら機能するものと解せられる。

次に，「課題（めあて）の自力解決」場面について考えてみる。

この場面では，子どもたちの「あっ，そうか。わかった！」「やったあ，できた！」という表出行動により，彼らが課題（めあて）を解決した状態として教師は判断する。このとき，子どもの内面で何が生じているのであろうか。これに関係する言説の中で Bollnow（1965＝1969：267）は，「体育の課題としての形態化」について次のように論述している。すなわち，「あらゆる目的の制約を越えて自由に流動的に自分を展開さすその肉体の運動の中で，彼は独自な喜びを感じ，自分のあふれる諸力を体験し，自分の生命があらゆる必然性を越えて自由に軽快になり，この超越の中で満足するのを感じるのである」とする。これは，運動教材との出会いによって生じる子どもたちの自己要求が貫徹された状態であるとともに，身体的意味の差異性が自覚的に解消される瞬間でもある。つまり，「身体的主体に新たな世界内存在の様態を，つまり世界を新しい意味において捉える身体的運動の仕方を獲得せしめる」（竹原 1994：7-23）ことにより，仲間との身体的差異性が超越されるのである。これを平易に表現す

れば，出原（1991：2-5）が指摘する'みんながうまくなる感動を我がものにしていくための方法を学んだ'いうことであり，「できる」「わかる」「生きる」を統一した瞬間ということになろう。

では，前述した子どもたちが課題（めあて）を自力で解決した状態を生み出すためには，前項で論述した6つの「戦略的思考」の観点のうち，どのようなものが教師の戦略として対応するのであろうか。

一般に，体育科では課題（めあて）を解決するためには，学習活動（主として練習活動）の工夫が重要である。また練習活動を教師が工夫し提示しても，言語的相互作用（指導と助言）を展開させなければ，子どもの課題（めあて）は解決しないことも確かである。これらの観点から，前項で論述した6つの「戦略的思考」の観点を眺めれば，ロック・インとコミットメントが主要な戦略になり得るものと考えられる。さらに，モニタリングは子どもの動きの診断行為であるため，コミットメントと併用している場合が多くなることが予想される。すなわち，課題（めあて）の形成・把握場面から課題（めあて）の解決場面へと円滑に進行させる教師の相互作用活動の源泉であると考えられる。これらのことから，これら3つは相互に補完し合いながら，子どもたちの課題（めあて）の自力解決を促しているものと考えられる。

続いて，「課題（めあて）の形成・把握」場面と「課題（めあて）の自力解決」場面の両場面をいかにして結節させるかという問題が生じてくる。

子どもたちの課題解決の過程は，直線的に進行するものでなく，'行きつ戻りつする'ことが実際的な様態である。これをBruner（1966＝1966：64）は「循環規則（recurrent regularities）」と称し，広岡（1972：96）は「探究しつつ戻りゆく学習過程」と表現している。これより，課題解決的学習では，子どもたちの'行きつ戻りつする'場面を適確に踏ませる必要がある。こうした'行きつ戻りつする'場面における教師と子どもとの教育的関係について，中田（1993：52-81）の言説が参考となる。すなわち彼は，授業における主たる生命現象を「一対多の対話」と押さえ，教師と子どもの相互存在を現象学的視点から説明しようとする。その中で，彼は「(教師の授業における生き方は)反省によ

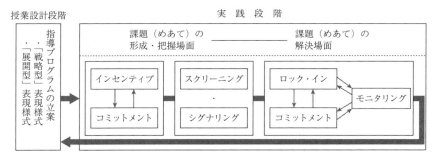

図2-4　体育授業における教師の教授戦略の構造

り己れの過ぎ去った生の営みを後から振り返って能動的に対象化することとは異なり，他者への絶対的な非制御性において〈眼差しを向けられていること〉による己れ自身に対する己れの生の開示を，すなわち受動的に蒙ることによる現在における己れの存在の己れ自身への開示」と押さえている。つまり，子どもたちが見る教師の言動は，教師の意識的側面よりも非意識的側面において，より教師の自己が子どもたちによって開示されるのである。これに対して，「多」である子どもは「教師から委ねられていることをすぐさま自ら引き受けず，教師の対話行為を超越的対象として眺める」存在とし，それに接した教師は「己れの対話行為が対象的世界内の一つの超越的な経験対象でしかない」ことに気づくことになる。

　このような教師と子どもの教育的関係は，前述の'行きつ戻りつする'場面において典型的に発生する。なぜなら，この過程で教師は，子どもの課題（めあて）の妥当性（授業のねらいの達成に向かっているかどうか）を押さえようとするからである。つまり，教師は，子どもたちの発言や記述から彼らの課題（めあて）を探りつつ，教師の意図をできるだけ制御的にならないように伝達しようとするからである。このような教師の教授行為を積極的・意識的に発動していく「戦略的思考」の観点として，シグナリングとスクリーニングが主要な戦略として用いられる可能性が考えられる。しかも，これら2つの「戦略的思考」は，「一対多の対話」現象の性質から考えれば，共時的一体的に展開され

るように考えられる。

　これまでの考察に基づいて6つの解概念を体育授業の展開に即して構造化すれば，図2-4のようになるものと考えられる。しかしながら，図2-4の構造は，あくまでも学習成果を優れて高める教師の「戦略的思考」の一つのモデルであり，これ以外にも学習成果を高める「戦略的思考」のモデルの存在が予想される。それゆえ，今後学習成果を高めた教師の「戦略的思考」の観点を実際の授業実践観察より，明らかにしていく必要がある。

　以上のことから，経済学分野の「ゲーム理論」で導出された6つの解概念は，いずれの観点においても，教育学的概念になり得るとともに，体育授業における教師の教授戦略の観点にもなり得るものと考えられた。

4　戦略的思考からみた「優れた授業」のモデル

　本章では，①経済学分野における「ゲーム理論」の発展過程を概観し，解概念を導出すること，②「ゲーム理論」における「戦略型」と「展開型」の表現様式が，体育授業における授業設計段階の教師の「戦略的思考」を発現させるツールとしての可能性について検討すること，③①で導出した解概念が体育授業における授業実践段階の教師の教授戦略の観点になり得るかどうかを探るとともに，教授戦略の構造を考察することを目的とした。

　本章で得られた結果の概要は以下の通りである。

1. 経済学分野における「ゲーム理論」の発展過程において，インセンティブ，スクリーニング，シグナリング，コミットメント，ロック・イン，モニタリングの6つの解概念が形成されてきたことが明らかになった。
2. 「ゲーム理論」における「戦略型」と「展開型」の表現様式は，いずれも体育授業の授業設計段階における教師の「戦略的思考」の内実を鮮明に記述させる働きのあることが確かめられた。すなわち，「戦略型」

の表現様式は「学習指導法」に関する教師の知識を，「展開型」の表現様式は「運動教材に対するつまずきの類型とその対処法」に関する教師の知識を，それぞれ推定し得るツールとして有効であると考えられた。
3．1で導出した6つの解概念は，いずれの観点においても，教育学的概念になり得るとともに，体育授業における教師の教授戦略の観点にもなり得るものと考えられた。
4．前述の6つの教授戦略の関係性は，「課題（めあて）の形成・把握」場面においては，インセンティブとコミットメントが相互補完関係を保ちながら，子どもたちの課題（めあて）の必然性と意味を理解させる働きがあるものと考えられた。前者は子どもたちに課題（めあて）の必然性と意味を理解させるための評価道具の工夫として，後者は，教師と子どもとの相互作用を展開させる中で，子どもたちの試行錯誤の学習から試行接近の学習へと方向づける方法として，それぞれ実体化されるものと押さえられた。

　また，「課題（めあて）の自力解決」場面においては，ロック・インとコミットメント，及びモニタリングの三者が，相互補完関係を保ちながら，子どもたちの「できる─わかる」を深める働きがあるものと考えられた。とりわけ，前者の「戦略的思考」の観点は，一人ひとりが感じる運動の楽しさを保障しつつ，運動教材がもつ独自の面白さを練習活動（学習活動）として顕在化させる方法として実体化された。

　さらに，スクリーニングとシグナリングが子どもたちを課題（めあて）の自力解決へと向かわせる方途として重要な働きをもつものと考えられた。前者は，グループノートや個人カードの記述を通してあるいは教師の発問の工夫によって，子ども一人ひとりの感じ方や考え方の違いを顕在化させ，彼らの学習過程に即した教授過程を実現する方法として，後者は子どもに教師の意図（仕込み）を見抜かせる環境（コート，ルールなど）の工夫として，それぞれ実体化されるものと押さえられた。

注

(1) 教師の実践的思考様式に関する研究は，米国において1970年代に先鞭がつけられ，1980年代に，授業の質的研究と認知心理学の発展に支えられて推進してきた。その研究領域は，①教師の「実践的知識」の性格に関する研究，②教師の知識の領域と構造に関する研究，③教師の意志決定に関する研究，④教師の熟達研究，⑤教師の反省的思考に関する研究，の5つから形成されている。このような，教師の実践的思考様式に関する研究は開拓期にある研究ととらえられ，内容の特殊性，認知の特殊性，文脈の特殊性の実相に即して研究する方法が求められている。

(2) 例えば，Dixit & Nalebuff（1991＝1991：188-204）は，「キューバ危機」といった政治的問題や，スポーツや映画等の身近な事象を対象に，「ゲーム理論」的考察（「戦略的思考」の活用）を豊富な実例とケーススタディを示している。Schelling（1980＝2008）は，著書 "The Strategy of Conflict"（紛争の戦略）において，冷戦時代の中にあって，核抑止，限定戦争，奇襲攻撃といった生々しい国際政治上の問題をどのように体系的につきつめて分析すべきかを示した。同時に，交渉，コミットメント，脅し，約束など人間社会の普遍的な問題について，いくつもの重要な知見を提供した。シェリングは，「『ゲーム理論』的分析を通じて紛争と協調への理解を深めた」として，2005年度のノーベル経済学賞を受賞している。

(3) 「ゲーム理論」の出発点となった理論である。利得を直接最大化するのではなく，プレイヤー1は利得の保障水準を最大化するマックスミニ戦略，プレイヤー2は損失の保証水準を最小化するミニマックス戦略をとるのが唯一の合理的行動となる。

(4) Neumann & Morgenstern は，その大著（1944＝1972）の中で2／3以上のページに及び結託を許すn人ゲームの理論の分析に費やしている。n人ゲームの理論では結託を形成して自分たちに有利な方向に結果を導くという行動が基礎になっている。具体的には2人の買い手が共謀してより有利な価格で取引するというそれまでの経済理論には存在しなかった結託行動を導き，このような行動様式が社会的な行動基準であることが明らかにされた。

(5) コアは協力「ゲーム理論」の重要な解概念の一つであり，ナッシュ均衡は非協力「ゲーム理論」の解概念の一つである。協力ゲームの解の概念としては他にも，ノイマン・モルゲンシュテルン解，シャプレイ値等，さまざまな解の概念が提案されている。

(6) 例えばジャンケンは，グー・チョキ・パーをまんべんなく等確率で（1／3ずつ）出すことがゲームの解である。このように，お互いが考えぬけば，1つの戦略を固定的に選択することにならず，確率的に戦略を選ぶという戦略を「混合戦略（mixed strategy）」と呼ぶ（渡辺 2008）。

(7) ゲーム理論では，たいていの場合，プレイヤーは合理的に行動する主体であると

想定される。しかし近年，必ずしも合理的に行動しない「限定合理性」への関心が高まってきている。ただし，限定合理性の理論はいまだ発展途上なので，限定合理性の研究に関連した領域以外のところでは，依然としてすべてのプレイヤーは合理的だという想定の下に議論が進められると考えてかまわないとされている。代表的なものとして，進化ゲーム理論（evolutionary game theory）がある（佐々木 2003：274-289）。

(8) 今日，「ゲーム理論」は経済学以外の広範囲な分野においても活発に応用されている。特に，生物学への応用は顕著である。「進化とゲーム理論」（Smith 1982）を著したメイナード・スミスの一連の研究が発端となっている。

生物学に「ゲーム理論」のモデルを適用する場合，プレイヤーが他のプレイヤーの行動を予測して自己の利得を最大にする行動を合理的に選択するという伝統的な「ゲーム理論」の前提は意味をもたない。生物ゲームでのプレイヤーは「生物にある挙動をとらせる」遺伝子型またはその表現型であり，合理的な行動選択は「繁殖成功度の高いタイプが生き残る」という自然選択の考え方におき代わる。また，ゲームの標準的な解概念であるナッシュ均衡点は進化的に安定な戦略（ESS：Evolutionarily Stable Strategy）として再定式化される。生物学での「ゲーム理論」の新しい展開によって「進化ゲーム理論」という新しい分野が誕生することになった（今井・岡田 2002：3-6）。

第3章 「優れた教師」はどのような教授戦略を
　　　　発揮しているのか

前章では，経済学分野における「ゲーム理論」を考察視座とし，体育授業における教師の「戦略的思考」の内実を論及した。その結果，「ゲーム理論」における「戦略型」と「展開型」の表現様式は，いずれも体育授業における授業設計段階における教師の「戦略的思考」の内実を鮮明に記述させる働きのあることが確かめられた。すなわち，「戦略型」の表現様式は「学習指導法」に関する教師の知識を，「展開型」の表現様式は「運動教材に対するつまずきの類型とその対処法」に関する教師の知識を，それぞれ推定し得るツールとして有効であると考えられた。

　続いて，経済学分野の「ゲーム理論」の発展過程で導出された6つの解概念（インセンティブ，スクリーニング，シグナリング，コミットメント，ロック・イン，モニタリング）が体育授業における教師の教授戦略になり得るかどうかについて検討した。すなわち，これらの6つの解概念の教育学概念への読み替えと，体育授業における教授戦略概念への読み替えを試みた。その結果，いずれの観点においても，前述の6つの解概念は，教育学的概念になり得るとともに，体育授業における教師の教授戦略の観点にもなり得るものと考えられた。

　しかし，この仮説は，実際の授業実践の観察・分析から検証されるに至っていない。もっと言えば，教授戦略の発揮の実態より，教授戦略を発揮させる教師の知識が明らかになれば，前述の6つの教授戦略の適用可能性が広がるものと考えられる。

　本章では，優れた教師がどのような知識をもって教授戦略を立て実践しているのかを解明する第一歩として，学習成果（態度得点）が恒常的に高い小学校高学年担任教師4名を対象に，彼らの授業実践（走り幅跳び：全9時間）における教授技術の観察・分析を通して，表2-4に示す6つの教授戦略（インセンティブ，スクリーニング，シグナリング，コミットメント，ロック・イン，モニタリング）の発揮の有無を実践的に検討することを目的とした。

第3章 「優れた教師」はどのような教授戦略を発揮しているのか

1 「優れた教師」の選定と学習成果の測定

(1) 教授戦略を明らかにすることの可能性

　従前の体育授業における授業研究の大半は,「授業の分析的研究」である。これには, アメリカで開発された「プロセス-プロダクト研究法」(以下, P-P研究法) が大きく関係している。こうしたP-P研究法の発展に伴い, 各種の学習成果を高める教師の教師行動が多面的に検討されてきた。その中で, 教師が子どもに関わる「相互作用」の重要性が認識されるようになった。とりわけ, わが国では, 高橋ら (1989；1991), 岡沢ら (1990) を中心とする研究グループにより, 一単位授業における子どもの評価 (形成的授業評価得点) との関係が, また梅野ら (1986；1997), 辻ら (1999) を中心とする研究グループにより, 単元レベルにおける子どもの授業評価 (態度得点) との関係が, それぞれ検討されてきた。いずれも, 肯定的な「相互作用」行動を教師が積極的に展開すれば, 子どもの授業評価の高まる可能性のあることを報告している。しかし, 前述のP-P研究法は, 体育授業の基礎的条件 (マネージメントや学習の規律, 授業の雰囲気, 学習従事量や運動量など) を満足することはできても, 内容の条件 (授業の目標・内容の押さえ方, 教材・教具の工夫, 学習過程の組織化など) を解明するには至らないという限界が認められるようになった (高橋 1992)。これは, 従来までの量的研究法による分析の限界を示唆している。

　高橋ら (1996) は, 体育授業実践に活かす教師の「相互作用」活動のあり方を具体的に示唆するには相互作用の質的側面からも分析する必要があるとして,「表現のしかた (双方向性, 伝達性, 共感性, 技術性, 表現内容)」と形成的授業評価との関係を検討した。その結果,「双方向性」「伝達性」「共感性」の3つの「表現のしかた」と形成的授業評価との間に高い相関のあることを報告している。さらに深見ら (1997) は, フィードバック行動の量と質 (表現のしかた) と子どもの受け止め方 (助言の有無, 助言の有効性) の関係を検討し, フィードバックの質が子どもの受け止め方や形成的授業評価に深く関係することを明らかにし

ている。いずれの研究においても，教師の「表現のしかた」は，「意図的に適用することは，少なくとも児童の授業評価を高める上で有効に作用する」としながらも，その内部事項である「表現技術」と「表現内容」は，「自然に生じるものではなく，その適用には専門的な知識や技術が要求される」と指摘している。このことからは，学習成果を高める教師は，教科内容の知識や教授技術を意図的・計画的に適用していることを示唆するものである。もっと言えば，学習成果を高める教師は，「実践的知識」の内実が深いとともに，教授技術が組織的に体系化されている可能性が高いものと考えられる。すなわち，学習成果を高める教師は，「よい教授」[1]を実現するための何らかの教授戦略を立てて，授業に望んでいることの可能性である。

　上原・梅野（2000）は，学習成果を高める教師の実践的知識の内実を明らかにするために，教師の言語的相互作用の適切性の観点から品詞分析法を考案し，「走り幅跳び」を題材に学習成果（態度得点）を高めた教師群とそうでない教師群を比較・検討した。その結果，学習成果（態度得点）を高めた教師群において，特有の品詞（副詞叙述，形容詞二項対立をはじめとする計8種類の品詞）の存在を認めるとともに，これらの品詞の使用状況が単元構成段階（つかむ-深める-確かめる-身につける）で異なることを認めている。さらに，これら8つの品詞を用いている場面を逐語記録から抽出し，そこでの教師発言を質的に分析することで，子どもの課題（めあて）を理解するための言語的相互作用と運動教材のもつ技能的特性に出会わせる言語的相互作用の重要性を指摘している。この結果は，吉崎（1991：83-119）の提示した7つの実践的知識のうち，「教材内容と生徒についての知識」と「教材内容と教授方法についての知識」にそれぞれ相当する。

　また上原・梅野（2003）及び上原ら（2003）は，「走り幅跳び」及び「サッカー」を題材に，学習成果（態度得点）の高い教師の中で，運動技能を高めた学級群とそうでない学級群における品詞使用の相違について比較・検討した。その結果，子どもの態度得点を高める品詞と運動技能を高める品詞の存在を明らかにするとともに，運動種目に関係なく，課題（めあて）の把握場面におい

ては,「授業の雰囲気」を明るくし,「問いかけ型」の手法を多用して子どもの課題（めあて）を理解すること，課題（めあて）の解決場面においては,「矯正的（技能的）フィードバック」の内容を即時的即決的に判断できる「運動観察能力」の重要性を考察している。これらは，吉崎にみる「教材内容の知識」及び「教材内容と生徒についての知識」に相当する。

　これら上原らの一連の研究成果は，前述した高橋らの研究結果と近似し，学習成果を高める教師は,「よい教授」を実現するための何らかの教授戦略を立てて，授業に臨んでいる可能性を強く示唆している。とりわけ，上原・梅野（2000）の結果より，一授業における教授戦略は，単元構成レベルでの教授戦略に規定される可能性が高いと考えられる。

　しかしながら，こうした教授戦略は，授業を受けている子どもや授業観察者には'見えない教師の指導性'の発揮であるだけに，これをとらえる研究視点と研究方法を工夫する必要がある。これまで，体育分野に限ってみても，教師の思考様式を検討するため，面接・インタビュー法（Housner & Griffey 1985），ジャーナル記述法（Tsangaridou & O'Sullivan 1997），授業VTR視聴による再生刺激法（中井 2000）やVTR中断法（吉崎 1983），「出来事」調査法（厚東ら 2004）など多面的な方法による試みが認められるが，学習成果を高める教師の教授戦略を直接的にとらえるには至っていない。

　この問題の解決に向かう一つの方途として，前章において「ゲーム理論」に着目し，教師の教授戦略を教育学における意思決定の問題としてとらえ，経済学分野で発展してきた「ゲーム理論」の体育授業実践への読み替えを試みた。すなわち，経済学分野における「ゲーム理論」の発展過程で認められた6つの解概念（インセンティブ，スクリーニング，シグナリング，コミットメント，ロック・イン，モニタリング）を教育学的視点へと読み替え，その上で体育授業の場における教授戦略への援用を試みたのである。

　その結果，前述の6つの解概念はいずれも教育学的視点として読み替えることが可能であるとともに，体育授業の場における教師の具体的な教授戦略になり得ることを論及した。すなわち，体育授業における教授戦略の分類である

表3-1　被験教師における態度得点の診断結果と被験教師のコンテキスト

学級名	学年	人数	男子				女子				教師			
			単元末診断型	よろこび	評価	価値	単元末診断型	よろこび	評価	価値	性別	経験年数	専門教科	日常用いている学習指導法
A学級	5年	33	高いレベル成功	5	4	5	高いレベル成功	5	5	5	男	21	体育	課題形成型学習
B学級	5年	33	高いレベル成功	5	5	5	高いレベル成功	5	5	5	男	14	体育	課題解決型学習
C学級	6年	38	高いレベル成功	5	5	4	高いレベル成功	5	5	5	男	22	体育	論理的系統学習
D学級	6年	33	高いレベル成功	5	5	5	高いレベル成功	5	4	4	男	21	体育	課題選択型（めあて）学習

（表2-4参照）。これら体育授業の場における6つの教授戦略は，児童・生徒が望む体育授業の展開を可能にする教授戦略の基盤をなし，単元あるいは一授業の中で使い分けられているものと考えられた。

（2）「優れた教師」の選定と授業モデル

　対象は，香川県・兵庫県・京都府下の4小学校高学年（5・6学年）を担当している4名の教師である。表3-1には，被験教師4名の単元後の態度得点の診断結果及びコンテキストを示している。なお，態度得点の診断結果は後述する，授業実践（走り幅跳び）の測定結果を示したものである。

　これら4名の教師は，2006年の第1学期の学期始め（4月上旬）と学期末（7月下旬），及び第2学期の中頃（11月上旬）の計3回にわたる態度測定の結果より，いずれにおいても「高いレベル・成功」と診断された教師であった。

　各教師には，2006年11月中旬から12月上旬にかけて，「走り幅跳び」を題材に，各人が普段から実践している指導プログラムによる授業実践を1単元（9時間）にわたって展開することを依頼した。

　表3-2は，各教師の指導プログラムを示したものである。4名の採った学習指導法は，いずれも異なる様態にあった。

（3）学習成果の測定

　学習成果の情意的側面として小林（1978：170-258）の態度尺度を用いて子ど

表3-2 被験教師の「走り幅跳び」指導プログラム（9時間計画）

時間	A教師 課題形成型学習	B教師 課題解決型学習	C教師 論理的系統学習	D教師 課題選択型（めあて）学習
1	○うまく着地をしよう・短助走からの着地練習	・着地のしかたを考えよう	・5歩、7歩のリズムでの助走練習	ねらい1 ○走り幅跳びの学習のしかたを思い出し、自分にあった助走距離を見つけながら自分の距離に挑戦する
2	・そり跳びとはさみ跳びの練習	・いろいろな着地のしかたを比べよう	・「ねらい幅跳び」による助走リズムの練習	
3	・中助走からねらい幅跳び	・着地がうまくなろう	・助走地点を見つける練習	
4	○踏み切り手前の走り方を工夫しよう・中助走からの踏み切り練習	・踏み切り手前の走り方を考えよう	・中間記録会	
5	・「横木幅跳び」による踏み切り練習	・踏切手前の走り方を身につけよう	・助走路を逆走し、助走地点を見つける練習	
6	・「ねらい幅跳び」による踏み切り練習	・踏み切り手前でスピードを落とさないで踏み切ろう	・助走地点からリズムよく跳躍する練習	
7	○自分にあった助走スピードを見つけよう・助走路を逆走し、助走距離を見つける	・助走距離を見つけよう	・踏み切り時のフォーム（そり跳び）を意識して跳ぶ練習	ねらい2 ○助走（のスピード）や踏切、空中動作など、より遠くへ跳ぶための工夫をして、自分の距離に挑戦する
8	・「ねらい幅跳び」で助走スピードを見つける	・自分にあった助走スピードを見つけよう	・踏み切り板を使っての跳躍練習	
9	・助走スピードを調整して跳躍練習	・新記録に挑戦しよう	・記録会	

もの授業に対する愛好的態度を、また学習成果の技能的側面として子どもの跳躍距離を、それぞれ単元前（11月上旬）と単元後（12月中旬）に測定した。

このとき、走り幅跳びの跳躍技能を評価する場合、「平均助走スピード－跳躍距離」関係に基づいて検討する方法も考えられた。しかしながら、この方法の実施に伴う計測作業が次時の授業にかかることから、単元前後の跳躍距離の計測の結果から跳躍技能の伸びを推定することとした。

計測は実測とし，3回の試技のうち最高記録を本人の記録とした。

(4) 授業設計段階における実践的知識に関する調査
1) 学習指導法に対する教師の重みづけ

学習指導法の選定に関する教師の知識を探るために，各教師には「ゲーム理論」における「戦略型（strategic form）」の表現様式への記述を求めた。縦軸を教師の戦略（学習指導法），横軸を子どもの戦略（技能レディネス）と想定し，教師の利得を「教授効果」（左側の数字），子どもの利得を「学習成果」（右側の数字）と押さえた。具体的には，学年・教材・時期を問わず，体育の学習指導を展開させるとき，「論理的系統学習」「心理的系統学習」「課題解決型学習」「課題選択型学習」「課題形成型学習」の5つの指導法に対する教授効果と学習成果の期待度を'−10点〜10点'の範囲で重みづけすることを依頼した[2]。このとき，子どもの技能レディネスが〈高い〉場合と〈低い〉場合の2つの場合に分け，教授効果と学習成果の重みづけを記述するように要請した（第1章第2節1参照）。

2) 児童のつまずきとその対処法に関する知識

「走り幅跳び」の授業における子どものつまずきとその対処法に関する教師の知識を探るため，「ゲーム理論」における「展開型（extensive form）」の表現様式への記述を求めた。教師の利得を「教授効果を得るために最も解消すべきつまずきとその対処法」（左側の数字）に，子どもの利得を「学習成果を得るために最も解消すべきつまずきとその対処法」（右側の数字）と押さえた。具体的には，'子どもに予想されるつまずきの内容–そのつまずきへの対処法'という順に樹形図の作成を求め，樹形図の最終項において，各つまずきに対する指導の効果を'0点〜10点'の範囲で重みづけすることを依頼した。前章でも述べたように，ここで，なぜ重みづけ得点を'0点〜10点'にしたのかについての理由を記せば，「展開型」では子どものつまずきの解消を意図する対処法を記すことから，プラスの重みを設定することが求められることによる（第1章第2節2参照）。

（5）授業実践段階における教師の教授戦略の分析

1）観察・分析の対象とした授業

　本章では，学習成果（態度得点）の高い教師の単元構成レベルにおける教授戦略を検討する目的から，観察・分析した授業は，単元の「序盤-中盤-終盤」のそれぞれの中心である2・5・8時間目とした。これら3授業について，教師と子どもの発言をVTRとICレコーダーを用いて収録・収音し，教師と子どもの逐語記録（準備運動と整理運動は除く）を作成した。

2）教授技術の観察・分析の方法

　表3-3は，表2-4に示した6つの教授戦略の内容を体育科の具体的な教授技術に置き換えたものである。

　これまでの体育授業の分析的研究より，学習成果を高める教授技術はある程度明らかにされてきた。しかしながら，そこで導出された教授技術は研究目的に限定されるため，学習成果一般を高める教授技術を総合的・体系的に示すまでには至っていない。このような中で，梅野ら（1990：110-111，資料3-1参照）は，態度測定法による授業分析の結果と自らの体育授業実践の経験より，「運動が上手くできる子どもを育てる学習過程を支える要件とそれを具現化する教授技術」と題する体育の教授技術の構造化を試みている。すなわち，「いかに無駄のない授業をするか」「いかに課題をつかませるか」「いかに技能を深めるか」「いかに子どもの進歩や発見を認めるか」「いかに練習活動を工夫するか」「いかに学習集団を組織するか」「いかに子どものペースに即するか」の計7つの分類属による計33個の教授技術を提示している。

　また，シーデントップの『体育の教授技術（Developing Teaching Skills in Physical Education second edition）』では，ALT-PE値を高める教授技術の構造が示されている（資料3-2参照）。すなわち，「マネージメント」「学習の規律」「課題の明確化」「学習指導の実践」の計4つの分類属による計34個の教授技術（目次に明記されている教授技術の数[3]）[4]である。

　そこで，表2-4に示す6つの「戦略的思考」から導き出された「体育授業における教師の戦略的思考の内容」に基づいて，両者の提示した教授技術を再

表3-3　体育授業における教授戦略に関する分析カテゴリー

教授戦略	体育授業における教授戦略の内容	教授技術の観点	教授技術の例
インセンティブ	子どもに課題（めあて）の必然性と意味理解を明確にさせ，彼らの自発的な学習活動を主体的な学習活動へと高めていく教授戦略	目標および課題の明確化	・授業の目標を達成させる手がかりとしての動きのイメージがとらえやすい課題を設定する。 ・子どもの動きを回数や時間に置き換えたり，できたかどうかがはっきりとわかる基準を設定したりする。
		評価観点（道具）の設定	・評価道具（走り幅跳び診断表，HJS，GPAI等）を活用する。
スクリーニング	子ども一人ひとりの感じ方や考え方の違いを顕在化させ，彼らの学習過程に即した教授過程を実現させる教授戦略	子どもの学習する道筋をとらえる	・体育ノート，グループノート，学習カード等を活用して子どもの学習する道筋をとらえる。
		子どもの学習する道筋を知らせる	・前時の学習カードの中から本時の課題（めあて）づくりに関わる内容の意見を紹介し，その子の言葉で再度説明させる。 ・前時までのグループ毎のめあての一覧表を作成し，提示する。
シグナリング	子どもに教師の意図（仕込み）を見抜かせる方法の工夫等，学習環境（時間的，物理的，心理的環境）の仕組みを子どもたちの学習活動に即させる教授戦略	観察学習の設定	・上手くできる友だちの様子を観察して，課題解決への手がかりをつかませる。
		示範	・目標となる上手な動きをしたり，子どもの動きの下手な動きを模倣したりする。
		学習集団の編成と活用	・学習集団を固定的に扱わず，単元経過に伴って一斉と小集団とを使い分ける。 ・集団内等質，集団間異質の小集団（目的別小集団・能力別小集団）か，あるいは集団内異質，集団間等質のいずれかを用いる。
コミットメント	子どもたちを技能的特性に触れさせる積極的・能動的な教授活動により，彼らの学びの過程を試行錯誤から試行接近へと近づける教授戦略	発問の工夫	・「多義的な発問―焦点化する発問―観点を決めた発問」の流れに沿って発問を構成する。 ・回顧的発問，集中的発問，分散的発問，価値的発問を利用する。 ・動きの部位や局面に着目した「観点を決めた発問」を工夫し，よりよい動きのポイントを子どもたちにつかませる。
		課題解決の観点の明示	・矯正的（技能的）フィードバックによって，課題解決のポイントを明確にする。 ・子どもたちの相談に応じ，課題解決への方向性をもたせる。 ・肯定的フィードバックをふやすこと。
		指導言葉の工夫	・動きそのものを直接言い表すのではなく，動きのイメージが明確になる言葉（感覚的な言葉，擬音語・擬態語等）を使って指導する。
ロック・イン	子ども一人ひとりが感じる楽しさを保障しつつ，運動教材がもつ独自の面白さを練習活動（学習活動）として顕在化させる教授戦略	練習活動の工夫と設定	・課題（めあて）を解決するために効果的な練習活動（8秒間走，横木幅跳び等）を行う。
		施設・用具の工夫	・効率的・効果的な練習活動ができるような施設・用具を工夫する。
		練習の場の確保	・学級の人数や小集団の数に対応できるだけの練習の場を確保する。
モニタリング	子どもの動きを再現し，それを彼らにモニタリングさせることで課題解決を図る教授戦略	子どもの動きの診断	・教師がVTRの代わりになって，子どもの動きを的確に伝える。

構成した。その結果，表3-3に示すような14個の「教授技術の観点」を導出し得た。

では，これより前述の「教授技術の観点」を導出し得た手続きの具体を記していく。

まず，インセンティブ戦略では，シーデントップ（Siedentop）における「課題の明確化」分類属の「意味のあるパフォーマンスの単位として到達目標を設定すること」「学習課題を明確にするために学習指導目標を設定すること」と「計画に関する基礎的な疑問に答えること-何を達成させようとするのか」，ならびに「学習指導の実践」分類属の「授業中の課題提示の時間を短縮すること」とが，また梅野らの「いかに課題をつかませるか」分類属における「授業の目標を達成させる手がかりとしての動きのイメージがとらえやすい課題を設定する」「子どもの動きを回数や時間に置き換えたり，できたかどうかが子どもたちにはっきりとわかる基準を設定したりする」と，「いかに技能を深めるか」分類属における「練習やゲームの場面で友だちの動きを観察し，記録させる」がそれぞれ関係するものと考えられた。これらのことから，インセンティブ戦略においては，「目標及び課題の明確化」と「評価観点（道具）の設定」を教授技術の主たる観点とした。

次にスクリーニング戦略では，梅野らの「いかに課題をつかませるか」分類属における「前時の学習カードの中から本時のめあてづくりに関わる内容の意見を紹介しその子に言葉で再度説明させる」「前時までのグループのめあての一覧表を作成し，提示する」，及び「いかに子どものペースに即するか」分類属における「体育ノート，グループノート，学習カードなどを活用して子どもの学習する道筋をとらえる」が関係しているものと考えられた。シーデントップについてみてみると，この面での戦略を具現化させる教授技術は，Siedentop（1983＝1988）を見る限りにおいては認められなかった。しかしながら，「原著 第4版」（Siedentop & Tannehill 2000：177-215）をみてみるとジャーナルやポートフォリオを活用することにより子どもの感じ方や考え方を探り，それらを共有することの重要性が記されていた。これより，スクリーニング戦略に

おける教授技術の主たる観点として，「子どもの学習する道筋をとらえる」「子どもの学習する道筋を知らせる」の2つを導出した。

続いてシグナリング戦略では，シーデントップにおける「学習指導の実践」分類属の「授業時間を浪費しないで情報を伝達すること」「演示の計画を周到に行うこと」と「集団に対するフィードバックとモデリングを利用すること」とが関係するものと考えられた。また，梅野らの分類では，「いかに課題をつかませるか」分類属における「目標となる上手な動きを示範する」「子どもの動きの下手な動きを模倣し，示範する」と，「いかに学習集団を組織するか」分類属における「学習集団を固定的に扱わず，単元経過に伴って一斉と小集団とを使い分ける」「集団内等質，集団間異質の小集団（目的別小集団，能力別小集団）かあるいは集団内異質，集団間等質の小集団のいずれかを用いる」，及び「いかに技能を深めるか」分類属における「練習で感じたことや発見したことなどを自由につぶやかせたり，発見させたりして，そこでの意見を取り上げる」がそれぞれ関係するものと考えられた。これらのことから，シグナリング戦略においては，「観察学習の設定」「示範」と「学習集団の構成と活用」を教授技術の主たる観点とした。

続くコミットメント戦略では，シーデントップにおける「学習指導の実践」分類属の「肯定的フィードバックをふやすこと」「フィードバックの言葉を改善すること」「大切な学習指導にフィードバックを与えること」「フィードバックを効果的にするために，1人の生徒に十分時間をかけること」「教授法として発問（回顧的・集中的・分散的・価値的）を利用すること」が関係しているものと考えられた。他方の梅野ら（1990）の分類では，「いかに課題をつかませるか」分類属の「『多義的な発問−焦点化する発問−観点を決めた発問』の流れに沿って発問を構成する」と「いかに子どもの進歩や発見を認めるか」分類属に属する「よい動きの子を大きな声でほめ，よい動きとはどんな動きなのかをつかませる」「めあてならびに練習方法を確かめる」と「まちがった動きをわからせ，よい動きを教える」，及び「いかに技能を深めるか」分類属の「動きの部位や局面に着目した『観点を決めた発問』を工夫し，よりよい動きのポイ

ントを子どもたちにつかませる」「動きそのものを直接言い表すのではなく，その動きのイメージをはっきりとさせたり，細かな動きのできる部位の動きが生かせる言葉を使ったりして指導する」がそれぞれ関係するものと考えられた。これらのことから，コミットメント戦略においては，「発問の工夫」「課題解決の観点の明示」と「指導言葉の工夫」を教授技術の主たる観点とした。

さらにロック・イン戦略では，梅野ら（1990）の分類における「いかに練習活動を工夫するか」分類属における「学級の人数や小集団の数に対応できるだけの練習の場を確保する」「子どもたちの個人差を踏まえた上で，個人差に応じたその子なりの技能の向上が図れる練習の場を工夫する」と「効率的・効果的な練習活動ができるような施設・用具を工夫する」が関係するものと考えられた。他方のシーデントップの分類の中には，ロック・イン戦略の関係する教授技術は目次に示された34個のそれからは認められなかった。しかしながら「9章 毎日の授業計画（3．授業計画の一般的関心)」の「①教具と指導装置」において，教具や指導装置の効果と練習用具の開発の重要性についての記述が認められた。これより，ロック・イン戦略における教授技術の主たる観点として，「練習活動の工夫と設定」「施設・用具の工夫」「練習の場の確保」が考えられた。

最後にモニタリング戦略では，シーデントップにおける「学習指導の実践」分類属の「生徒の練習を積極的に監督すること」と，梅野ら（1990）の「いかに子どものペースに即するか」分類属の「課題の解決が図られたかどうかを授業中の子どもの動きを観察し，把握する」，及び「いかに子どもの進歩や発見を認めるか」分類属における「ぎこちない動き，未熟な動きを認める」がそれぞれ関係するものと考えられた。これらのことから，モニタリング戦略においては，「子どもの動きの診断」を教授技術の主たる観点とした。

こうした手続きにより，6つの「戦略的思考」に対応する教授技術を再構成した結果，梅野ら（1990）の分類属の「いかに無駄のない授業をするか」における教授技術と，シーデントップの分類属の「マネージメント」と「学習の規律」のそれぞれにおける教授技術とにおいて，「体育授業における教授戦略」

の内容との対応は認められなかった。これら教授技術の分類属は，総じて高橋(1992) のいう基礎的条件の内部事項に相当することから，表3-3に示す「体育授業における教授戦略」の内容は，主として内容的条件に関係する教授技術を提示しているように考えられた。

3）教授技術の観察・分析の手続き

表3-3の教授技術の観点に基づいて，被験教師の教授戦略の発揮の有無を検討した。このとき，分析対象とした3つの授業（2・5・8時間目）のすべての授業において発揮された教授戦略を考察の対象とした。これにより，4名の教師の教授戦略の発揮の意図性が明確となり，6つの教授戦略の発揮に関与する教師の知識の推定が容易になるものと考えられた。また，分析は4名（いずれも小学校教員としての教職歴が15年以上の教科教育学担当教員）で行った。

分析者4名は，VTRを視聴しながら逐語記録を精読し，6つの教授戦略の発揮につながる教授技術の使用が認められた場面の逐語記録を摘出した。その後，以下に示す4つの段階により，被験教師の教授戦略の発揮の有無を確定させた。すなわち，①摘出した教授戦略の発揮場面の照合において4名共通して認められた場合，その被験教師はその教授戦略を意図的に発揮しているものとみなす，②摘出した教授戦略の発揮場面の照合において1名だけが認めていなかった場合，他の3名との合意形成を図る，③摘出した教授戦略の発揮場面の照合が2：2に分かれた場合，合議の上，合意形成が図られるまで合議を重ね，合意形成が図られなかった場合は，その教授戦略の意図的に使用しているとする判断を見送る，④摘出した教授戦略の発揮場面の照合において1名だけが認めた場合，その教授戦略の意図的に使用しているとする判断を見送る，の4段階である。

ここで，合意形成に関する具体例をいくつか示せば，4名の分析者の分析結果が一致した教授戦略は，モニタリング戦略，コミットメント戦略，シグナリング戦略，スクリーニング戦略であった。これらは，表3-3に示す教授技術の使用が明確に判断できたことによる。これに対して，今回，分析者の合意形成が図られなかった例（手続き③の場合）として，D教師の場づくりが挙げられ

る。D教師も踏み切り板を活用したり，助走地点に1m毎にラインを引いたりという工夫は認められるものの，単元期間中，まったく場づくりに変化がなく，固定化されていた。この点に関して，課題（めあて）の発展によって練習の場が変化していくことがロック・イン戦略の発揮とする分析者と，D教師が用いためあて学習の特性上，練習の場が固定化するのは仕方がないとする分析者との合意が図られず，D教師がロック・イン戦略を常時発揮していたとする判断は見送られることになった。また，C教師のインセンティブ戦略の発揮の有無についても同様の結果となった。つまり，C教師は3歩助走のリズムの手拍子を子どもに叩かせたり，助走地点を見つけるための手順を説明したりして，踏み切り手前の歩幅調整に関する課題（めあて）の導入を図ろうとする意図（2時間目）が認められるものの，これは教師の課題（めあて）の提示・説明の内部事項にすぎないとする分析者と教師の課題（めあて）の説得的提示であるとする分析者とによって合意が図られず，C教師がインセンティブ戦略を常時発揮しているとする判断は見送られた。

　こうした一連の分析手続きによって，本研究の結果と考察に対してある一定の規定性を保障しようとした。すなわち，被験教師がある教授戦略を意図的に発揮させていたとしても，分析対象とした3つの授業のすべてにおいて発揮されなければ，その教授戦略は考察の対象にならないからである。また，本書では前述の4つの段階を経て各被験教師の教授戦略の発揮の様相を把握しようとするものであるが，③のケースにおいて合意形成が図られなかった教授戦略の真偽性に関する課題性も残余されている。よって，本書で示される教授戦略の様態は，あくまでも前述した手続きの範囲内での結果であることを踏まえておく必要がある。つまり，'発揮された教授戦略の数が多いほどすぐれた教師である'とは限らないとする制約である。

表3-4 優れた教師（4名）の態度測定の項目点の診断結果

尺度	A学級	B学級	C学級	D学級
よろこび	・こころよい興奮(1)	・生活のうるおい(3)		・自主的思考と活動(8)
			・心身の緊張をほぐす(2) ・苦しみより喜び(4)	・心身の緊張をほぐす(2) ・苦しみより喜び(4)
		・苦しみより喜び(4)		
	・集団活動の楽しみ(5) ・友だちを作る場(6)	・集団活動の楽しみ(5) ・友だちを作る場(6)	・集団活動の楽しみ(5) ・友だちを作る場(6)	・積極的活動意欲(7)
	・体育科目の価値(9)	・体育科目の価値(9)	・体育科目の価値(9)	・授業時間数(10)
評価		・明朗活発な性格(13)		・深い感動(18)
	・体力づくり(12)	・キビキビした動き(11) ・体力づくり(12) ・精神力の養成(14)	・キビキビした動き(11) ・精神力の養成(14)	・体力づくり(12)
	・堂々がんばる習慣(15) ・協力の習慣(16)	・堂々がんばる習慣(15) ・協力の習慣(16)	・堂々がんばる習慣(15) ・協力の習慣(16)	
		・基本的理論の学習(17)	・基本的理論の学習(17)	
	・授業のまとまり(19)	・授業のまとまり(19)	・授業のまとまり(19)	
	・授業の印象(20)	・授業の印象(20)		・授業の印象(20)
価値	・チームワークの発展(21)		・みんなのよろこび(23)	・授業のねらい(28)
	・みんなの活動(22)		・みんなの活動(22)	・みんなの活動(22)
	・利己主義の抑制(24) ・永続的な仲間(25)	・利己主義の抑制(24) ・永続的な仲間(25)	・利己主義の抑制(24) ・永続的な仲間(25)	
				・主体的人間の形成(26)
	・理論と実践の統一(27)	・理論と実践の統一(27)	・理論と実践の統一(27)	
		・体育科目の必要性(30)	・体育科目の必要性(30)	・体育科目の必要性(30)

2 「優れた教師」の教授戦略の共通性と異質性

（1）態度得点の診断結果と単元前後の跳躍距離の変化

　表3-4は，態度測定の項目点の診断結果より，男・女児童共通して項目点が「標準以上」あるいは「標準以上の伸び」を示す項目を取り出したものである。なお，4名の教師の授業において，男・女児童共通して項目点が「標準以下」あるいは「標準以下の伸び」を示す項目は認められなかった。

　4学級に共通して「標準以上」あるいは「標準以上の伸び」を示した項目に

第3章 「優れた教師」はどのような教授戦略を発揮しているのか

表3-5 単元前後の跳躍距離とその変化

学級	学年	単元前平均跳躍距離（m）	単元後平均跳躍距離（m）	変化（m）	有意差[2]
A学級	5	2.44[1] (0.32)	2.83 (0.31)	0.39	◎ t＝6.85
B学級	5	2.36 (0.45)	2.89 (0.38)	0.53	◎ t＝9.08
C学級	6	3.16 (0.39)	2.97 (0.32)	－0.19	◎ t＝－3.26
D学級	6	3.09 (0.44)	3.21 (0.41)	0.12	◎ t＝5.28

注：(1)跳躍距離下段の（ ）内の数字は標準偏差を示す。
　　(2)（P＜.01）

ついてみてみると，「1.こころよい興奮」「3.生活のうるおい」「8.自主的思考と活動」「13.明朗活発な性格」「18.深い感動」「21.チームワークの発展」「23.みんなのよろこび」「28.授業のねらい」の計8項目が認められた。これより，8番・18番・28番の3項目からは子どもが課題（めあて）をもって積極的に取り組み，自主的に解決していき，技や力の伸びを自覚していることが，1番・3番・13番の3項目からは明るい雰囲気で授業が行われていたことが，21番・23番の2項目からは学習集団が高まったことが，それぞれ推定し得た。

表3-5は，単元前後の跳躍距離の平均値とその変化を示したものである。A，B，Dの3学級において，跳躍距離が有意に向上した（p＜.01）。これに対して，C学級においては，跳躍距離が有意に低下する結果（p＜.01）であった。

（2）授業設計段階における実践的知識の共通性と異質性
1）学習指導法に対する教師の重みづけ

表3-6は，「戦略型」の表現様式からみた各教師の学習指導法選定に対する重みづけの結果を示したものである。教師の教授効果を示す利得と子どもの学習成果を示す利得を合計した数値の高い順で示している。同数値の場合は，子どもの利得が大きい学習指導法を上位に置いた。したがって，学習指導法に対する被験教師が付与する値踏みには，教師の信念の違いや学力観の違い，さらには指導法に対する得意-不得意の感情などが反映してくるものと考えられる。

表3-6 「戦略型」の表現様式からみた被験教師の学習指導法に対する重みづけ

順位	A教師 課題形成型学習		B教師 課題解決型学習		C教師 論理的系統学習		D教師 課題選択型学習	
	児童の技能レディネス 高い	低い	児童の技能レディネス 高い	低い	児童の技能レディネス 高い	低い	児童の技能レディネス 高い	低い
1位	形成型 (10, 9)	形成型 (10, 9)	解決型 (10, 10)	心理系 (9, 10)	論理系 (10, 8)	心理系 (10, 9)	解決型 (10, 8)	選択型 (10, 8)
2位	解決型 (8, 8)	心理系 (8, 7)	形成型 (10, 8)	解決型 (10, 7)	解決型 (9, 7)	選択型 (6, 6)	選択型 (9, 7)	解決型 (9, 7)
3位	論理系 (5, 5)	解決型 (7, 6)	心理系 (7, 8)	形成型 (8, 5)	選択型 (5, 6)	解決型 (4, 7)	形成型 (8, 5)	形成型 (5, 2)
4位	心理系 (4, 6)	論理系 (3, 3)	論理系 (5, 3)	論理系 (5, 3)	心理系 (2, 4)	論理系 (4, 4)	論理系 (7, 4)	論理系 (4, 2)
5位	選択型 (3, 4)	選択型 (3, 2)	選択型 (3, 1)	選択型 (3, -1)	形成型 (-3, 0)	形成型 (-5, -5)	心理系 (5, 2)	心理系 (4, 1)

注：(1)表中の「論理系」は論理的系統学習，「心理系」は心理的系統学習，「解決型」は課題解決型学習，「選択型」は課題選択型学習，「形成型」は課題形成型学習を表す。
　　(2)利得を示す（　）内の数字は左側は教師の教授効果を，右側は児童の学習成果を表す。

しかしながら，これによって生じる値踏みの軽重は，被験教師の個人的な特性であって，本書の目的を遂行する上では影響はないものと考えられる。

　A教師は，子どもの技能レディネスの程度にかかわらず，「課題形成型学習」に最も高い利得をつけた。B教師は，子どもの技能レディネスが〈高い〉場合は「課題解決型学習」に，〈低い〉場合は「心理的系統学習」に，それぞれ高い利得をつける傾向にあった。加えて，A・B両教師においては，子どもの技能レディネスの程度にかかわらず，「課題選択型（めあて）学習」に最も低い利得をつける結果であった。

　続くC教師は，子どもの技能レディネスが〈高い〉場合は「論理的系統学習」に，〈低い〉場合は「心理的系統学習」に，それぞれ最も高い利得をつける傾向にあった。これより，C教師は主として系統学習を重視する性向にあるものと考えられた。

　またD教師は，子どもの技能レディネスの〈高い〉場合は「課題解決型学習」に，〈低い〉場合は「課題選択型（めあて）学習」に高い利得をつける傾向にあった。しかしながら，D教師は，技能レディネスの程度にかかわらず，系

統的学習への重みを低くつける傾向が強く，とりわけ子どもの技能レディネスの〈低い〉場合，前述の3名の教師は「心理的系統学習」に高い利得をつけていたのとは対照的な結果であった。

これらの結果は，表3-2に示す日常用いている学習指導法の結果と対応することから，本研究における教授技術の観察・分析の結果は，各被験教師が有する教授戦略の意図的な発揮を反映しているものと考えられた。

2）児童のつまずきとその対処法に関する知識

図3-1-1及び図3-1-2は，「展開型」の表現様式における各教師の「予想される児童のつまずきとその対処法」の結果を示したものである。前者はA，B教師の結果を，後者はC，D教師の結果を，それぞれ示している。

これより，A教師は，「短助走からの踏み切り板を使っての着地練習（10, 10）」「中助走からのねらい幅跳び〈90％レベル〉（9, 9）」「中助走での横木幅跳び（10, 10）」「3歩のリズムを意識しながらねらい幅跳び（9, 9）」「ねらい幅跳びをして自分の助走スピードをつかむ（10, 10）」の対処法にそれぞれ高い利得をつけていた。これより，A教師は走り幅跳びの学習過程を組織化するに際して，運動経過と逆行する道筋を基盤として，その技能特性を'自分に合った助走スピードを活かして，跳躍距離を伸ばす'ととらえていることが認められた。

B教師は，「『走り幅跳び診断表』を用いて『長い距離を跳ぶ人がうまい』という意識を取り除く（10, 9）」「1時間目に跳び箱の上から砂場にジャンプする動きを繰り返す（8, 9）」「それを踏まずに助走すると最後の1歩が短くなるように助走路に木の板を並べる（横木幅跳び）（10, 10）」の対処法にそれぞれ高い利得をつけていた。またB教師は，助走に関するつまずきの記述例（80％の力で跳躍する）より，運動経過と逆行する学習過程を基盤に，走り幅跳びの技能特性を先のA教師の場合と同様に'自分に合った助走スピードを活かして，跳躍距離を伸ばす'ととらえているものと考えられた。

これに対してC教師は，「助走のリズムの提示（8, 9）」「踏切前3歩の部分練習（10, 10）」「踏切時の姿勢指導（9, 8）」の対処法に，それぞれ高い利得をつけていた。これより，C教師は，上記A・B教師とは逆に，走り幅跳びの運動経

図3-1-1 展開型の表現様式における被研教師の「予想される児童のつまずきと対処法」
（A教師とB教師）

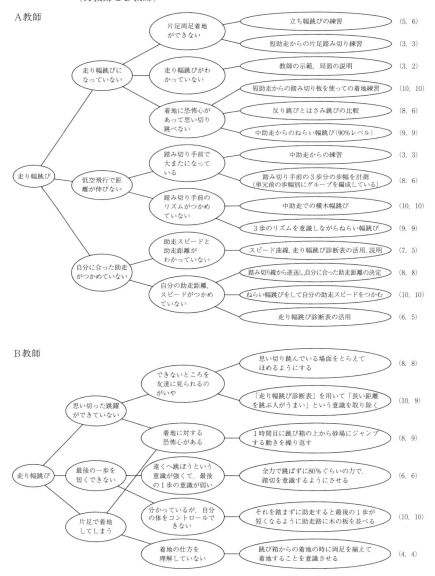

第3章 「優れた教師」はどのような教授戦略を発揮しているのか

図 3-1-2 展開型の表現様式における被研教師の「予想される児童のつまずきと対処法」（C教師とD教師）

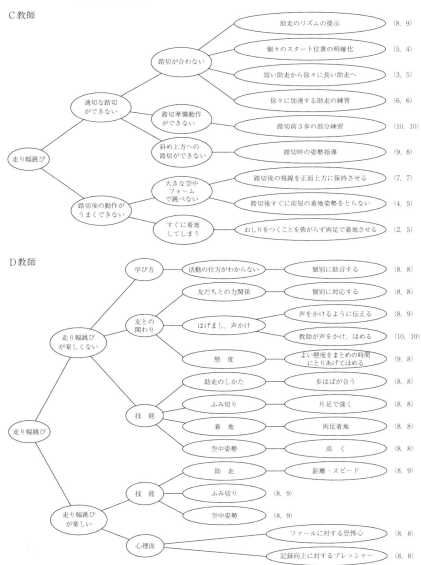

過に即した学習過程を基盤に，その技能特性を'リズミカルな踏切により踏切時の速度を跳躍高に変換させ，跳躍距離を伸ばす'ととらえているものと解せられた。

D教師は，「教師が声をかけ，ほめる（10, 10）」「よい態度をまとめの時間にとりあげてほめる（9, 8）」の対処法に高い利得をつけ，走り幅跳びの技能特性に触れる運動技術のつまずきとその対処法に対しては，ほぼ等しい重みづけ（8, 8）を記述していた。これには，D教師の樹形図（図3-1-2）が〈走り幅跳びが楽しくない―走り幅跳びが楽しい〉という観点から作成されたことによるものと判断され，上記3名の教師のように，'跳躍距離を伸ばす学習過程'として組織化されていないことが認められた。

これらのことより，A・B・Cの3名の教師において「走り幅跳び」の技能特性のとらえ方に若干の相違はあるものの，技能特性に触れる中心的技術を「踏みきり手前の歩幅調整」に置いているところに共通性が認められた。これに対して，D教師においては，走り幅跳びの技能特性のとらえ方を「展開型」表現様式から読み取ることは困難であった。

（3）教授技術の観点からみた教授戦略の共通性と異質性

表3-3に示す14個からなる教授技術の観点に基づいて，4名の教師の実際の体育授業を観察・分析した結果，いずれの教師もモニタリング戦略及びコミットメント戦略の2つの教授戦略による教授技術が共通して認められた。

表3-7は，A教師のモニタリング戦略とコミットメント戦略のそれぞれが用いられていると解せられた場面を逐語記録から抜粋したものである。課題（めあて）解決場面を例示した。

これより，A教師は，2時間目'上手い着地をしよう'のねらいに対してT1，T5の発言より，子どもの試技の前に意識する動きを問いかけ，確認している様子がうかがえる。これにより，子どもの動きの診断の観点を明確にするとともに，子どもには自分が気をつけなければならない動きのポイントを認識させることを図っていたものと解せられる。その上で，試技を終えた子どもに

第3章 「優れた教師」はどのような教授戦略を発揮しているのか

表3-7　逐語記録からみたモニタリング戦略とコミットメント戦略の具体例（A教師）

	ねらい：上手い着地をしよう〈2時間目〉
T1	何を意識するの？○○さんは？
P2	重心。
T3	重心。（確認した後で，太鼓で試技を促す） （子どもが試技する）
T4	上体が倒れていないね。もっと，上体を前に出すようにしてごらん。 （別の子どもが試技をする前に：以後同一児童との双方向のやりとり）
T5	はい，○○君は？
P6	重心。 （子どもが試技する）
T7	上体が前になってないよ。前にしようとすればどうしなければいけないの？上体を前に倒さないと。他も考えて。 （別の子どもが試技する）
T8	足は，前に出てる。でも手が後ろになっている（様子を真似しながら）。手を前に出すように。
	ねらい：踏み切り手前の走り方を工夫しよう〈5時間目〉
T9	（子どもが試技する） おっ，ちょっとできたん違う。できてるよ，少し，手が挙がってないけど，できてるよ。ええやん，今の。（別の子どもが試技する）
T10	あっ，○○さん，大股で入ってるよ。こうなってるよ（様子を示しながら）。（全体に対して）大股で入ったら意味ないよ。普通に入っていこう。 （別の子どもが試技する）
T11	はい，ここ（着地点を示して）。○○さん，もっと，手を早く挙げて。 （別の子どもが試技する）
T12	いやあ，下を見よった，見過ぎ。 （別の子どもが試技する）
T13	おっ，ここ（最後の1歩を指して）で踏み切ったけど，真ん中来てないで（最後の2歩目を指して）。真ん中。
	ねらい：自分に合った助走スピードを見つけよう〈8時間目〉
T14	（子どもが試技する） ○○さん，大股，大股。 （別の子どもが試技する）
T15	あっ，○○君，いい感じ，いい感じ。 （別の子どもが試技する）
T16	えーと，小股が長すぎる。スピードを緩めるのとはちょっと違うんやで。 （別の子どもが試技する）
T17	○○さんな。（踏み切り位置が）少し前に来てるね。ていうことはもう少し，後ろからするか，助走の距離を少し考えてみ。 （別の子どもが試技する）
T18	○○さん，いいんやけど，もう少し手を挙げて。跳んでからのことも考えて。（助走の前に）足を合わそうぜ。（試技の後で）あのな，跳ぶ前から手が上がってる，しっかり踏み切ってから手を挙げる。走りながらこうしてるんや（手を挙げる真似をする）。

注：〰〰線…モニタリング
　　——線…コミットメント（矯正的〈技能的〉フィードバック）

は，T4，T7の発言より，VTR代わりになって，子どもの跳躍動作を明確に描写した後，跳躍距離獲得の技術（両腕の後方への引きによる両脚の振り出し動作）の習得を企図した矯正的フィードバックを展開させていた。このことは，T8からも認められた。

続いて，5時間目は'踏み切り手前の走り方を工夫しよう'の学習場面である。A教師は，課題（めあて）の形成・把握場面で，子どもたちが踏み切り手前最後の一歩の走り方に対して大股，普通，小股と多様に感じている事実を紹介した上で，まず，大股と普通では普通がよいことを確認した上で，実際に練習を行っている場面である（この後，普通と小股では小股がよいことを確認し，その技術習得のための練習を行っている）。T10の発言より，大股で入っている子どもに対して，そのことを指摘した上で，全体に対しても，普通に跳ぶことを意識することを喚起していた。T9，T11，T12，T13より，A教師は子どもの試技に対して，必ず，VTR代わりになって，子どもの踏み切り動作を明確に描写している様子が認められた。

8時間目は，'自分に合った助走スピードを見つけよう'の学習場面である。T16より，小股で助走して助走スピードが上がらないことを指摘したり，T17より，踏み切り地点の足の位置より，助走地点を前後に移動させる方がよいことを伝えたり，子どもの状況に応じて多様に助走の仕方を指導していることが認められた。さらに，T14，T18の発言からは，既習事項である踏み切りや滞空動作・着地に関する点からの指摘も認められた。

加えて，T17，T18の発言より，2時間目と同様にVTR代わりになって，子どもの動作を明確に描写した後，跳躍距離獲得の技術の習得を企図した矯正的フィードバックを展開させていた。

これらのことから，A教師は，総じて，本時のねらいと対応させた子どもの動作（助走，踏み切り，滞空動作・着地）を明確に描写した後，跳躍距離獲得の技術の習得を企図した矯正的フィードバックを展開させるところに特徴が認められた。さらに，こうしたモニタリング戦略とコミットメント戦略とが対発言となる様相は，4名の教師の中で最も多い傾向であった。

次に，表3-8は，D教師の課題（めあて）解決場面を例示したものである。

これより，D教師においては，2時間目'自分に合った助走距離を見つけながら自分の距離に挑戦しよう'のねらいに対して，T1, T4の発言より，自分に合った助走地点を見つける具体的な助言を行っていた。すなわち，前者は，子どもの助走ストライドに着目し，とりわけ踏み切り手前の歩幅調整を狭く行うことを，後者は，子どもが踏み切り線を意識するあまりに踏み切り手前最後の1歩が大きくなってしまっている点を指摘し，助走地点の修正を行うことを，それぞれ述べていた。これらの発言は，前述したA教師と同様，子どもの動作を明確に描写した後，跳躍距離獲得の技術に関する矯正的フィードバックを展開させるというものであった。さらに，D教師は，T3, T5, T6の発言より，子どもの試技に対して積極的に肯定的フィードバックを行っており，肯定的な「授業の雰囲気」づくりを心がけているものと解せられた。

次に，5時間目「助走，踏み切り，空中動作，着地を工夫して自分の距離に挑戦しよう」の逐語記録をみてみる。ここでは，T8-P9, P13-T14-P15-T16の発言にみられるように，子どもの課題（めあて）に即して指導・助言する多様なコミットメント戦略を展開させるところに特徴のあることが認められた。こうした，子どもとの相互作用を積極的に展開することや，T7, T17の発言より，子どもの試技に対して肯定的フィードバックを行っている様子が認められたことから，前述の2時間目と同様，「授業の雰囲気」づくりを心がけているものと解せられた。

8時間目は，5時間目と同様'助走，踏み切り，空中動作，着地を工夫して自分の距離に挑戦しよう'がねらいの学習場面である。5時間目と同様，多様な子どもの課題（めあて）に即して，指導・助言を行っている様子が認められた。すなわち，T18, T21より着地に関する働きかけが，T19より踏み切りに関する働きかけが，それぞれ行われていた。T18では，子どもの動作を明確に描写した後，跳躍距離獲得の技術に関する矯正的フィードバックを展開させていた。さらに，T22, T23の発言より，それまでの子ども試技の様子をもとに，助走地点（踏み切り前）で踏み切り角度を高くすることを意識させようとして

表3-8　逐語記録からみたモニタリング戦略とコミットメント戦略の具体例（D教師）

	ねらい：自分に合った助走距離を見つけながら自分の距離に挑戦しよう〈2時間目〉
T1	（子どもが試技する）あんなあ，最後が大股になってるさかいに，踏み切り板に近づくほど，小股でいって（小走りの様子をしながら），小股でポーンと（踏み切って上がる様子をしながら）跳ぶようにする。
P2	はい。
T3	（別の子どもの試技に対して）おお，高く跳んだやん，いいぞ。
T4	（別の子どもの試技に対して）○○君，最後，こんな大股で（様子を示して）いったらあかん。足を合わせて。だから，何も線にこだわることないんやで，1mとか2mとか，ちょっと動かして。
T5	（別の子どもの試技に対して）おお，ぴったし合うてるやん。
T6	（別の子どもの試技に対して）おお，ばっちし，合うてるわ。
	ねらい：助走，踏み切り，空中動作，着地を工夫して自分の距離に挑戦しよう〈5時間目〉
T7	（子どもが試技する）OK，OK。
T8	（別の子どもが試技する：以後同一児童との双方向のやりとり）ちょっと遠いなあ。（踏み切りが）
P9	遠い？
T11	うん。
P12	（他の友達が）助走距離を伸ばしたら。
P13	伸ばすん？
T14	そやな。助走距離を1m伸ばして，反対の足に変える。わかる？
P15	えーと，12にして（助走を），右足から始める。
T16	うん。で，最後を狭く，踏み切り前，意識して狭く。
T17	（別の子どもが試技する）OK，OK。
	ねらい：助走，踏み切り，空中動作，着地を工夫して自分の距離に挑戦しよう〈8時間目〉
T18	（子どもが試技する）OK。最後が（着地の姿勢）足，開きすぎやな。ということは，（空中で上体が）そってるんやけど（やりながら），戻し切れてへんということや。足閉じな。
T19	（別の子どもが試技する）最後，やっぱり大股やわ。
T20	（別の子どもが試技する）OK。今度いったん違う。（記録の更新はならなかった）もうちょいやけどなあ。この限界をどう乗り越えるかやな。
T21	（別の子どもが試技する）OK，今，沈んだよ，上手いこと。
T22	（助走している子に）高く，高く。（着地の後で）そう。あと，もうちょっと着地がうまいこといったら20cm伸びるわ。
T23	（別の助走している子に）高く。（着地の後で）足，合うてるんやけどな。

注：〰〰線…モニタリング
　　──線…コミットメント（矯正的〈技能的〉フィードバック）

表3-9 コミットメント戦略とモニタリング戦略の1時間あたりの平均頻度数

		A教師		B教師		C教師		D教師		全体	
		M	SD	M	SD	M	SD	M	SD	M	SD
コミットメント	矯正的F	28.1	9.01	35.1	10.49	27.4	8.19	26.3	2.49	29.2	3.45
	肯定的F	30.8	6.54	28.6	7.54	36.3	3.99	31.5	2.49	31.8	2.81
モニタリング		38.7	6.85	35.3	8.02	36.1	8.51	26.5	5.07	34.2	4.59
モニタリング―コミットメントの対句		24.3	4.86	10.6	3.88	9.5	2.63	18.2	4.39	15.7	6.01

いる様子が認められた。

　これらのことから，D教師は，子どもの課題（めあて）に即して指導・助言する多様なコミットメント戦略を展開させるところに特徴のあることが認められた。加えて，前述したA教師の場合と同様に子どもの跳躍動作を明確に描写した後，跳躍距離獲得の技術に関する矯正的フィードバックを展開させる場面も認められた。

　B教師とC教師の逐語記録を同様に分析した結果，いずれの教師もモニタリング戦略による発言とコミットメント戦略による発言は多く認められるものの，両者が対句となる場合の少ない傾向であった。加えて，B教師は矯正的フィードバックを多用するところに，C教師では肯定的フィードバックを多用するところに，それぞれ特徴が認められた。

　なお，表3-9は，コミットメント戦略とモニタリング戦略の1時間あたりの平均頻度数を示したものである。逐語記録として言語化されたデータを意味のまとまりで区切りカウントするソート・ユニット（土井 1986：195-202）により頻度を算出し，コミットメント戦略とモニタリング戦略の発言傾向を押さえていった。これより，各教師の特徴は，前述した逐語記録の内観法による分析結果と対応していることが認められた。

　次に，表3-3に示す教授技術の観点の観察・分析より，A・B・Cの3名の教師において，ロック・イン戦略による教授技術が認められた。すなわち，A教師では「踏み切り板を使った跳躍動作の習得（2時間目）－横木幅跳びによ

る踏切動作の習得（5時間目）−ねらい幅跳びによる走り幅跳び運動の習得（8時間目）」によって，跳躍距離を向上させようとする意図が認められた。B教師においては，前述の「滞空−着地」局面における練習方法として「跳び箱」を使用する点で相違が認められるが，それ以外はまったくA教師の場合と同様の練習方法を用いていた。これに対して，C教師では「ねらい幅跳びを用いての踏切動作の習得（2時間目）−踏切線からの逆走による助走距離の把握（5時間目）−踏切板を使った跳躍高の向上（8時間目）」によって，A・B両教師と同様に走り幅跳びの技能特性に触れる中心的技術として'踏切手前1歩を狭くすること'と押さえていたにもかかわらず，単元の最終局面では跳躍高を強調した。すなわち，助走スピードを生かして高く跳躍させ，跳躍距離の向上をねらう意図が認められ，A・Bの2名の教師とは異なる学習過程であった。

いずれにしても，これら3名の教師は，単元の「序盤−中盤−終盤」のそれぞれにおける学習目標との関連から練習の場を意図的に変化・発展させていることから，ロック・イン戦略を意図的に展開させているものと解せられた。

残るD教師の場合では，「課題選択型（めあて）学習」を用いていたため，単元を通じて，助走局面では自分の助走距離がわかるように1m毎のラインを，踏切局面では踏切板を，それぞれ常設されていたが，ロック・イン戦略を意図的に展開させているとする分析者の合意は得られなかった。

続いて，表3−3に示す教授技術の観点の観察・分析より，A・Bの2名の教師においてインセンティブ戦略とシグナリング戦略の2つの教授戦略による教授技術が認められた。すなわち，インセンティブ戦略の展開として，A・B両教師ともに「走り幅跳び診断表」（辻野・梅野 1995：697-701）を用いた上で，課題（めあて）の明確化を図る教授技術が，またシグナリング戦略の展開として，A・B両教師ともに単元を通して観察学習の導入が認められた。

表3−10及び表3−11は，A教師とB教師のインセンティブ戦略が用いられていると解せられた場面を逐語記録から抜粋したものである。A教師とB教師の課題（めあて）の形成・把握場面における逐語記録を抜粋した。前者はA教師の結果を，後者はB教師の結果を，それぞれ示している。

まず，A教師の結果（表3-10）についてみてみる。

2時間目は，'上手い着地をしよう'というねらいに対して，どのような動作が「上手い着地」なのかを，複数の子どもの記述内容や説明より明確化しようとしている様子がうかがえた。すなわち，T2-P3の発言より，「両脚の振り出し動作」がよいと考えている子どもの意見を紹介するとともに記述した子どもの言葉でも確認している。さらに，T4より，挙手をさせることによって，A教師は同様の思考を有している子どもの実態を把握するとともに，子どもたちにとっては，同じ思いをもっている友達が他にもいることが顕在化される。こうした，やりとりを通して，T6の発言より，最終的に「上手い着地をする」には，滞空動作時に，ひらがなの「く」の字になるように，「手の振り下ろしと脚の振り出し動作」が重要であることを理解させようとしているものと考えられた。

5時間目は，'踏み切り手前の走り方を工夫しよう'がねらいの場面である。A教師は，T7の発言より，前時の終了時，踏み切り手前の歩幅調整に対する子どもたちの認識，すなわち，歩幅を広く（大股）する方が良いのか，狭く（小股）する方が良いのか，あるいは歩幅調整の必要はない（普通）のかについて，ズレが生じていることを勘案し，子どもたちに投げかけている。A教師は，最終的に「狭くすること」がよいことを認識させるため，大股より小股の方が良いと認識している子どもの意見を取り上げたり（T10），P8-P11のやりとりより，理解させようとしていた。その上で，T12の発言より，大股がいいのか小股がいいのかを実際に子どもたちに体感させた上で認識化を図ろうとしているものと解せられた。

8時間目は，'自分にあった助走スピードを見つけよう'に対して，T14-P15より，自分に合った助走距離は，人それぞれに違うものであり，無理をして長い距離にしても踏み切り時の助走スピードの逓減を招いてしまい，助走スピードを活かした踏み切りにつながらないことを理解させようとしている様子が読み取れた。また，こうした考えを，T17の発言より，前時の'踏み切り地点からの逆走による助走地点の発見'の活動結果を想起させることによっ

表 3-10　逐語記録からみたインセンティブ戦略の具体例（A教師）

	ねらい：上手い着地をしよう〈2時間目〉
T1	はい，顔を上げて下さい。えーと，"上手い着地をしよう"で，みんな，いろいろ考えてくれましたね。カードを読ませてもらいました（個人カードを見せながら）。……〈中略〉……名前を呼ばれた人は，先生がここ（カードの場所を指して）を読むから説明してください。
T2	えーと，○○君と同じく一番多かった意見です。○○さん立って下さい。よく見てる。（呼ばれた子立つ）多分ねよく似てると思うけど，はい，足を伸ばすと距離が長くなります。はい，どういうことですか？
P3	ええ，足を伸ばしたら，距離が伸びる。
T4	足を伸ばしたら，距離が伸びそうだなと思ってる人手を挙げて下さい。
P5	（多数，手を挙げる）
	〈中略〉
T6	はい，そしたら，足，手，重心（指を折りながら），そして，新しいこと"く"の字。空中動作を意識してみよう。これ（個人カード）を見れば，友達が言ってくれたっていう人もいれば，アドバイスがなかったよという人もいたので，跳んだらなるべく次の人のを見てあげて下さい。後で言ってあげよう。
	ねらい：踏み切り手前の走り方を工夫しよう〈5時間目〉
T7	えーとね，この間，最後の3歩の歩幅を計りましたよね。で，意見はグループノートに書いてくれてたけど，また，見て下さいね。で，班ではそういう話し合いになったかもしれないけど，バラバラです。考え方が，どれになったらいいか。あたっていた人が，理由を言って下さい。どれになったらいいか。一番，今日は，○○さん。（○○さんの個人カードを読み始める）最初は，大股や小股になっていたけれど，普通にしたら上手に踏み切れました。普通がいいってこと？はい，わけは？
P8	大股だったら，踏み切りの足が合わなくなった。
T9	踏み切り足の問題なん。ほな，スタートしたときに，反対から行ったら，大股だって合うやん。
	〈中略〉
T10	はい，最後，○○君。（個人カードを読み上げる）大股で走るよりも，小股で走る方が踏み切りやすいとわかりました。
P11	大股はやりにくい。
	〈中略〉
T12	えーとね，もう一回，助走を見て下さい。15mくらいから走っていきます。最初から，大股や小股にしてとは言ってないんで，……〈中略〉……最後の3歩くらいは短めか，ちょっとのこと，10cmか20cmの話をしておるんですよ，先生は。わかりますか。急激に大股にする（両手を大きく開いて）のと違うよ，急激にこんな小走り（様子を示しながら）するのと違うよ。どっちが，どれがいいでしょうか？やってみて下さい。
	ねらい：自分に合った助走スピードを見つけよう〈8時間目〉
T13	はい，座って。はい，この間勉強したことで大事なこと書いてた人，今から言うので，話をして下さい。ひょっとしたら同じ人になってるかもしれないけれど。はい，じゃあ，○○さん。
	〈中略〉
T14	次，○○さん。（個人カードを読みながら）自分にあった助走距離を選べばいいと思います。
P15	自分が無理して，後ろの方から走って，疲れて勢いをなくしてしまったら，上手く跳べないと思う。
T16	はい，拍手。
	（子どもたち拍手をする）
T17	あのね，例えば，向こうの方の赤いロープの方（場所を指して）から走ってきて，ここまできたらへばるんやね，当たり前やね。それから，短すぎたらスピードが上がらんのやね，ということは，跳べませんよということやね。この間は，反対から走って，自分で速くなってるなあと思ったところから，ちょっといったとこぐらいで，見つけましたね。はい，よく覚えてます。

第3章 「優れた教師」はどのような教授戦略を発揮しているのか

表3-11 逐語記録からみたインセンティブ戦略の具体例（B教師）

	ねらい：いろいろな着地のしかたを比べよう〈2時間目〉
T1	はい，前の時間は着地の仕方を練習したね。みんな結構上手くなったな。尻もちがつけるようになってきた。・・・〈中略〉・・・今日は，2つの跳び方，幅跳びの跳び方を紹介します。「2つの着地の違いを比べよう」（小黒板にチョークで記述）。今日は2つをやって自分がどちらの跳び方で上手く着地できるかを比べて，ぼくこっちと決めて下さい。これから，紹介します。1つ目，そり跳び。（そり跳びの分解図を小黒板に貼る）そり跳びの，「そり」というのは「そる」（体で姿勢を示しながら）ということ。踏み切った後，空中でうーんとそってぴょんと（体を）起こす（示しながら）。この跳び方（絵を示しながら），ちょっとイメージできる？
P2	（児童，口々にできる，できないと言う）できない。やってみなわからへん。
	〈中略〉
T3	じゃあ，いくで（説明）。そり跳びは，地面を蹴った足，踏み切り足，左，右，どっち？
P4	右。
T5	こっちで（右足を指して）蹴ってるね。右足で踏み切って左足をあげてるね。あげた左足が，まだ前にあるなあ（絵で確認しながら）。このままそって，前に降りる。こっち（はさみ跳びの絵）見て。左足で踏み切ったこの子。左足で踏み切って右足が上がってて，ここで左足が前になったやろ（該当箇所を指して）。
	ねらい：踏み切り手前の走り方を身につけよう〈5時間目〉
T6	この間はわかるようになる時間やったんで，今日はできるようになる時間です。そこで，ただ走っても難しいので，こんな板（横木）を置きました。この板を踏まないように走りながらいくと（走りながら）この板の真ん中に足（2本の板を指して，間に○印を描きながら）で，これが1歩やな。次の板の，真ん中に足，次の踏み切り線，ここまでが，ちょっと短くなってます（踏み切り線と1歩前に記した○を指して）。短くなるように置いています。この線を無視してあまり遠くへ行っちゃうと，（歩幅が）広くなってしまうな。この線（踏み切り線を指して）やで。このコースが115cm。誰ですか？手を挙げて？
P7	（数名挙手する）
	〈中略〉
T8	これが？
P9	155（cm）。（大きな声で）
T10	155（確認）。はい，150の人，広いなあ。（実際に試技をしながら）で，教室でも言うたけど，どうも，おかしい。なんかぼくには広すぎたとか，なんか狭いなあ，窮屈やなあという人は，ちょっとずれてもいいです。向こうに行くほど広い。で，くれぐれも，変な走り方になるのやめよな。（スキップするように走りながら）踏んだらあかん，踏んだらあかん，絶対踏んだらあかん。
	ねらい：自分に合った助走スピードを見つけよう〈8時間目〉
T11	あの，前みたいに，スピードも測る，出発するときに「はい」て言いながら。つまり，あのグラフの顔が，第2の顔がどこにくるかということになる。さあ，そのために，今日最後の勉強していきましょう。みんな，これまでに勉強してきたのは，最初，何勉強したっけ？
P12	足前に出すやつ。
	〈中略〉
T13	うん，跳び方もやったけど，これ，あんまりなみんな，そんな考えてない。最後の1歩を狭くするというのを木を並べて練習していった。で，最後，昨日は助走距離やね。短すぎてもダメ，長すぎてもダメ。どんなのがいいの？
P14	丁度いい長さ。
T15	うん，人によって違うということやな。今日はそれを，繰り返しやりながら，自分のいい距離を細かく調整していって，で，いっぱい跳べるように最後の練習，していきましょう。最後の1歩短くするという気持ちを忘れたらあかんで板がなくても。

て，再認識化を測ろうとしているものと解せられた。

　これらのことから，A教師は，子どもが記述した個人カードの内容を発表させながら課題（めあて）の明確化を図る手法により，インセンティブ戦略を発揮しているところに特徴が認められた。

　次に，B教師の結果（表3-11）についてみてみる。

　2時間目は，'いろいろな着地のしかたを比べよう'のねらいに対して，T1の発言より，2つの跳び方（反り跳びとはさみ跳び）があることを述べた上で，反り跳びとはさみ跳びのそれぞれの動作を理解させるために，2つの跳び方の分解図を活用している様子が認められた。さらに，B教師は，分解図を子どもたちに見せ，動きの説明を行いながら（T1），T3-T5より，発問を用いて子どもたちの理解の定着化を図ろうとしていた。あわせて，T5により，再度，2つの跳び方の違いの明確化を図ろうとしている様子がうかがえた。このように，B教師は，分解図を活用することで子どもたちに視覚的に理解させようと企図していたものと解せられた。

　5時間目は，'踏み切り手前の走り方を身につけよう'がねらいの場面である。B教師は，T6の発言より，前時に'踏み切り手前の最後の1歩の歩幅は短くする'ことを学習したことを踏まえた上で，本時はその習得がねらいであることを明示し，そのための練習活動として「横木幅跳び」の説明を行っている。留意点として，横木の間隔が最後の1歩のところだけ狭くなっている点を意識する点を述べている。さらに，T6-T10において，ストライドの差に個人差があることを考慮し，間隔の異なる場を設定することでこうした個人差を解消しようとしているとともに，子どもたちに自分に合ったコースがどこであるかを確認している様子が認められた。

　8時間目は，'自分に合った助走スピードを見つけよう'のねらいに対して，B教師は，T11の発言より，これまでの学習成果を「走り幅跳び診断表」を使用することで子どもたちに明示しようとしているものと考えられた。その上で，T11-T13より，発問による既習事項（対空動作・着地，踏み切り）における動きのポイントを確認し，子どもたちに再認識させようとしている様子が看取でき

第3章 「優れた教師」はどのような教授戦略を発揮しているのか

た。その上で，T13-T15より，本時のねらいに関わって，自分に合った助走距離は，個人差があることを押さえた上で，助走地点を微調整することを明確にしている。

これらのことから，B教師は，資料の活用や練習活動の工夫，子どもとの相互作用といった多様な手法によりインセンティブ戦略を展開させているところに特徴が認められた。

これに対して，C教師及びD教師ともに子どもの目標達成の目安には跳躍距離の伸びを置き，課題（めあて）の形成・把握場面における教授活動としては，C教師は課題（めあて）の提示に，D教師は課題（めあて）の選択による学習集団の再構成に，それぞれ力点を置く傾向にあった。

表3-12及び表3-13は，A教師とB教師におけるシグナリング戦略が用いられていると解せられた場面を逐語記録から抜粋したものである。両教師の観察学習の場面における2時間目の着地局面，5時間目の踏み切り局面，8時間目の助走局面をそれぞれ示した。

まず，A教師の結果（表3-12）についてみてみる。

2時間目のねらいは'うまい着地をしよう'であった。A教師は，そり跳びとはさみ跳びの演示を子どもに行わせた後，T1-T4より，2つの跳び方の違いを確認している様子が認められた。この後も，2つの跳び方の違いを子どもとの相互作用より明らかにする場面が続いた（表中においては〈中略〉としている）。しかしながら，T5-T9より，2つの跳び方に違いはあるものの，着地をするときには，いずれの跳び方においても，両腕の振り下ろしによる両脚の振り出し動作が大切であることを，子どもが理解しやすいように平仮名の'く'の字の様態にすればよいという表現で押さえようとしているものと考えられた。

5時間目は，'踏み切り手前の走り方を工夫しよう'がねらいの場面である。A教師は，大股か小股かのどちらがよいかを練習活動の中で実際に体感させた後で，T10より，意図的に小股の子どもたちに演示をさせている。さらに，T12の発言より，踏み切り手前最後の1歩を狭くすることを意識するあまりに，

表 3-12 逐語記録からみたシグナリング戦略の具体例（A教師）

	ねらい：上手い着地をしよう〈2時間目〉
T1	〈児童によるそり跳びとはさみ跳びの演示の後で〉 はい，じゃあ，違うところ？ （数名，挙手）
T2	はい，○○さん。
P3	手の動き。
T4	手の動きが違います。（別の子に）○○さん。 〈中略〉
T5	最後，手は下に下ろします。かき方は違うけど最後，手は振り下ろします。はい，手が出ました。他は？
P6	空中で跳んでいるときも足を伸ばそうとしている。
T7	はい，足を伸ばそうとしている。しましたか，両足で意識して（示範した児童に確認する）。はい，2つ。手，足出たよ。足，前に出してどうするの？
P8	「く」の字
T9	「く」の字もしようと意識している。じゃあ，もう1回やってくれる（児童に示範を促す）。今，言ったことも，もう1回整理して。
	ねらい：踏み切り手前の走り方を工夫しよう〈5時間目〉
T10	はい，じゃあ跳んでもらおう。今から言う人ね，跳んでもらいます。・・〈中略〉・・4人ね，これらのひとは，データで30cmから40cm伸びた人で，ほぼ，小股です。普通とは違うんです。ちょっと見てみよう。（子どもたち移動する） 〈中略〉 （一人目の子ども，示範する）
P11	うわー（歓声が上がる）
T12	あのね，ここまでは全力やねん（場所を示しながら），わかる？ここから，ちょっとだけ小股にしてるんで，わざとスピードを落としてません，若干，小股にして踏み切ったらいい。 〈中略〉
T13	はい，じゃあ，○○ちゃん（太鼓を鳴らして示範を促す）。
T14	拍手。（子どもたち，拍手する）えーと，3人（指して）もう一回やって。最後の音を聞いて。音を聞いてたらわかる。小股だったら音がどうなるん？高さじゃないよ，小股だったらターータータから，タ・タ・タ・タと音が早くなる。意味わかる人手を挙げて。
P15	（多数の子が挙手）
	ねらい：自分に合った助走スピードを見つけよう〈8時間目〉
T16	あのね，ちょっと，見本。よくない例で見本を。よくない方を先生しますね。いい方を○○君，はい，1コース行こうか，○○さん行こうか，○○君も。えーとね，今先生がやることをなってる人が○○君，○○さん，○○さん。ちょっと見ててね。 （演示する者，助走のスタート地点に移動する）
T17	はい，よくない例，よく見といて下さいよ。はい，走ってきます（踏み切る前に手を挙げながら）。
T18	（跳躍後に）はい，どこがよくなかったか言って下さい？ （数名挙手）
T19	○○君。
P20	跳ぶ前の手。
T21	跳ぶ前にこう入ってくる（手を挙げる動作をしながら）人がおるんよ。わかる。踏んだ後（踏み切りの後）手が挙がっていくんだよ。なんかね，ほら，倒立するときとか側転するときの手（動作を示しながら），あの手とは違う。はい，じゃあ，いい人のを見て下さい。

表3-13 逐語記録からみたシグナリング戦略の具体例（B教師）

	ねらい：いろいろな着地のしかたを比べよう〈2時間目〉
T1	はい，そうしたら，何人かに跳んでもらおうと思います。○○君と，○○君と，○○さん，やってもらいましょう。この，跳び箱の方でやってもらうから，みんな，見える位置へいこう。 （子どもたち移動する） 〈中略〉 （2人目の子ども演示する）
T2	わかる？拍手少ないなあ。もう1回いこうか。みんなな，1歩歩け言うたら，こんなんなってるねん（膝を伸ばして高跳びのはさみ跳びのように）。前にかくように。 （もう一度演示する）
P3	おお。（拍手）
T4	うん，ぐっと，左足が出てくるね。あれ，もうちょっと，1歩大きく出したら，跳べるねん。じゃあ，次，○○君のを。はさみ跳びやで。 （3人目の子ども演示する）
P5	おお。（拍手）
T6	なっ，ぐっと1歩いってるやろ（前に）。だからみんな，こちょこちょっとした感じじゃなくて，ぐっと大きく1歩，最後にいったらいい。
	ねらい：踏み切り手前の走り方を身につけよう〈5時間目〉
T7	はい，じゃあみんな，自然に走れてるか，そして，踏み切りの線も見ておいてや？ （一人目の子ども演示する）
P8	おお，すげえすげえ。（拍手）
T9	○○君，そり方上手いなあ。 （2人目の子ども演示する）
P10	おお。自然や。（拍手） 〈中略〉 （別の子ども再び演示する）
P11	おお。（拍手）
T12	今みたいな，普通に走った感じで，最後白線意識したらできるからな。最後は白線やで。はい，もう1度，練習。
	ねらい：自分に合った助走スピードを見つけよう〈8時間目〉
	〈子どもによる演示の後で〉
T13	はい，どこですか。（助走の仕方の）違いはどこですか。
P14	○○君は，跳んでるときに手を後ろにやってる，○○君は最後の1歩がちいちゃかった（短かった）。 〈中略〉
T15	○○君は，最初から勢いがある感じ。ああ，なるほどなあ関係してると思うわ，それは。
P16	○○君は最初から速い。○○君は，最初ゆっくりで，途中から速い。
T17	ああ，○○君と一緒やな。みんなも気づいた。（全体に働きかける）
T18	だから○○君は，こうやって（上体を揺らす動作をして）最初からバンと出てるんやな。○○君はスタートはゆっくり目に走って，だんだんスピードをあげてきてバンというのが自分のリズムなんやな。そういう違いもある。やりやすさの。その違いをよく見てな。もう1回やってくれる。 （一人目の子ども，助走を始める）
T19	このへん，ゆっくりやねん。そこから，だんだんスピードをあげて，バン。
P20	ああ，ほんまや。（子どもたち拍手をする）
T21	そやろ。（2人目の子ども，助走を始める）○○君は，いきなり始めて，スピード乗ってるで，バン。

助走スピードが逓減してしまわないことも確認されている。併せて，A教師は，子どもたちがこうした踏み切り手前の歩幅調整の動作を獲得しやすくするために，足音に着目させ，リズムよく走ることが効果的であることを知らせていた。

8時間目は，'自分に合った助走スピードを見つけよう'のねらいに対して，練習活動の様子から数名のよくない動きをしている子どもを見つけ，それを改善させようとしている場面である。A教師は，T16の発言より，助走から踏み切りへ移る局面において手を振り上げている子どもがいることを問題視し，それを全体の場で子どもたちに理解させようとしていた。このとき，よくない動きをしている子どもに演示をさせるのではなく，そのような子どもたちには名前を指摘することにとどまり，A教師自らでよくない動きを示していた。これにより，子どもが不快な気持ちにならないよう心理的な配慮しているものと解せられた。その上で，T21の発言より，よい動作をしている子どもについては，演示をさせよい動きを明確にしようとしているものと考えられた。

このように，A教師は，前述のインセンティブ戦略により，明確化された課題（めあて）に対応して，シグナリング戦略を展開させることによって，子どもたちに課題（めあて）の自立解決を促進させる「よい動き」に気づかせようとしていたものと考えられた。

次に，B教師の結果（表3-13）についてみてみる。

B教師は，2時間目'いろいろな着地のしかたを比べよう'のねらいに対して，そり跳びとはさみ跳びのうまい子どもの演示を通して，よい動作を確認させようとしているものと考えられた。すなわち，T2の発言より，多くの子どもたちに認められたよくない動きを知らせた上で，T4-T6より，脚を前方に大きく振り出す動作が，よい動作であることを知らせていた。

5時間目は，'踏み切り手前の走り方を身につけよう'の場面である。B教師は，「横木幅跳び」を練習活動に取り入れることによって，子どもたちに踏み切り手前の歩幅調整を身につけさせようとしていた。しかし，練習活動の中で，横木に気を取られて，不自然な助走（助走スピードが極端に遅くなったり，ストライドが極端に変化したりといった様相）になってしまっている子どもが多数い

第3章 「優れた教師」はどのような教授戦略を発揮しているのか

たことから，観察学習を設定したものと考えられた。T7，T12の発言より，助走が安定した助走スピードとストライドで踏み切り手前最後の1歩までは入ることが望ましいことを確認させようとしていた。

8時間目は，'自分に合った助走スピードを見つけよう'の場面である。B教師は，2名の子どもの演示の後で，T13より，両者の違いを明らかにしようとしていた。P14-T17で両者の違いを押さえた上で，再度，2人の子どもに演示をさせ，T18-T21において，踏み切り手前3歩に入る時には平均助走スピードが定状になっていることを気づかせようとしていた。

これらのことから，B教師はA教師と同様に，インセンティブ戦略により，明確化された課題（めあて）に対応して，シグナリング戦略を展開させることによって，子どもたちに課題（めあて）の自立解決を促進させる「よい動き」に気づかせようとしていたものと考えられた。

これに対して，C教師及びD教師は，前述のような観察学習を用いることはなかった。これらのことから，A教師とB教師は，インセンティブ戦略とシグナリング戦略の2つの教授戦略を一対の戦略として授業を展開させているものと判断し得た。

表3-14は，スクリーニング戦略による教授技術が展開されていると考えられた場面を逐語記録から抜粋したものである。A教師の課題（めあて）形成・把握場面においてのみ認められた。

A教師は，毎時間後に記述させていた高田・小林の「よい授業」への到達度調査（小林1978）の記述内容のうち，「新しい発見」に関する子どもの記述を課題（めあて）の形成情報として紹介する教授技術が毎時間使用されていた。

2時間目（ねらい：上手い着地をしよう）において，A教師は，5人の子どもたちの個人カードを順に紹介し，自らの言葉で説明させながら，着地動作に関する多様な運動の感じを引き出し，上手い着地をするためには，前方に重心をかける（両腕の振り下ろしによる両脚の振り出し）ことがよいことを明確にしていた。

同様に，5時間目（ねらい：踏み切り手前の走り方を工夫しよう）では，踏み切

表3-14 逐語記録からみたスクリーニング戦略の具体例（A教師）

	ねらい：上手い着地をしよう 〈2時間目〉
T1	○○君。"着地のときに，お尻（指しながら）とか手をつけないように（動作で示しながら）すればいい"。ちゃんと足を伸ばすって何？足を伸ばせばどんないいことがある？
P2	ちょっと，距離が伸びる。
T3	ちょっと，距離が伸びそう。はい，拍手をしてあげて下さい。
	〈中略〉
T4	はい，4人目，○○さん。両手を振ってから，足を伸ばしたらいい。ちょっと，両方出てきてる。両手を振ってから足を伸ばす。
P5	足を伸ばしたら距離は伸びそうだし……
T6	足を伸ばしたら，距離は伸びる。○○君も言ってくれた。両手は？
P7	手を振ると勢いがつく。
T8	手を振ると勢いがつきそう，だと思う？
P9	（子どもうなずく）
T10	はい，拍手してあげて下さい。あのね，本当かどうかやってみて下さい。はい，ラスト，○○さん。はい，聞いておいて下さいよ。着地をするときに，しゃがんで，前に重心をかけたらいいことがわかりました。はい，重心という言葉を使ってます。はい，どうぞ。
	ねらい：踏み切り手前の走り方を工夫しよう 〈5時間目〉
T11	はい，2人目，○○君。（個人カードを読み上げる）自分の班は，小股の人が多かったので小股の方がいいと思います。はい（説明を求める）。
	〈中略〉
T12	3番目，○○君。"大股でやるとやりにくかったです"。やったんやね，いろいろと。"小股や普通が多いと思います"。
P13	大股やとやりにくいから，距離が伸びない。小股や普通がいいと思います。
T14	ほな，絶対にあかんと思っているのは何なの？大股，普通，小股でダメだと思ってるのは？
P15	大股。
T16	大股。はい，じゃあ，大股だと跳びにくいと思っている人，手を挙げて。
P17	（児童，多数挙手）
T18	はい，じゃあ，やってみましょう。やってない人も多いと思うし。○○君に拍手。
P19	（児童，拍手をする）
	ねらい：自分に合った助走スピードを見つけよう 〈8時間目〉
T20	○○さん。"助走は一人一人走りやすい距離が違います。私は15mです"。はい何で，一人一人違うんやろ。
P21	みんな走る速さが違うから，疲れる距離も違うから一人一人違うと思います。
T22	はい，拍手してあげて下さい。
	〈中略〉
T23	はい，4番目，○○君。はい，大事なこと書いとるでみんな聞いといてや。（個人カードを読みながら）助走スピードがだんだん速くなってきて，はい，助走スピードが最高になりますよね，先生この前グラフ見せましたよね，はい，ここ（手を山を描くように頂点のところで止め）の瞬間に踏み切るのではなくて，それから，まっ，ちょっとしてから，3歩くらいとか，3秒後とか書いてあるけど，位に踏み切る方がいいというのが分かりました。何でいいのかもう1回言うてあげて下さい。
P24	助走スピードが最高になったときには，まだ，安定してないので，大体スピードが一定になったくらいで‥（言葉に詰まる）
T25	何ができやすいの？
P26	リズムがとりやすい。

り手前の歩幅調整に関する運動の感じを引き出し，踏み切り手前最後の1歩が，広いよりも狭い方がよいことに焦点化していた様子が認められた。

　8時間目（ねらい：自分に合った助走スピードを見つけよう）では，T20-T22より，子ども一人ひとりで助走距離が異なることを押さえた上で，T23の発言より，速度曲線を用いて学習したことを振り返りながら，T23-P26より，助走スピードが一定になった時点で踏み切ることの利点を確認していた。

　このように，A教師は，複数の子どもたちの個人カードに書かれた内容を全体に紹介し，子どもたちの課題（めあて）が的確に形成されるように働きかけていた。併せて，グループノートへの朱書きによる指導・助言も展開させていた。これに対して，他の3名の教師からは，こうした「よい授業」への到達度調査やグループノートを子どもの課題（めあて）の形成情報として活用している場面は認められなかった。

　これらのことから，A教師は，毎授業後，「よい授業」への到達度調査及びグループノートにより子どもの学習過程を探りつつ，次時の授業を展開させていることが確かめられ，スクリーニング戦略を意図的に展開させているものと判断された。

3　教授戦略を発揮するための実践的知識

　図3-2は，4名の教師の各人が意図的に使用していたと考えられた教授戦略を整理したものである。これまでの結果から，経済学分野で発展してきた「ゲーム理論」に基づいて策定した6つの教授戦略は，体育科の授業においても観察可能な教授技術として発揮されていることが確かめられた。

　しかしながら，本書においては分析対象とした3授業で用いられた教授戦略の様相から，教師によって用いられる教授戦略に軽重があるように考えられる結果が得られた。すなわちモニタリング戦略とコミットメント戦略の2つの教授戦略は4名の教師において，ロック・イン戦略はA・B・Cの3名の教師において，それぞれ共通して認められた。またインセンティブ戦略とシグナリン

図3-2　被験教師（4名）が意図的に使用した教授戦略

教師名	教授戦略の観点					
A教師	モニタリング	コミットメント	ロック・イン	インセンティブ	シグナリング	スクリーニング
B教師						
C教師						
D教師						

グ戦略の2つの教授戦略はA教師とB教師において，スクリーニング戦略はA教師においてのみ使用されていた。なぜ，このような結果になったのであろうか。この問いは，「戦略型」と「展開型」の表現様式の記述を手がかりに明らかにしようとした。なぜなら，これら2つの方法から得られる教授戦略は，体育授業を展開させる教師の予備的図式であり，実際に用いた教授技術の背景に存在する教師の知識と解せられるからである。以下，この観点から論議を展開させていきたい。

　まず4名の教師に共通して，モニタリング戦略とコミットメント戦略の2つの教授戦略の発現が認められた。これより，4名の教師は，常時，子どもの主体的な学習活動が展開されているかどうかの判断をモニタリング戦略により行うとともに，その上で彼らの学習活動が運動技能の向上に結びつく指導・助言を積極的に展開させているものと推察される。

　前者は子どもの運動（動き）を的確に評価する運動観察能力の重要性を，後者は子どもの運動（動き）の改善につながる言語化能力の重要性をそれぞれ示唆している。梅野ら（1997）は教師の「質的な巡視」の重要性を認め，これを展開させる知識として「運動に関する専門的知識」を指摘している。また小林（1986：157-165）は，「教師のV.S.O.P.」のうち，子どもの動きを「見る目」と「言葉による表現力」を「専門性」の代表的な能力と解している。

これらのことから，モニタリング戦略とコミットメント戦略の教授戦略は，第2章でも述べたように相互補完的関係にあるものと考えられ，これら2つの教授戦略の発揮を支える要件として「運動の構造的（技術的，機能的，文化的）知識」の関与が考えられる。こうした教授戦略の発揮による授業展開によって，結果的に「自主的・主体的な学習活動」「技や力の伸びの自覚」「明るい授業の雰囲気」「学習集団の高まり」などに関する態度項目の得点が向上したものと推察される。

　次に，A・B・Cの3名の教師において，ロック・イン戦略の発揮が認められたが，D教師にみられなかった。この問いを解く手がかりは，「展開型」の表現様式（図3-1-1，図3-1-2）の結果にあると考えられた。すなわち，A・B・Cの3名の教師は，'踏切手前の歩幅調整'を走り幅跳びの技能特性の中心的技術としてとらえていたのに対して，D教師にはそのような認識は読み取れなかった。しかしながら，表3-8よりD教師も'踏切手前の歩幅調整'に関わる助言を展開している場面が認められた。このことは，A・B・Cの3名の教師がとらえる子どものつまずきの類型と，D教師がとらえるそれとが大きく異なっていることを物語っている。すなわち，上記3名の教師は，子どもの跳躍距離を高めるための課題（めあて）の設定を基軸に，子どもの運動学習の道筋（学習過程）に即して練習活動を工夫しようとしていたものと考えられる。これに対してD教師は，めあて学習の考え方（運動の楽しみ方）を基軸に子どものつまずきを押さえており，跳躍距離は学習の結果として向上することを期待しているものと考えられた。

　小野（1982：57-61）は，「教材を生かす場所は，固定されたものとして存在しているのではない」とし，「教材を生かすためには，学習者の問題意識の在処を洞察して，その創造的な働きを助ける能力が必要である」と指摘している。その上で，「子どもの問題意識が再構成される過程を理解し，教材の生かし方を工夫する知識」の重要性を力説している。この小野の論より，ロック・イン戦略の発揮には，「子どもの問題意識が再構成される過程を理解し，教材の生かし方を工夫する知識」，すなわち「運動教材における子どものつまずきの類

型とその手だてに関する知識」の関与が考えられる。

　これを裏付ける結果として，C学級においてのみ跳躍距離が向上しなかったことが挙げられる。すなわち，C教師は，A・Bの両教師と同様，踏切手前の歩幅調整を走り幅跳びの技能特性に触れる中心的技術として理解していたにもかかわらず，助走速度を鉛直方向に変換するための力強い踏み切りを強調した練習方法（踏切板を用いた跳躍練習）を単元終盤に導入した。これにより，C教師が採った学習過程は，走り幅跳びの運動経過に即するものでもなく，逆行する過程でもない「踏切→助走→滞空・着地」になってしまったのである。このように見てくると，C教師はロック・イン戦略を形づくってはいたものの，真にロック・イン戦略を展開させていたのかどうかについては疑問が残る結果であった。

　いずれにしても，A・B・Cの3名の教師は，表3-4にみられる「集団活動の楽しみ」をはじめとする計9項目，すなわち「友だちを作る場」「体育科目の価値」「堂々がんばる習慣」「協力の習慣」「授業のまとまり」「利己主義の抑制」「永続的な仲間」「理論と実践の統一」に関する態度項目の得点が向上していた。この結果は練習活動の工夫による授業展開が影響しているものと推察される。

　続いて，A教師とB教師において，インセンティブ戦略とシグナリング戦略の2つの教授戦略による授業展開が対概念として用いられていることが認められた。そこで，収集したデータからA教師とB教師に共通して認められ，かつC教師とD教師に認められなかったデータをみてみると，「戦略型」の表現様式（表3-6）の結果がこれに相当した。これによれば，A教師とB教師は，課題解決的学習のうち，「課題形成型」と「課題解決型」の展開にそれぞれ力点を置いているのに対して，C教師は系統的学習に，D教師は課題解決的学習の「課題選択型学習」に力点を置いているところに顕著な相違が認められた。この背景には，学力の押さえ方の相違が関係しているものと考えられる（広岡1976：45-52）。つまりA教師とB教師は，いずれも「態度的学力」を基盤に「能力的学力（結果学力）」を形成することを重視しているものと考えられる。

これに対して，C教師とD教師は「態度的学力」よりも「能力的学力（結果学力）」を重視する性向にあるものと考えられる。したがって，インセンティブ戦略とシグナリング戦略による授業展開の背景には，「学力観に関わる知識」の関与が考えられる。しかしながら，A教師とB教師に共通して向上した態度項目は認められなかった結果をどう解釈するかが問題として指摘される。これには，それぞれの教師が用いた指導法が異なっていたことが影響しているものと考えられた。

　最後に，スクリーニング戦略による授業展開は，A教師においてのみ認められた。前述した結果より，A教師は，毎授業後，「よい授業」への到達度調査及びグループノートにより子どもの学習過程を探りつつ，次時の授業を展開させていることが認められた。こうしたやり方の背景には，A教師が子どもの運動に対する多様な感じを彼らの認知スタイルに即して理解しようとする構えの強いことを示唆するものである。梅野・片岡（1995）は，逆上がりのできない子どもに教師がさまざまな助言を与えてもうまくできなかったのに，側にいた子どもの助言でその技がすぐにできるようになったという授業場面を例に，運動を指導する教師は常に子どもの知覚情報を探りそれを自己の身体の構造の中に組み込んでいく必要のあること，すなわち，運動教材のもつ技能的特性を子どもの知覚情報（内容）として「翻訳する思考」の必要性を指摘している。これより，スクリーニング戦略による授業展開の背景には，認知心理学における「アフォーダンス理論の知識」[5]の関与が考えられる。ただ，A学級独自に向上した態度項目は認められなかった。これには，スクリーニング戦略による授業展開が子どもの学習過程の探りを中核とする授業間行為であることが深く関係しているように考えられる。

　以上のことから，経済学分野で発展してきた「ゲーム理論」に基づいて策定した6つの教授戦略は，体育科の授業においても観察可能な教授技術として有効に機能することが明らかになった。また，この背景にそれぞれの戦略を発揮させる知識の存在が推定された。今後，6つの教授戦略を発揮するためにはど

のような教師の知識が関係しているのかについて,「見込みのある教師」の授業設計段階の知識に介入し,彼らの授業実践の観察・分析を通して明らかにしていく必要がある。

4 教授戦略を読み解く——教授戦略の観察・分析から

　本章は,優れた教師がどのような知識をもって教授戦略を立て実践しているのかを解明する第一歩として,学習成果(態度得点)が恒常的に高い小学校高学年担任教師4名を対象に,彼らの授業実践(走り幅跳び:全9時間)における教授技術の観察・分析を通して,6つの教授戦略(インセンティブ,スクリーニング,シグナリング,コミットメント,ロック・イン,モニタリング)の発揮の有無を実践的に検討することを目的とした。

　前述の目的を達成するために,被験教師の授業設計段階における知識は「戦略型」と「展開型」の表現様式を用いて分析した。また,実際の授業展開場面においては,単元の序盤(2時間目),中盤(5時間目),終盤(8時間目)の計3授業を対象に,いずれの授業においても共通して意識的に使用されている教授技術を抽出し,試作した「教授戦略カテゴリー」を用いて彼らの教授戦略の特徴を検討した。本章の結果の大要は以下の通りである。

1. 4名の被験教師に共通して,モニタリング戦略ならびにコミットメント戦略の発揮が認められた。4名の教師は,常時,子どもの主体的な学習活動が展開されているかどうかの判断をモニタリング戦略により行うとともに,その上で彼らの学習活動が運動技能の向上に結びつく指導・助言を積極的に展開させているものと推察された。これより,モニタリング戦略とコミットメント戦略の発揮には,「運動の構造的(技術的,機能的,文化的)知識」が関与している可能性があるものと考えられた。
2. A,B,C3名の教師に共通して,ロック・イン戦略の発揮が認められた。3名の教師は,子どもの跳躍距離を高めるための課題(めあて)

の設定を基軸に，子どもの運動学習の道筋（学習過程）に即して練習活動を工夫しようとしていたものと考えられた。これに対してD教師は，めあて学習の考え方（運動の楽しみ方）を基軸に子どものつまずきを押さえており，跳躍距離は学習の結果として向上することを期待しているものと考えられた。これより，ロック・イン戦略の発揮には，「運動教材における児童のつまずきの類型とその手だてに関する知識」が関与している可能性があるものと考えられた。

3．A教師とB教師において，インセンティブ戦略とシグナリング戦略の2つの教授戦略による授業展開が対概念として用いられていることが認められた。A教師とB教師は，課題解決的学習のうち，「課題形成型」と「課題解決型」の展開にそれぞれ力点を置いているのに対して，C教師は系統的学習に，D教師は課題解決的学習の「課題選択型学習」に力点を置いているところに顕著な相違が認められた。これより，インセンティブ戦略とシグナリング戦略の教授戦略の発揮には，「学力観に関わる知識」が関与している可能性があるものと考えられた。

4．スクリーニング戦略による授業展開は，A教師においてのみ認められた。A教師は，毎授業後，「よい授業」への到達度調査及びグループノートにより子どもの学習過程を探りつつ，次時の授業を展開させていることが認められた。こうしたやり方の背景には，A教師が子どもの運動に対する多様な感じを彼らの認知スタイルに即して理解しようとする構えの強いことを示唆するものであった。これより，スクリーニング戦略の発揮には，「アフォーダンス理論の知識」が関与している可能性があるものと考えられた。

5．以上のことから，経済学分野で発展してきた「ゲーム理論」に基づいて策定した6つの教授戦略は，体育科の授業においても観察可能な教授技術として有効に機能することが明らかになった。また，この背景にそれぞれの戦略を発揮させる知識の存在が推定された。

注

(1) 「授業」の場は，「教師」「教材」「子ども」の三者の論理が見合う場面と考えられる。それゆえ，それら三者の力発現が均衡する様相は多面的に想定される。このことは，すぐれた教師の数だけ「よい授業」が存在すると考えることが可能となる。本研究は，前述の「よい授業」を実現させる内部事項である教師の「教授戦略」に焦点を当て，優れた教師の「教授戦略」の多面性を追求しようとする。こうした立場から，「優れた教師の教授戦略」の総称として「よい教授」という表現を用いた。

(2) 一般に学習指導法は，目標を基礎と高次のどちらに置くかによって，系統的学習と課題解決的学習に分かれる（梅野・辻野 1980：207-209）。さらに，系統的学習でも論理的系統と心理的系統とアルゴリズム（知的系統）の3つに分かれる。しかし，体育科においては，アルゴリズムの系統は，心理的系統，または論理的系統に包括される場合が多いため，論理的系統と心理的系統の2系統に約めることにした。続いて，課題解決的学習の場合は，課題（めあて）の設定状況の違いから，教師が課題（めあて）を子どもに与えて自立解決を図る「課題解決型」，教師が予め用意したいくつかの課題（めあて）を子どもに選択させて自立解決を図る「課題選択型（めあて学習）」，課題（めあて）を子ども自らで形成させ，自立解決を図る「課題形成型」の3つとした（辻ら 1999）。

(3) このとき，目次に明記された教授技術より授業実践段階で使用する教授技術の導出を試みた。各教授技術は本文に記された内容を確認した。その結果，「マネージメント」分類属として，「第5章 授業のマネージメント」の「第3項 マネージメントの有効性を高める技術」より8個，「学習の規律」分類属として，「第6章 しつけの技術」の「第4項 好ましい行動を増大させる技術」より4個，「第5項 不適切な行動を減らすための技術」より3個，「課題の明確化」分類属として，「第8章 長期計画」の「第6項 プログラム段階の計画」より4個，「学習指導の実践」分類属として，「第10章 学習指導の実践」より15個の教授技術を，それぞれ導出することが可能であった。なお，本研究においては高橋らの訳本（第2版）を中心に取り上げたが，'Developing Teaching Skills in Physical Education' の第4版（Siedentop & Tannehill 2000）も参照した。

(4) Rink（2005）は，彼女の著 "Teaching Physical Education for Learning" の中で，「効果的な教授技術」と題して詳述している。しかしながら，その内容をみてみると，教授戦略（teaching strategy）も一つの教授技術としてとらえていた。これに対して本研究では，教授技術を教師の教授戦略を具現化させる方法と位置づけている。これより，Rink の教授技術論は，今回は考察の対象から外すことにした。

(5) アフォーダンスとは，アフォード（afford）という動詞から得た Gibson（1979＝1985：137-157）の造語である。ギブソンはアフォーダンス理論に代表される独創

的な知覚理論を展開した心理学者として知られている。アフォーダンス理論は，それまでの認知理論が人間は環境から刺激を受けそれを脳の中で処理して意味のある情報を得ていると考えられてきたのに対し，情報は人間をとりまく環境そのものの中に実在している（環境の中に実在する人間にとって価値のある情報が存在する）とした。すなわち，それまでの哲学や認識論の伝統的な枠組みを批判し，生物あるいは人間にとっての新たな世界観を提示した（吉岡 1997）。こうしたアフォーダンス理論の誕生は，近代以降の哲学，心理学で主流をなしてきた認識論と存在論に多大な影響を与えただけでなく，今日の認知科学や人工知能論にも影響を与えている（佐々木 1994：53-66）。

　また，河野（2007：31-52）は，「アフォーダンスとは，生態学的事象を発生させるような環境の特性であり，動物がアフォーダンスを知覚するということは，動物がその対象に関わることで生じる出来事を『予期』するということ」と押さえた上で，「予期」とは「科学的予測や計算のような知的な処理ではなく，それが環境の知覚の一部に他ならない」ことを強調している。佐々木（2008：53-167）は，トップアスリート16名を対象に，例えば陸上選手における「地面」，水泳選手における「水」というように，アスリートの身体を取り巻く「環境」に焦点を当て，アフォーダンス的視点，すなわち「環境」との関わりから，トップアスリート固有の感じ方，考え方，行い方といった特性について言及している。これらより，アフォーダンスとは，人間（動物）がある環境におかれたときに，その環境に対する，多様なものの見方や感じ方，考え方，行い方であり，それらの環境を自らにとってさらによりよいものにする過程をも包含するものととらえることができよう。

　これを体育授業論にアナロジーすれば，まず，教師は子どもたちが教材である運動に出会ったときに生じる課題の多様性（「どうすればうまくできるか」「どうすれば勝てるか」）を理解することである。さらに，教師は，こうした多様性が子どもたちのそれまでの学習経験（広くは生活経験）によって生じる「子どもの世界からの見え方の違い」に依るものであることを理解し，そのことを保障しつつ「個々の見え方の違い」を互いに認め合い補正し合いながら教材である運動それ自体のもつ課題性（技能的特性）に自らで触れていかせることが求められる。さらに課題を解決していく過程においては，課題の解決につながる動きや解決した動きを教師が認めたり，誉めたりするなど，子どもたち一人ひとりへの指導や助言を多く用いて，そのような動きができるようになった子どもを認めていくだけでなく，他の子どもたちに対しての学習の解決情報を子どもの実体に即して広げていくことの重要性を理解する必要がある（梅野・片岡 1995）。

　このように，本書における「アフォーダンス理論の知識」とは，子どもたちの学習場面（「課題（めあて）形成・把握-課題解決」過程）において，教師が子ども一

人ひとりの認知スタイルの違いを理解し，それらを有効な課題解決情報として顕在化していくことの重要性についての理解ととらえていくこととする。

第3章 「優れた教師」はどのような教授戦略を発揮しているのか

資料3-1　梅野の提示した教授技術

いかに課題をつかませるか
・目標となる上手な動きを示範する
・子どもの動きの下手な動きを模倣し，示範する
・「多義的な発問―焦点化する発問―観点を決めた発問」の流れに沿って発問を構成する
・授業の目標を達成させる手がかりとしての動きのイメージがとらえやすい課題を設定する
・子どもの動きを回数や時間に置き換えたり，できたかどうかが子どもたちにはっきりとわかる基準を設定したりする
・前時の学習カードの中から本時のめあてづくりに関わる内容の意見を紹介しその子に言葉で再度説明させる
・前時までのグループごとのめあての一覧表を作成し，提示する
・そのグループのこれまでのめあての流れや課題との関わりでめあてづくりの方向性を持たせる
・めあてと練習方法とが対応しているかどうかを確かめる

いかに子どものペースに即するか／いかに学習集団を組織するか
・「多義的な共通課題―焦点化する共通課題―観点を決めた共通課題」の流れで共通課題を設定する
・体育ノート，グループノート，学習カードなどを活用して子どもの学習する道すじをとらえる
・課題の解決が図られたかどうかを授業中の子どもの動きを観察し，把握する
・学習集団を固定的に扱わず，単元経過に伴って一斉と小集団とを使い分ける
・集団内等質，集団間異質の小集団（目的別小集団，能力別小集団）かあるいは集団内異質，集団間等質の小集団のいずれかを用いる

いかに練習活動を工夫するか
・学級の人数や小集団の数に対応できるだけの練習の場を確保する
・子どもたちの個人差を踏まえた上で，個人差に応じたその子なりの技能の向上が図れる練習の場を工夫する
・効率的・効果的な練習活動ができるような施設・用具を工夫する
・単元経過にともなって課題に応じて練習の際の人数を工夫する

いかに子どもの進歩や発見を認めるか
・よい動きの子を大きな声でほめ，よい動きとはどんな動きなのかをつかませる
・あとどれくらいで課題を達成できるのかを診断しておき，できた瞬間を見逃さずにほめる
・めあてならびに練習方法を確かめる
・まちがった動きをわからせ，よい動きを教える
・ぎこちない動き，未熟な動きを認める
・練習回数を促す
・その時間の中で課題が達成した子を取り上げ，全体の場で示範させる

いかに技能を深めるか
・練習やゲームの場面で友だちの動きを観察し，記録させる
・練習で感じたことや発見したことなどを自由につぶやかせたり，発見させたりして，そこでの意見を取り上げる
・動きの部位や局面に着目した「観点を決めた発問」を工夫し，よりよい動きのポイントを子どもたちにつかませる
・動きそのものを直接言い表すのではなく，その動きのイメージがはっきりとしたり，細かな動きのできる部位の動きが生かせる言葉を使って指導する

いかに無駄のない授業をするか
・どんな物をいくつどこに設置すればよいのかを子どもたちに教え，授業開始までに準備させる
・次の練習に移りやすく，移動の距離が短い場所を選んで集合させる
・集合，移動や次に何をするかといった指示を子どもたちにわかりやすい言葉ではっきりと伝える
・練習場面で自分の順番を待つ間も友だちの練習が観察できるようにさせる

出所：梅野ら（1990）。

資料3-2 シーデントップの提示した教授技術

マネージメント（5章　授業のマネージメント）
〈3．マネージメントの有効性を高める技術〉
・最初の活動を条件づけること
・決まった時間に授業を開始すること
・出席をとる時間を節約すること
・注意を引くための合図を指導すること
・フィードバックと肯定的な相互作用の割合を高くすること
・生徒達のマネージメント行為の記録を提示すること
・情熱的で，励ましや助言を与えること
・即効的成果を得るためにマネージメント・ゲームを取り入れること

学習の規律（6章　しつけの技術）
〈4．好ましい行動を増大させる技術〉
・授業の規則を明確にすること
・肯定的な相互作用によって適切な行動に動機づけること
・（相互作用の）方法を変えること
・不品行を無視して肯定的な相互作用を行うこと
〈5．不適切な行動を減らすための技術〉
・不適切な行動を無視すること
・言語的制止を効果的に用いること
・具体的で効果的な罰を与えること

課題の明確化（8章　長期計画）
〈6．プログラム段階の計画〉
・計画に関する基礎的な疑問に答えること—何を達成させようとするのか
・意味のあるパフォーマンスの単位として到達目標を設定すること
・活動単位の内容を作成するために課題分析を行うこと
・学習課題を明確にするために学習指導目標を設定すること

学習指導の実践（10章　学習指導の実践）
・学習者の安全を確保すること
・授業時間を浪費しないで情報を伝達すること
・授業中の課題提示の時間を短縮すること
・演示の計画を周到に行うこと
・生徒の練習を積極的に監督すること
・肯定的フィードバックをふやすこと
・フィードバックの言葉を改善すること
・大切な学習指導にフィードバックを与えること
・フィードバックを効果的にするために，1人の生徒に十分時間をかけること
・集団に対するフィードバックとモデリングを利用すること
・質問，コメント，アイデアの表現を奨励すること
・教授法として発問（回顧的・集中的・分散的・価値的）を利用すること
・授業代行者として生徒を利用すること
・生徒のパフォーマンスを監視すること
・授業の勢いを保持すること

出所：Siedentop (1983＝1988).

第 4 章　教師の戦略的思考をいかにして高めるか
　　　　──介入・実験授業の試みから

前章では，恒常的に態度得点が「高いレベル」「成功」の教師4名を対象に，彼らの授業実践の観察・分析を通して，どのような知識が6つの「戦略的思考」の発揮に関与しているのかについて検討した。その結果，モニタリング戦略とコミットメント戦略の発揮には「運動の構造的（技術的，機能的，文化的）知識」が，ロック・イン戦略の発揮には「運動教材における児童のつまずきの類型とその手だてに関する知識」が，インセンティブ戦略とシグナリング戦略の発揮には「学力観の知識」が，スクリーニング戦略の発揮には「アフォーダンス理論」の知識が，それぞれ関係していることが認められた。

　前述の知識は，「展開型」と「戦略型」の表現様式の結果より導出されたものであるため，教師の予備的図式，すなわち授業設計・計画段階における教師の知識に相当するものである。

　そこで，前述の4つの知識を「見込みのある教師」に介入することによって，彼らの授業設計・計画段階における知識が，従前に比してどのように変容するのか，さらに，そのことにより彼らの授業展開場面における教授戦略がどのように変容するのかについて検証していく必要がある。

　そこで本章では，「見込みのある」教師，すなわち，小学校高学年担任の男性教師1名の走り幅跳びの授業を対象に，前章で導出された4つの知識のうち下位層に位置する2つの知識，すなわち「運動の構造的知識（走り幅跳び運動の技術的知識の提示）」を一次情報として，また「児童のつまずきの知識（走り幅跳びの最適なプログラムの提示）」を二次情報として，それぞれ介入（提示）し，彼の教授戦略が従前に比してどのように変化するのかを，実際の授業観察と授業分析を通して明らかにすることを目的とした。

1　「見込みのある教師」の分類
――4つの知識の階層構造と各々の教授戦略の分析を基に

（1）4つの知識の階層構造と教授戦略

　従前の体育授業における授業研究の大半は，「授業の分析的研究」である。これには，アメリカで開発された「プロセス－プロダクト研究法」（以下，P-P

研究法）が大きく関係している。こうしたP-P研究法の発展に伴い，授業の科学も飛躍的に進歩してきた。これにより，学習成果を高める指導プログラムの開発や教授技術が数多く生産され，「いつでも，どこでも，誰にでも」通用する授業実践の展開が容易になってきた。こうしたタイプの分析的研究は，総じて「教師を高める授業研究」としてカテゴライズすることができる（梅野 2006）。しかし一方で，前述のP-P研究法は，体育授業の基礎的条件（マネージメントや学習の規律，授業の雰囲気，学習従事量や運動量など）を満足することはできても，内容的条件（授業の目標・内容の押さえ方，教材・教具の工夫，学習過程の組織化など）を解明するには至らないという指摘が認められるようになった（高橋 1992）。これは，従来までの量的研究法による分析の限界を示唆している。

　これに呼応するように，梅野（2006）は，「体育授業学」の構築を推奨する立場から量的研究法の不十分さを指摘するとともに，今後の授業研究の方向性を提示している。すなわち，学習成果を恒常的に高めている「優れた教師」の事例分析にあるとする見解である。彼らは，優れた実践者の授業実践を丹念に分析することで，そこで得られた実践知を従前の授業の分析的研究の成果と見比べ，授業の科学によって認められてきた数々の実践知の共通性と異質性を吟味すること，さらに，吟味を経た実践知を他の教師に適用し，その教師が摑みきれる内容とそうでない内容とを丹念に峻別していく作業を積み重ねることによって，優れた実践者にみる実践知の反復化・再現化の可能性を追求していくことの重要性を指摘している。その上で，こうしたタイプの分析的研究を「教師を変える授業研究」として範疇化した。

　前述の「教師を変える授業研究」の具体的な研究手法として，「介入・実験的研究」が挙げられる。「介入・実験的研究」は，授業研究者が授業計画の段階で授業者の教材づくりや教師行動に介入し，実際の授業分析を通して子どもの学習成果を高める要因の分析や指導技術の効果を明らかにしていくこととされ（Dodds 1983），Birdwell（1980）の研究を契機に，主として介入・実験的研究は展開されてきた。わが国では，高橋を中心とする研究グループによる成果が報告されている。そこでは，教師の授業のマネージメントや相互作用といっ

た「よい体育授業」を成立させるための基礎的条件を満足させる指導への介入・実験的研究が推し進められてきている（中井ら 1994；高橋ら 1997；米村ら 2004）。その中の一つである中井（1994）は，小学校2名の教師を対象に台上前転を題材として，それまでの研究で統制できなかった指導目標，運動に関する指導内容，指導法といったプログラム変数や子どもの学年，人数，施設・用具といったコンテキスト変数を統制し，同じ時間数からなる実験単元の授業における，教師行動と子どもの学習行動（ALT-PE，運動の試行回数）が授業成果（授業評価と技能成果）にどのような影響を及ぼすのかを検討した。その結果，1名の教師は直接的指導の色合いが強く，もう1名の教師は「相互作用」「巡視」「個人への働きかけ」の割合が高いとする相違を認め，この背景に，性別，専門的力量（知識・技能）といった教師の先有的条件（presage）によるところが大きく関与していることを報告した。

このような研究を展開させる背景には，中井らは，これまでのP-P研究法が「いろいろなプログラム変数やコンテキスト変数を含みこんだ多様な授業を単純に総合・平均化することによって一般的傾向を捉えてきたわけであり，授業過程の教師行動や生徒行動の差異が何によって生み出されるのか，明確な事実を明らかにすることはできなかった」という批判があった。

前述の中井らの研究により，総じて体育授業の基礎的条件に関する指導の手だて（マネージメント・肯定的フィードバック・矯正的フィードバック・励ましなど）は，実際の授業実践への介入によって高まる可能性のあることが認められるようになってきた。すなわち，実際の授業実践への介入は，教職経験によって形成される教授技術の習得を促進させる働きがあるものと考えられるようになったのである。しかしながら，授業の内容的条件に関する手だて（例えば，できない子どもへの矯正的フィードバック，価値的発問や創意的発問，受理・受容に関わる手だてなど）を高めるためには，どのような介入・実験的研究を展開すればよいのかについては，現地点においても未だ確立されていない。

近年，Tsangaridou & O'Sullivan（1997）の研究を契機に，これら実際の授業実践への介入にみる困難性を克服する試みが認められるようになってきた

（七沢ら 2001；深見ら 2001；齋木・中井 2001）。これらの研究は，「どのような反省をすべきなのか」ではなく，「何を反省すべきなのか」という反省の持つ役割と機能を究明すべく，子どもたちの学習成果を高めた優れた教師の反省的思考の導出と定式化を試みようとするところに特徴がある。しかしながら，いずれの研究も子どもの学習成果を高めた優れた教師，あるいは教職年数を積んだ熟練した教師の反省的視点の内実と実際の授業改善との関係まで追求されていなかった。

　その後，高村ら（2006）は，反省的実践への「介入・実験的研究」による授業研究の難しさを2つ指摘している。一つは，授業の基礎的条件に介入することは容易であっても，内容的条件にまで介入することはきわめて難しいということであり，もう一つは，介入・実験的研究の成果を量的データからだけで押さえるには不十分であり，質的データをいかに工夫するかが大事であるということである。これらの理由として，前者は授業の内容的条件には教師の価値観や教育観が強く影響していることが，後者は量的データは客観的な事実を描写しているだけであり，教師の思考や知識といった認識を量的に抽出することはきわめて難しいことが，それぞれ考えられる。

　これらの困難性を克服すべく，高村ら（2006）は，「ジャーナル（授業日誌）」の記述内容の読み取りを中心に子どもの学習成果を高めた優れた教師（恒常的に態度得点の高い教師）2名の体育授業に対する反省的視点を導出し，得られた「ジャーナル（授業日誌）」の記述内容を「見込みのある教師」1名に介入する（紹介する）ことで，その教師にどのような反省的視点の変容がみられ，実際の体育授業もどのように改善されるのかについて検討した。その結果，反省的視点への介入は，総じて教師に子どもの学習過程に即した授業実践の重要性に気づかせる働きのあるものと考えられたこと，とりわけ，「出来事」への気づきに顕著な変容が認められたことを報告している。しかしながら一方で，授業のマネージメントや授業の雰囲気といった基礎的条件に関する指導を改善させることは可能であったが，子どもの動きの評価とそれに基づく相互作用の仕方といった内容的条件に関する指導に関しては改善することができなかったとし，

これらの理由として，反省した内容を実際の授業展開場面で実践化する指導技術を持ち得ていなかったことを推察している。その上で，反省的内容を授業実践に反映させるためには，技術的実践への介入，すなわち，マイクロティーチングによる授業展開場面における介入の重要性を指摘している。

　前述の高村らの研究は，今後，授業の内容的条件を変容させる技術的実践への介入のあり方に一石を投じたものとして高く評価できる。しかしながら，彼らの研究は〈設計-展開-評価〉からなる授業実践において，〈評価から展開へ〉の視点から進められたものである。反省的な視点（評価）から介入・実験するとき，そこにある教材（運動）についての知識を度外視して介入・実験を試みたところで，はたして授業実践は変容するだろうか。体育の指導技術は運動と不可分であり，教材（運動）についての知識への介入・実験，すなわち，〈設計から展開へ〉の視点からの介入・実験が必要である。あわせて，こうした授業設計段階の知識に介入する方法を確立しなければならない。

　そこで，この問題の解決に向かう一つの方途として，第2章で論述したように，経済学分野における「ゲーム理論」を考察視座とし，教師の実践的思考様式を「戦略的思考」と押さえ，「戦略的思考」の観点の整理を試みた。すなわち，経済学分野における「ゲーム理論」の発展過程で認められた6つの解概念（インセンティブ，スクリーニング，シグナリング，コミットメント，ロック・イン，モニタリング）を教育学的視点へと読み替え，その上で体育授業の場における教授戦略への援用を試みたのである。その結果，いずれの観点においても，前述の6つの解概念は，教育学的概念になり得るとともに，体育授業における教師の教授戦略の観点にもなり得ることを論及した。

　さらに，第3章では，恒常的に態度得点が「高いレベル」「成功」の教師4名を対象に，彼らの授業実践の観察・分析を通して，どのような知識が6つの「戦略的思考」の発揮に関与しているのかについて検討した。その結果，モニタリング戦略とコミットメント戦略の発揮には「運動の構造的（技術的，機能的，文化的）知識」が，ロック・イン戦略の発揮には「運動教材における児童のつまずきの類型とその手だてに関する知識」が，インセンティブ戦略とシグ

ナリング戦略の発揮には「学力観の知識」が、スクリーニング戦略の発揮には「アフォーダンス理論」の知識が、それぞれ関係していることが認められた。これらの知識は、教師の予期的知識、すなわち授業設計・計画段階における教師の知識に限定されたものであるが、これら4つの知識を「見込みのある教師」に介入することができれば、彼らの授業実践が変容していく可能性があるものと考えられる。

前章を踏まえ、本章では、前述した4つの知識の伝達可能性について検証していきたいと考えた。そのためには、前述の4つの知識を介入する方法を確立しなければならない。そこで、これら4つの知識がどのような性質や関係性を有しているのかについて検討を行う必要がある。

中井（1997）と梅野（2003）は、Polanyi（1966＝1995：65-78）の暗黙知論を参考に、前者は「食事作り」の技能の階層構造を、後者は体育（身体教育）の立場から熟練思想に基づく体育の階層的構造を、それぞれ提示している。すなわち、中井は、下から順に「食品素材（原料）」「調理素材（食品）」「調理品（食物）」「献立品（料理）」「食事空間（状況）」の5つ層（レベル）を、梅野は、「幼年体育（レベル1）」「少年体育（レベル2）」「青年体育（レベル3）」「老年体育（レベルN）」の4つの層（レベル）をそれぞれ提示し、各層の関係性について言及している。両者とも、上位の層（遠隔項）と下位の層（近接項）との関係において、原理的には下位の層が上位の層の制御を受けること、実践的には上位の層が下位の層に依存することを述べている。さらに、各層は、ステップ状態にはなく、各段階間に「空白」を有するステージ状態にあることを指摘している。

彼らの論を参考に、4つの知識の関係性について構造的に図示すれば、図4-1となろう。

まず、「運動教材における児童のつまずきの類型とその手だてに関する知識」は、「運動の構造的（技術的、機能的、文化的）知識」が、その前提となっている知識と考える。なぜなら、運動教材に対する児童のつまずきはどのようなものがあり、そのつまずきに対してどのような手だてを行うかという知識は、教師の成功経験や失敗経験の積み重ねによって形成され得る知識、すなわち経験

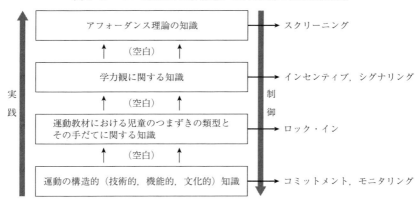

図4-1　4つの知識の階層構造からみた発揮可能な教授戦略

知に依存する。このため、運動教材の構造的知識、とりわけ技術的知識はその土台として不可欠となる。逆にいえば、「運動の構造的（技術的、機能的、文化的）知識」は、「運動教材における児童のつまずきの類型とその手だてに関する知識」によって制御されているものと考えられるのである。

次に、「運動の構造的（技術的、機能的、文化的）知識」と「運動教材における児童のつまずきの類型とその手だてに関する知識」が備わることで、「学力観に関する知識」との間に存在する空白が埋まり、「学力観に関する知識」の形成に向かうものと考えられる。なぜなら、運動教材、指導方法、子どもを熟知することによって'どのような子どもを育てたいか''目の前の子どもにどのような力をつけたいか'といった指導観や学力観が編み直され、新たな学力観が形成される可能性があるからである。逆にいうと、「運動教材における児童のつまずきの類型とその手だてに関する知識」ならびに「運動の構造的（技術的、機能的、文化的）知識」は、「学力観に関する知識」によって制御されているものといえる。

最後に、「運動の構造的（技術的、機能的、文化的）知識」と「運動教材における児童のつまずきの類型とその手だてに関する知識」を土台に、「学力観に関する知識」が具備されることによって、一人ひとりの子どもの認知スタイル

第4章　教師の戦略的思考をいかにして高めるか

の相違の理解とそれに応じた指導の必要性の理解，すなわち「アフォーダンス理論の知識」(1)が形成される可能性があるものと考えられる。言い換えると，「アフォーダンス理論の知識」は，「学力観に関する知識」，とりわけ「態度的学力」の学力観が基底となっているものと考えられる。

　いずれの場合も，実践を重ねる中で順次，段階的に身についていく知識であること，逆に，上位の知識は下位の知識に対して制御されていると解することは可能であろう。

　ここで，これら4つの知識の伝達可能性について検証しようとするとき，4つの知識を同時に介入・実験することはできないことがわかる。すなわち，介入・実験の組み合わせは，①「運動の構造的（技術的，機能的，文化的）知識」と「運動教材における児童のつまずきの類型とその手だてに関する知識」に介入・実験する場合，②「運動の構造的（技術的，機能的，文化的）知識」「運動教材における児童のつまずきの類型とその手だてに関する知識」と「学力観に関する知識」に介入・実験する場合，③「運動の構造的（技術的，機能的，文化的）知識」「運動教材における児童のつまずきの類型とその手だてに関する知識」「学力観に関する知識」と「アフォーダンス理論の知識」に介入・実験する場合の3つが考えられよう。このとき，①については，前述したように「運動の構造的（技術的，機能的，文化的）知識」と「運動教材における児童のつまずきの類型とその手だてに関する知識」は，表裏一体の切り離すことができない関係にある。

　そこで，授業の設計段階で最も重要であると考えられる①の場合，すなわち「運動の構造的（技術的，機能的，文化的）知識」と「運動教材における児童のつまずきの類型とその手だてに関する知識」に介入・実験することから着手することにした。

（2）「見込みのある教師」の選定と介入前の授業実践

　本章の被験教師は，京都府下の小学校5年生を担任している教師1名である。教職経験年数5年の男性教師である。本被験教師（以下，E教師）は前述した

研究の主旨と目的に賛同した教師である。

　Calderhead（1992）及びTsangaridou & O'Sullivan（1994）は，Siedentop & Tannehill（1991：1-21）の見解を下敷きに「見込みのある教師（prospective teacher）」の定義を試みている。そこでは，①子どもに関わり，彼らの学習を促進させようとする教師，②教える教科内容について熟知しようとすること，及びそれらをいかに子どもに教えるか熟知しようとする教師，③子どもの学びのマネージメントやモニタリングをしようとする教師，④自らの実践について系統的に思案し，経験から学ぼうとする教師（省察・反省），⑤学びの共同体のメンバーであろうとする教師，の5つを挙げている。

　これら5つの観点から，E教師をみたとき，彼は大学時代の専攻が体育科であり，日頃，体育科の授業に対して力点をおいている教師で，体育の授業に対しても意欲と態度を十分にもって取り組んでいることが最初の面談で聴取されたこと，さらには，今回の研究の主旨と目的に賛同し，被験教師になることを積極的に受け入れた教師であったことなどから，前述の5つの基準を満たしている教師と見なし得た。[2]

　表4-1は，E教師の態度得点の診断結果と授業実践の単元の教材名とその時期ならびにコンテキストについて示している。E教師には，任意の題材を普段から実践している指導プログラムによる授業実践を1単元にわたって展開することを依頼した。その結果，2008年5月中旬から6月中旬にかけて，「マット運動」（8時間）を題材とする授業実践をしていただいた。次に，介入授業の題材について，観察者と協議の上「走り幅跳び」を題材とすることを決定した。この単元については後述する手続きを経た上で，2008年11月上旬から12月上旬にかけて，授業実践を1単元（9時間）にわたって展開することを依頼した。

（3）学習成果の測定

　学習成果の情意的側面として小林（1978：170-258）の態度尺度を用いて授業の愛好的態度を測定した。測定は，介入・授業前の単元学習ならびに介入・授業後の単元学習のどちらにおいても，単元前と単元後に行った。また，学習成

表4−1　被験教師における態度得点の診断結果と被験教師のコンテキスト

学級	学年	人数	男子				女子				教材名	時間数	授業及び調査の実施期間	授業者のコンテキスト		
			単元末診断型	よろこび	評価	価値	単元末診断型	よろこび	評価	価値				性別	経験年数	得意な教科
介入前	5年	34	高いレベルかなり成功	5	4	4	やや高いレベルやや成功	3	3	4	マット運動	8	2008.5.15〜2008.6.20	男	5	体育
介入後			高いレベル成功	4	5	4	かなり高いレベルかなり成功	4	4	3	走り幅跳び	9	2008.11.2〜2008.12.7			

果の技能的側面として子どもの跳躍距離を単元前と単元後に測定するとともに，単元の経過に伴う「平均助走スピード―跳躍距離」関係（梅野・辻野 1991a；梅野ら 1991b）からも検討することとした。表4−1に示す子どもの数は，前述の3つの記録を有している子どもの数を示している。

（4）授業設計段階における実践的知識に関する調査

1）学習指導法に対する教師の重みづけ

E教師には，学習指導法の選定に関する知識を探るために，「ゲーム理論」における「戦略型（strategic form）」の表現様式への記述を，介入・授業前の単元学習の実践前と介入・授業後の単元学習の実践後において，それぞれに求めた。このとき，記述にあたっては，第2章と同様に，一般に，学年・教材を問わず体育の学習を指導する際の学習指導法の選定における重みづけを依頼した。学習指導法については「課題解決型学習」「課題選択型（めあて）学習」「課題形成型学習」「論理的系統学習」「心理的系統学習」の5つの指導法とした。子どもの技能レディネスの高い場合と，低い場合について，それぞれ重みづけを依頼した。教師の利得を教授効果，子どもの利得を学習成果とした（第3章第1節3項参照）。

2）児童のつまずきとその対処法に関する知識

前述したように，「児童のつまずきとその対処法に関する知識」は，教師固有の経験知に基づくものであり，この知識そのものに介入することは不可能で

ある。しかしながら，E教師に，「ゲーム理論」における「展開型（extensive form)」の表現様式の記述をさせることによって，彼の有する「児童のつまずきとその対処法に関する知識」を把握することは可能であると考えられた。そこで，E教師には，①介入単元の題材決定時，②走り幅跳び運動の構造的（技術的）知識への介入後，③走り幅跳び教材の最適なプログラムの提示後の3回にわたって，「展開型（extensive form)」の表現様式への記述を依頼した。

記述にあたっては，第2章と同様の方法で依頼した。すなわち，教師の利得を「教授効果を得るために最も解消すべきつまずきとその対処法」(左側の数字)に，子どもの利得を「学習成果を得るために最も解消すべきつまずきとその対処法」(右側の数字)と押さえた。具体的には，「児童に予想されるつまずきの内容―そのつまずきへの対処法」という順に樹形図の作成を求め，樹形図の最終項において，各つまずきに対する指導の効果を'0～10点'の範囲で重みづけることを依頼した（第3章第1節3項参照）。

（5）授業実践段階における教師の教授戦略の分析

本書では，E教師の単元構成レベルにおける教授戦略を検討する目的から，観察・分析した授業は，介入・授業前の単元学習及び介入・授業後の単元学習とも，単元の「序盤-中盤-終盤」のそれぞれの中心である2・5・8時間目とした。これら3授業について，教師の発言をVTRとICレコーダーを用いて収録・収音し，教師と子どもの逐語記録（準備運動と整理運動は除く）を作成した。

これらのデータを基に第2章で作成した「教授戦略カテゴリー」より，コミットメント戦略，モニタリング戦略，ロック・イン戦略に関する記述を対照とし，分析を試みた。また，分析は4名（いずれも小学校教員としての教職歴が15年以上の教科教育学担当教員）[3]で行った。

（6）介入・実験的授業の手続き

図4-2は，本研究の手続きを図示したものである。

第4章 教師の戦略的思考をいかにして高めるか

図4-2 本研究の手続き

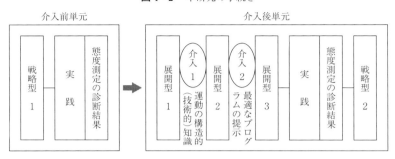

　介入前の単元を終了した後，介入単元を「走り幅跳び」を題材にすることを決定した。このとき，1回目の「展開型」の表現様式への記述を依頼した。

　本章では，E教師に対して，2度にわたって介入を試みることとした。最初の介入は，1回目の「展開型」の表現様式への記述の後である。ここでは，走り幅跳び運動における「運動の構造的（技能的）知識」を介入する（紹介する）こととした。具体的には，走り幅跳び運動についての構造的（技術的）知識が記された図書ならびに雑誌を提示した。このとき，『保健体育指導選書　陸上競技指導ハンドブック』（大修館書店，1980年），『陸上運動・陸上競技の指導Ⅱ，体育』（スポーツ教育実践講座刊行会，1980年），『小学校体育科第5学年の指導と展開』（明治図書，1990年），『小学校体育科第6学年の指導と展開』（明治図書，1990年），『新しい体育授業の展開　小学校第5学年』（大修館書店，1989年），『新しい体育授業の展開　小学校第6学年』（大修館書店，1989年），「走・跳・投の遊び／陸上運動の指導と学習カード」『教育技術』13(6)（1995年），『絵でみる陸上運動指導のポイント』（日本標準，2008年），『小学校体育の授業第5学年』（大修館書店，2000年），『小学校体育の授業第6学年』（大修館書店，2000年），『新しい学力観に立つ授業展開のポイント』（東洋館出版社，1994年），『学校体育事典（走り幅跳び）』（大修館書店，1995年）の計12冊の図書ならび雑誌より選定した。

　その結果，『保健体育指導選書陸上競技指導ハンドブック』（大修館書店，1980年）と『学校体育事典（走り幅跳び）』（大修館書店，1995年）の2冊をE教師

表4-2 走り幅跳び運動の技術と指導の要点

技術的要点	① 助走のストライド ② キック力 ③ 跳躍距離と初速度および跳躍角度 ④ 身体の重心 ⑤ 助走距離と跳躍距離 ⑥ 空中動作
指導展開の要点	① バネの生みだし方（助走と踏切り準備動作） 　a．助走の長さをきめる 　b．走り抜け練習 ② バネのだし方（踏切り） ③ バネの生かし方（空中動作と着地） 　a．反り跳び 　b．はさみ跳び 　c．着地

出所：古藤ら（1980：157-170）。

に提供することとした。前者は，「走り幅跳び運動」についての記述が'技術的要点'と'指導展開の要点'の項目から14頁にわたってなされていた。表4-2は，'技術的要点'と'指導展開の要点'で記されている項目の具体を抽出したものである。走り幅跳び運動の技能特性を'助走スピードを活かして跳躍距離を伸ばす'ことととらえ，助走，踏切，空中動作，着地といった運動局面における技術的要点や運動技術の獲得を容易にするための練習方法を中心に記述されていた。

　後者は，その記述内容の一部において「めあて学習」を展開させる場作りの記述が認められたものの，前述の図書と同様，各運動局面における技術的要点が明確に記されていた。表4-3は，この著書で記されていた「助走-踏み切り準備-踏み切り-空中動作-着地」運動局面における技術のポイントを抜粋したものである。

　これより，前述の2冊の図書は，「運動の構造的（技能的）知識」を提供できるものと判断できた。しかしながら，前述の2冊を除いた残り10冊の図書ならびに雑誌については，「めあて学習」の理論に基づく授業の展開例を解説することに傾倒しており，走り幅跳び運動における各運動局面の技術的要点の記述

表4-3　走り幅跳び運動の技術のポイント

助　走	・スタートをしたら徐々にスピードを高めて走る。 ・初めは短い助走距離（5m位）からの跳躍を行い，だんだんに助走距離を長くして（最大20m位）いき，自分にあった助走距離を決める。
踏み切り準備	・踏み切り手前3〜5歩でスピードが落ちないようにする。 ・助走のリズムを崩さないように走る。（小走りや大股にならない。） ・最後の3歩はタ・タ・タンのリズムで走り込む。
踏み切り	・足の裏全体で力強く踏み切る。（踏み切り足） ・振り揚げ足のすばやい振り上げと，腕の動作によって，高い腰（重心）の位置で踏み切る。
空中動作	・上体をよく伸ばして跳び上がる。 ・空中ホーム（そりとび）に気をとられて，踏み切り手前でスピードが落ちたり，踏み切りで上体が後傾しないようにする。
着　地	・両腕をすばやく振りおろすようにして着地する。

出所：杉崎（1995：368）。

が網羅されているものは認められなかった。これより，これら10冊の図書ならびに雑誌からは「運動の構造的（機能的）知識」の習得は十分可能であると判断できたが，本書の目的である「運動の構造的（技術的）知識」の習得には不十分であると判断した。

これらの理由から，『保健体育指導選書　陸上競技指導ハンドブック』（大修館書店，1980年），『学校体育事典（走り幅跳び）』（大修館書店，1995年）の2冊の図書をE教師に提示し，1カ月後に2回目の「展開型」の表現様式への記述を依頼した。

2度目の介入は，2回目の「展開型」の表現様式への記述後に行った。ここでは，走り幅跳び教材の最適なプログラムを提示することとした。前章では，優れた教師（恒常的に態度得点の高い教師）の記した走り幅跳び運動における「展開型」の表現様式を分析した結果，彼らは，走り幅跳び運動における子どものつまずきの類型とその手だてについての知識を豊富に有しているだけでなく，走り幅跳び運動の技能特性を踏まえた学習過程が組織化されていたことが明らかになった。これより，「見込みのある教師」に最適な学習プログラムを提示することによって，彼の考える「児童の走り幅跳び教材に対するつまずき

の類型と対処法」と提示されたプログラムに内在する「児童の走り幅跳び教材に対するつまずきの類型と対処法」との間の'ズレ'を認識させ，そのことによって，被験教師に「児童の走り幅跳び教材に対するつまずきの類型と対処法」の知識の編み直しが求められる。すなわち，走り幅跳び運動における学習過程が再組織化され，子どものつまずきの類型とその手だてについての知識が拡大・深化していくものと考えた。

したがって，ここでは，梅野ら（1991b）が考案した「走り幅跳びの指導プログラム」を提供した（資料4-1）。具体的には，このプログラムのねらいや解説ならびに実践例が記されている「学習過程の組織化とその展開（その1）——6年・走り幅跳び」（『体育科教育』9月号，1991年），「学習過程の組織化とその展開（その2）——6年・走り幅跳び」（体育科教育10月号，1991年），『学校体育授業事典（課題解決的学習の授業）』（大修館書店，1995年）である。これらの資料を提示した理由を示せば，ここで紹介されているプログラムが'踏切手前の助走スピードを活かして跳躍距離を伸ばす'ととらえ，走り幅跳びの運動経過と逆行する順路で学習を展開させているところに特徴をもっていること，前述の技能特性に触れる内容を踏切手前の歩幅調整ととらえ，そのための練習方法として「横木幅跳び」を導入していることや，他にも「ねらい幅跳び」を取り入れるなど，介入1で提示した資料以外の練習活動が記述されていること，これまでにもこのプログラムを用いた多くの実践が報告されており（上原・梅野 2000；上原・梅野 2003；厚東ら 2004），本書の目的に即した走り幅跳び運動の最適プログラムと判断できたことによる。

E教師には，1カ月後に3回目の「展開型」の表現様式への記述をしていただくことを確認した。そして，1カ月後，3度目の「展開型」の表現様式の記述をしていただき，その後，走り幅跳びの授業実践を依頼した。

なお，走り幅跳びの授業実践中は，毎授業後にジャーナル（授業日誌）を記入するよう依頼した。ジャーナル（授業日誌）の記入に関しては，自分の授業についてどんな内容でもよいから，気取らず自分の言葉で記述するよう付言した。

表 4-4 「戦略型」の表現様式からみた介入前後の学習指導法に対する重みづけ

順位	介入前		介入後	
	児童の技能レディネス		児童の技能レディネス	
	高 い	低 い	高 い	低 い
1位	形成型 (8, 8)	解決型 (9, 9)	形成型 (10, 9)	解決型 (10, 9)
2位	選択型 (9, 7)	選択型 (9, 8)	解決型 (9, 8)	心理系 (8, 8)
3位	論理系 (7, 7)	心理系 (3, 3)	心理系 (8, 8)	形成型 (8, 7)
4位	心理系 (7, 7)	形成型 (2, 2)	論理系 (6, 6)	論理系 (4, 5)
5位	解決型 (6, 4)	論理系 (1, 1)	選択型 (5, 6)	選択型 (2, 2)

注：(1)表中の「論理系」は論理的系統学習，「心理系」は心理的系統学習，「解決型」は課題解決型学習，「選択型」は課題選択型学習，「形成型」は課題形成型学習を表す。
(2)利得を示す（　）内の数字は左側は教師の教授効果を，右側は児童の学習成果を表す。

2　「見込みのある教師」の教授戦略の変容

（1）授業設計段階における実践的知識の変容

1）学習指導法に対する教師の重みづけ

表 4-4 は，「戦略型」の表現様式からみた各教師の学習指導法選定に対する重みづけの結果を示したものである。介入・授業前の単元学習の実践前ならびに介入・授業後の単元学習の実践後にそれぞれ記述していただいた。教師の教授効果を示す利得と子どもの学習成果を示す利得を合計した数値の高い順で示している。

これより，介入・授業前の単元学習において，被験教師は，子どもの技能レディネスの高い場合は「課題形成型学習」に最も高い利得を，低い場合は「課題解決型学習」に最も高い利得をそれぞれつけていた。ついで，技能レディネスの程度にかかわらず，「課題選択型（めあて）学習」に高い利得をつける結果であった。この段階でE教師は「課題選択型（めあて）学習」を日常的に実践

している教師であった。これらより，この段階におけるE教師は，「課題選択型（めあて）学習」を重視する性向にあるものと考えられた。

介入・授業後の単元学習において，被験教師は，介入前と同様に，子どもの技能レディネスの高い場合は「課題形成型学習」に最も高い利得を，低い場合は「課題解決型学習」に最も高い利得をそれぞれつけていた。しかしながら，次に高い数値をつけていたのは，高い場合が「課題解決型学習」，低い場合が「心理的系統学習」で，介入・授業前の単元学習では，2番目に高かった「課題選択型（めあて）学習」は，技能レディネスの程度にかかわらず，最も低い利得をつける結果となった。

これらのことから，E教師は，介入前に比して介入後では，自らの学習観・指導観が顕著に変容した様子がうかがえた。

2）児童のつまずきとその対処法に関する知識

本研究では，E教師に3度にわたって「展開型」表現様式へ記述を依頼した。その結果についてみていくことにする。

まず，図4-3は，1回目すなわち，E教師の知識への介入前における「展開型」の表現様式への記述の結果を示したものである。E教師は，「踏み切りの足が合わない」「遠くへ跳べない」からつまずきをとらえていた。その上で，「最後の3歩をマーク（9,8）」「踏み切り板（9,9）」の対処法にそれぞれ高い利得をつけていた。これより，この段階でE教師は，跳躍距離を伸ばすためには高く跳ぶこと，そのために，とりわけ踏切手前の助走を重要視していることが看取できた。しかしながら，走り幅跳び運動における各運動局面からつまずきや対処法が類型化されている様相は認められなかった。

図4-4は，2回目すなわち，「運動の構造的（技術的）知識」の介入後における「展開型」の表現様式への記述の結果を示したものである。E教師は，図4-3に比して，最初の枝点において「助走」「踏み切り」「空中姿勢」「着地」といった走り幅跳びの運動経過に即した運動局面からつまずきをとらえるようになった。これより，対処法に関する記述が介入前の8個から18個へと増加した。具体的には，「助走」についての記述が4個から6個へ，「踏み切り」につ

第4章 教師の戦略的思考をいかにして高めるか

図4-3 1回目の「展開型」表現様式への記述の結果

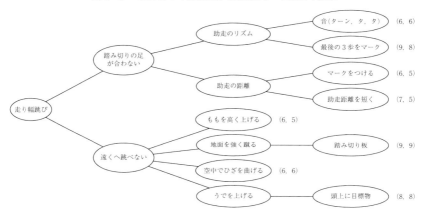

図4-4 2回目の「展開型」表現様式への記述の結果

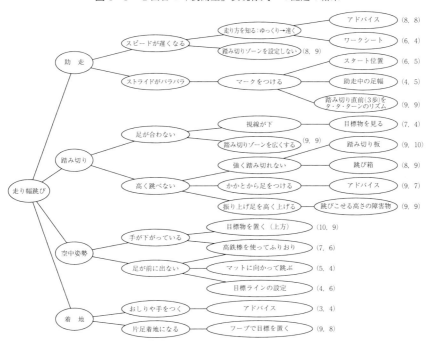

いての記述が1個から6個へ,「空中姿勢」についての記述が3個から4個へ,「着地」についての記述が0個から2個へ,それぞれ増加していた。とりわけ「踏み切り」「着地」の対処法についての知識が増えていた。

　ここで,図4－3には認められず図4－4において認められた記述についてみてみると,「①走り方を知る:ゆっくり→速く」「②踏み切りゾーンを設定しない」「③助走中の足幅」「④踏み切り直前（3歩）をタ・タ・ターンのリズム」「⑤踏み切りゾーンを広くする」「⑥跳び箱」「⑦かかとから足をつける」「⑧振り上げ足を高く上げる」「⑨跳びこせる高さの障害物」「⑩足が前に出ない」「⑪おしりや手をつく」が挙げられる。この中で,①,④,⑦については,『学校体育事典（走り幅跳び）』（大修館書店,1995年）の「技術のポイント」（368頁）の項で記述されている「助走」,「踏み切り準備」,「踏み切り」から,⑥,⑨については同書の「スムーズな踏み切り,力強い踏み切りを引き出す場づくり」（369頁）から,それぞれ情報を得たことが認められ,同様に,②,⑤については『陸上競技指導ハンドブック』（大修館書店,1980年）の「踏切りで足を合わせる練習」（167頁）の記述から,③については同書の「助走のストライド」（158頁），⑧については同書の「踏切の指導」（168頁），⑩については同書の「バネの生かし方」（165頁），⑪については同書「着地」（166頁）の記述より，それぞれ情報を得たことが認められた。

　しかしながら,「アドバイス」「ワークシート」「高鉄棒を使ってふりおり」「マットに向かって跳ぶ」「目標ラインの設定」「フープで目標を置く」については,今回提示した資料には記載されていない知識であった。これらの知識の獲得については,'他の書物から独自に得た''同僚から教授された''既知の知識をもとに独自で考えた'等によるものと考えられた。ここで,「アドバイス」についての記述が3カ所で認められたことは,E教師が技術的なフィードバックの重要性を理解したものと考えられた。

　また,E教師は,「踏み切り直前3歩をタ・タ・ターンのリズム（9, 9）」「踏み切り板（9, 10）」「跳びこせる高さの障害物（9, 9）」「目標物を置く（上方）（10, 9）」「フープで目標を置く（9, 8）」に高い利得をつけていた。これらのことよ

り，この段階でE教師は走り幅跳びの運動経過に即した学習過程を基盤に，その技能特性を'リズミカルな踏み切りにより踏み切り時の速度を跳躍高に変換させ，跳躍距離を伸ばす'ととらえるように変容したものと解せられた。

最後に，図4-5は，3回目の「展開型」の表現様式への記述の結果を示したものである。図4-4と比して，最初の枝点において，「着地・空中動作」「踏み切り」「助走」といった，走り幅跳びの運動経過に逆行した運動局面からつまずきをとらえている変容が認められた。また，「着地」と「空中動作」を分けて記述されていたのが，今回は「着地・空中動作」と一連の動作としてとらえている様子が認められた。これらの点については2回目の介入において提示した最適プログラムによるものと考えられた。あわせて，教師の「示範」「はさみ跳び，反り跳び」「ねらい幅跳び」「横木幅跳び」「短距離走（30〜50m）のタイム計測」「踏み切り板からの逆走」の記述が新たに加わっている。これらの知識も提示されたプログラムにより，得られたものと考えられた。この結果，つまずきに対する手だて（対処法）に関する記述の個数が前回の18個から23個へと増加していた。その内容をみてみると，「踏み切り」を起因とするものへの対処法の記述数が6個から10個へ，「着地・空中動作」についての記述が6個（前回の「空中姿勢」4個と「着地」2個を足した数）から8個へ，それぞれ増加していた。しかしながら「助走」についての記述は5個から4個へと減少していた。そこで記述内容をみてみると，「踏み切り直前（3歩）をタ・タ・ターンのリズム」が「踏み切り」の範疇に移動していた。また，「ワークシート」「踏み切りゾーンを設定しない」「助走中の足幅」の記述に変わり，「短距離走（30〜50m）のタイム計測」「踏み切り板からの逆走」「ねらい幅跳び」といった新しい対処法が加わっていた。

次いで，利得の高い手だてについてみてみると，「ねらい幅跳び（9, 8）」「踏み切りゾーンを広く（9, 9）」「マークを置く（9, 10）」「横木幅跳び（10, 10）」「マークを置く（10, 10）」に高い利得をつけていた。これらより，この段階でE教師は，走り幅跳びの学習過程を組織化するに際して，運動経過と逆行する道筋を基盤として，その技能特性を'自分に合った助走スピードを活かして，

図4-5 3回目の「展開型」表現様式への記述の結果

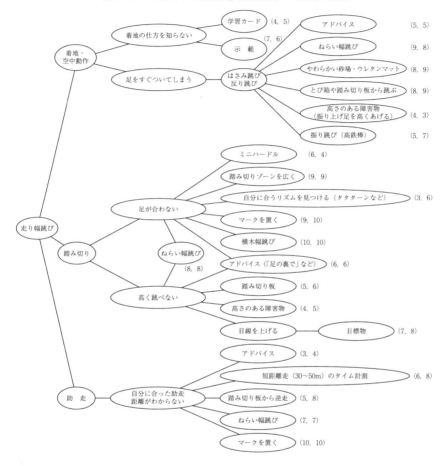

跳躍距離を伸ばす’ととらえるように変容したものと解せられた。

　以上のことから，E教師は，介入前に比して介入後では，走り幅跳び教材における「運動の構造的（技術的）知識」と「児童のつまずきの類型とその手だてに関する知識」が豊富に有したものと解せられた。

（2）教授技術の観点からみた教授戦略の変容
1）介入・授業前の単元学習（マット運動）の様相

　E教師の介入・授業前の単元学習は，「マット運動」であった。E教師は，子どもたちに前転，後転，開脚前転，開脚後転，とび前転，伸膝後転，側転，ロンダート，前方倒立回転，三点倒立，倒立の計11の技を提示し，'今できる技のできばえを高めたり，連続して回ったり，組み合わせて回ったりすることに挑戦する活動（ねらい①の活動）'と'少し頑張ればできそうな技を獲得することに挑戦する活動（ねらい②の活動）'を柱とした授業展開をされていた。すなわち「課題選択型（めあて学習）」を実践されていた。これより，表4-4において「課題選択型（めあて学習）」を重視する性向にあったことと対応する結果であった。

　E教師は，前述のねらい①，ねらい②の活動に際して，多種・多様な場づくりを施していた。具体的には，課題（めあて）の円滑な解決を図るべく，マットを複数枚つなげたり，とび前転に挑戦する子どもが対空時間を確保するために跳び箱を設置したり，後転系の技（後転，開脚後転，伸膝後転）に挑戦する子どもの回転スピードを高めるために，マットの下に踏み切り板を挿入し傾斜を確保したり，壁倒立に挑戦する子どもが体育館の壁面を使用する際に壁面の下にマットを敷いておいたり，前方倒立回転に挑戦する子どもが背中から落ちたときの痛みを解消するためにウレタンマットを設置したりといった活動の場の工夫が認められた。こうした場づくりの工夫（用具の工夫）により，子どもの連続技や組み合わせ技への挑戦，新技獲得への挑戦，心理的な不安の解消を図っていたのである。しかしながら，こうした活動の場は，単元期間中まったく変化がなく，固定化されていた[(4)]。これには，E教師が「課題選択型（めあて学習）」による指導法を用いていたためと考えられる。

　表4-5は，介入・授業前の単元学習（マット運動）における課題形成・把握場面と課題解決場面の逐語記録を示したものである。どちらも2時間目の授業場面より抜粋している。

　これより，E教師はシグナリング戦略の単発での発揮により，授業を展開し

表4-5 介入・授業前の単元学習における課題形成・把握場面と課題解決場面の逐語記録

	課題形成・把握場面（2時間目）		課題解決場面（2時間目）
T1	今日はこれからそれぞれの場所ごとに分かれて，自分が選んだ技に挑戦してもらいます。活動するときは，さきほど配ったプリントを見てやってもらってかまいません。では，後ろの場を見てください。	T10	〈倒立前転をしようとしている子に〉○○さん，倒立ができていないから，あそこ（場所を指して）で壁倒立の練習をしておいで。
T2	あちらから1つ，2つ，3つの場所は前転系の技。前転系の技の練習の場とします。一番奥のところは何も用具を置いていない場です。あそこは何もないところなので普通に練習できます。次の2番目の跳び箱が置いてあるところは，跳び前転。跳び前転の練習の場とします。跳び箱を越えて前転してください。3つ目のところは，伸膝前転とか開脚前転の時に少しやりやすいように坂になっています。	T11	〈倒立前転をしている子に〉倒立がしっかりできてない，足が止まってないよ。まず，倒立の練習をしてもいいと思うよ。それで，回るときは，素早くお腹，おへそを見る。
		T12	〈別の児童の試技に対して〉おおすごいやん。いいよいいよ。
T3	はい，次，黄色ともう一つある2つの場は，後転の場とします。黄色のところは普通にどんな技やってもらってもかまいません。もう一つのところ，青と赤のところは坂をつけましたので，伸膝後転や開脚後転がやりやすい場だと思います。	T13	〈前方倒立回転をしている子に〉○○さん惜しいな。あと倒立になってから背中を反れ。そして，こうやって（元範をしながら）背中を反るのと手を突き放す。
			（児童回る）
T4	もうひとつ，二つのマットをつなげて長くなっているところは，側転とかロンダートとか，あとは倒立前転とか，前方倒立回転とかの練習の場とします。ただし，できる人だけにしましょう。特に前方倒立回転とかは。	T14	OK，OK。それでいいよ。
			〈学習の進め方を理解していない児童がやってくる〉
		P15	先生，ここに（学習カードを指して）何書くの？
P5	何それ？	T16	自分が今日，「この技やったらできるかなあ」と思うやつを書く。
T6	少し難しいので自信がある人だけがやってください。それで，一番向こう側。ウレタンマットがあります。あれはなんで置いてあるかというと……。	P17	今できひんやつ？
		T18	そうそう。
P7	背中を打つから。		〈坂になっている場で後転をしている子に〉
T8	そうです。背中を打つと痛いですよね。ウレタンマットの場なら痛みもそれほどないですので，どんどんあそこの場で挑戦してもらってもかまいません。もう一つ，壁際にあるあそこのところは倒立の練習の場です。倒立をする人はあそこに行って練習してください。	T19	ちょっと手がこうなってるやん（手が離れている様子を示す）。もうちょっと，手をちかづけなあかん。
			〈ロンダートをしている子が〉
		P20	先生，ロンダートができてるか見てて。
			〈試技の後で〉
		T21	最後のところを両手でピッと立てればもっといいな。
T9	それでは，準備運動をこれからみんなで一斉にしますので，それが終わったら，それぞれ分かれて練習を始めてもらいます。はい，ではちょっと広がってやりましょう。		〈開脚前転をしている子に〉
		T22	膝が曲がってるね。膝がまっすぐになるともっといいよ。

ていたことが認められた。すなわち，T1，T2，T6，T8より，子どもの課題（めあて）の自立解決を促進させるために，プリント（資料）に書かれた情報や挑戦する技に応じた効果的な場の活用情報を知らせていた。また，T3，T4，T6より，効率的・効果的な練習活動ができるように用具の工夫がなされている点については上記と同様であるが，その上で特定の種目については子どもの安全面を考慮して活動場所を限定し，子どもの活動範囲を制限している意図が認められた。

しかしながら，課題形成・把握場面において，E教師は，インセンティブ戦略を発揮している様子は認められなかった。したがって，T8からは，前方倒立回転に挑戦する子どもが，背中から落ちたときの痛みを解消するためにウレタンマットを設置しているといった場づくり（工夫）の意図を述べていたが，他の場については場づくりのねらいや意図が，子どもに明確に伝えられている様子は認められなかった。あわせて，前述したように，E教師は，各技の資料（動きの分解図とポイントが明記されたもの）を用意していたが，その具体的な活用の仕方についての詳細な説明についてもなされていなかった。このため，P6より，E教師が提示した「前方倒立回転」の技に対するイメージを持ち得ていない子どもが存在していたことがうかがえる。

こうした，E教師の課題形成・把握場面における教授戦略の発揮の実態は，他の時間（5時間目，8時間目）においても認められた。これらより，課題形成・把握場面において，E教師は，子ども一人ひとりの課題（めあて）の明確化と意味理解が十分に図られていなかったものと推察された。

次に，課題解決場面における逐語記録をみてみると，E教師は，多様にコミットメント戦略を発揮していた様相が認められた。すなわち，「課題解決の観点の明示」を基軸に，T13，T19，T21，T22より，矯正的（技能的）フィードバックによって課題解決のポイントを明確にしたり，T12，T14より，肯定的フィードバックを行ったり，T10，T11より，めあてや練習方法を確かめさせたり，T16より，子どもの相談に応じて課題解決の方向性を持たせたりと多様に行っていた。また，T11，T19より，子どもの手足の様子を的確に伝えると

いったモニタリング戦略の発揮も認められた。

　これより，E教師は，モニタリング戦略とコミットメント戦略により，子どもの課題（めあて）の自立解決を図ろうとしているものと考えられた。一方，P15-T18より，E教師が，学習カードの使い方の確認といった，学習の進め方を理解していない子どもに対応している場面が認められた。他にもこうしためあてや練習方法が理解できていない子どもへの対応場面が確認された。この点については，課題形成・把握場面において，インセンティブ戦略が発揮されなかったことによる課題（めあて）の明確化と意味理解が図られていなかったことが影響しているものと推察される。

　他方，子どもは，自分が挑戦する技を決めることにより，活動の場が決まることから，選んだ技別あるいは場別のグループ毎の小集団で活動していた。E教師は，子どもたちに対して，互いにアドバイスをし合うことを促していたが，日によって小集団のメンバーが異なることや，課題（めあて）が異なる場合が多くなることから，積極的にアドバイスをしている子どもも一部には認められたが，総じて，子ども同士の関わりは，それぞれの課題（めあて）解決に向けて機能していなかった。

　以上より，E教師は，「課題選択型（めあて学習）」の指導法を用いて，課題形成・把握場面においてはシグナリング戦略を，課題解決場面においてはモニタリング戦略とコミットメント戦略を，それぞれ発揮していたことが認められた。しかしながら，課題解決場面において，課題（めあて）や練習方法が理解できていない子どもへの対応場面が確認された。この点については，課題形成・把握場面において，インセンティブ戦略が発揮されなかったことによる課題（めあて）の明確化と意味理解が図られていなかったことが影響しているものと推察された。

2）介入・授業後の単元学習（走り幅跳び）の様相

　E教師の介入・授業後の単元学習は，「走り幅跳び」であった。E教師は，「課題解決型」の指導法を用い，「上手い着地をしよう」－「踏み切り手前の走り方を工夫しよう」－「助走地点を見つけよう」といった走り幅跳び運動の運

表4-6 介入・授業後の単元学習における課題形成・把握場面と課題解決場面の逐語記録

	課題形成・把握場面（2時間目）		課題解決場面（2時間目）
T1	（児童が準備運動をかねて跳躍している。その後，集合をさせる）今の様子を見ててね，素晴らしい跳び方がありましたから見てもらいたいと思います。○○さん，○○さん。あっち行って。みんな着地のとこよく見といてや。はい，いいよ。（児童順に跳躍を行う）	T12	〈児童が試技する〉いいよ，手は前に出てる。足をもっと前に出そう。（児童回る）
T2	はい，ありがとう。今の様子を見て何か気づいたことない？	T13	OK，OK。そうそうそう。〈別の児童の試技に対して〉
P3	足を横にしてる。	T14	○○さん，今のでいいよ。〈別の児童の試技に対して〉
T4	足を横にしてる。	T15	今のいいやん。足が前に出てるしいいわ。〈別の児童の試技に対して〉
P5	足を伸ばしてる。	T16	○○さん，今の足よく伸びてる。はさみ跳びかそり跳びか，意識はどっちや？
T6	足を伸ばしてる。はいはい。	P17	そり跳び。
P7	着地のときに足を前に出してる。	T18	そりか。今のでいいよ。もう一回跳んでごらん。〈児童が試技する〉
T8	実を言うと，着地の時に足を前に出すのがポイントです。○○さんは，おしりつかはったな。あれ最高。なぜかというと，足を前に出したら，前に出さずに跳ぶより（身振り手振りを入れて），前にやるだけでこれだけの差が出てくる。最低，靴の分位の長さは伸びるよ。	T19	今のこう（着地の時にお腹が反った状態）なってた。最後手足を前に出して。〈児童が試技する〉
P9	記録はおしりがついたとこにならないの？	T20	OK，いいね。最後に手を後ろからもってくる。〈別の児童の試技に対して〉
T10	確かにおしりがついたとこやけど，でも大分前にいってるからな。○○さん，足を前に出したあとに素早く足を曲げはったやろ。伸ばしたままやったらおしりがついてしまうから。だから，これだけの分前に行く。最後は足を曲げる。この跳び方をやるだけで全然記録が変わってきます。	T21	足を前に出してるのいいよ。でも，もう少し足を前に出してみよう。〈全体に〉
T11	ポイントが2つあります。「そり跳び」と「はさみ跳び」があります。（動きの分解図が描かれた絵を見せながら）どちらも練習してもらいます。「そり跳び」「はさみ跳び」とも，おへそを出します。助走していって跳んだ瞬間にお腹を出す。おへそを出して，手をこう後ろから回す。ここをそる。そってそのままこうやる（示範を示しながら）。これがそり跳び。つぎははさみ跳び。おへそを出すのやけどその時に空中で走ってください。空中でこんな感じ（示範を示す），ここではさむやろ。空中ではさんでおります。どちらにしてもポイントはおへそや。どちらでもいいですのでこの紙を置いておきます。これを見たり友達の様子を見たりしながら跳び方の練習してください。	T22	そり跳びの人は，空中ではおへそを出して。〈別の児童の試技に対して〉
		T23	○○さん。こうなってこうなってる（手の動きを示す）。手は上から回す感じで。わかるか？バタフライってわかるか？そう，そんな感じ。それでやってみ。〈片足着地の子に〉
		T24	両足や両足。○○さん両足で着地して。〈別の児童の試技に対して〉
		T25	足を曲げてごらん。足を。

動経過に逆行した展開をされていた。こうした，プログラム構成は，3度目の「展開型」様式の記述からも看取でき，2度目の介入（走り幅跳び運動の最適プログラムの提示）が影響しているものと考えられた。

表4-6は，介入・授業後の単元学習（走り幅跳び）における課題形成・把握場面と課題解決場面の逐語記録を示したものである。2時間目'上手い着地をしよう'の場面のものである。

まず，課題形成・把握場面において，E教師は，スクリーニング戦略とインセンティブ戦略ならびにシグナリング戦略を発揮していたことが認められた。すなわち，T1より，子どもに演示を行わせ（シグナリング戦略），T2より，子どもから上手い着地をするための技術的ポイントを引き出し（スクリーニング戦略），「足を横にしてる（T4）」「足を伸ばしてる（T6）」を確認し（シグナリング戦略），さらに，T8，T10で課題（めあて）の明確化を図っていた（インセンティブ戦略）。これにより，教師の指導性を発揮していたことが認められた。その上で，T11より「反り跳び」か「はさみ跳び」かの選択を認めていた（シグナリング戦略）。もっと言うならば，T11では，「反り跳び」と「はさみ跳び」の動きの分解図を用意したりして目標とする動きの明確化を図ろうとしている様子がうかがえた。これより，E教師は，上記3つの戦略を発揮すること，とりわけインセンティブ戦略を適宜取り入れながら教師の指導性を発揮していたことが認められた。

これらのことから，課題形成・把握場面において，E教師の教授戦略の発揮により，子どもは，介入前の単元学習に比して，課題（めあて）の意味理解と明確化が図られていたものと推察された。

次に課題解決場面をみてみると，E教師は，T19，T23より，介入前の単元学習と同様，適宜，モニタリング戦略を発揮し，子どもの動きを的確に伝えている様子が認められた。さらに，E教師は，コミットメント戦略をコンビネーションで発揮していたことが認められた。すなわち，T12，T15，T20，T21より，子どもに肯定的フィードバックを行った上で矯正的フィードバックを続けていたのである。こうした，戦略手法（時系列的な組み合わせ）は，介入前の

単元学習では認められないものであった。他にも，T16-T18より，「今の足よく伸びてる」と肯定的フィードバックを行ってから「意識はどっちゃ」と発問による子どもの考えを探っている様相も認められた。梅野ら（1997）によると，「肯定的フィードバック」と「矯正的フィードバック」は態度得点の「よろこび」尺度を，「肯定的フィードバック」と「発問」は態度得点の「価値」尺度を高める働きのあることを報告している（以後，こうした時系列的な教授戦略の組み合わせは「順列戦略」と称し，「→」を用いて〈肯定的フィードバック→矯正的フィードバック〉及び〈肯定的フィードバック→発問〉と記す）。

これらの結果より，E教師のモニタリング戦略ならびにコミットメント戦略は，介入前と介入後のそれを比較したとき，介入・授業後の単元学習においての方が質的に変容していたことが明らかになった。

他にも，介入・授業前の単元学習では，学習の場にさまざまな工夫は認められたものの，それらが単元を通して固定されていたのに対し，介入・授業後の単元学習の走り幅跳びの場合では，E教師は「踏み切り板や跳び箱を使った跳躍動作の習得（2時間目）」－「横木幅跳びによる踏切動作の習得（5時間目）」－「ねらい幅跳びによる走り幅跳び運動の習得（8時間目）」をそれぞれ用いており，課題（めあて）の発展によって練習の場が変化していく様相が，授業のVTRならびに逐語記録より認められた。すなわち，E教師は介入・授業前の単元学習のマット運動においては，ロック・イン戦略を発揮していたものの，それらは「場づくりにおける用具の工夫」にとどまっていたのに対し，介入・授業後の単元学習の走り幅跳びにおいては，その日の学習目標に対応した「練習活動の工夫と設定」によるロック・イン戦略を発揮することができるようになったことが明らかになった。

あわせて，E教師は，毎時間，課題解決場面において「観察学習」を設定し，課題（めあて）の自立解決につながる動きのポイントを明示していた。これは，シグナリング戦略の発揮によるものと解せられた。

以上のことから，E教師は，介入前の単元学習に比して戦略の内実が変容していたことが明らかになった。すなわち，課題形成・把握場面では，スクリー

表4-7 介入・授業前の単元学習と介入・授業後の単元学習の態度得点の結果 (N =34)

	項 目 名	介入前 平均値	介入前 標準偏差	介入後 平均値	介入後 標準偏差	t 値
1	こころよい興奮	0.62	0.604	0.44	0.746	−1.07
2	心身の緊張をほぐす	0.50	0.615	0.47	0.748	−0.18
3	生活のうるおい	0.85	0.436	0.71	0.524	−1.26
4	苦しみより喜び	0.65	0.646	0.79	0.479	1.07
5	集団活動の楽しみ	0.76	0.496	0.74	0.511	−0.24
6	友だちを作る場	0.38	0.652	0.44	0.660	0.37
7	積極的活動意欲	0.38	0.697	0.59	0.657	1.25
8	自主的思考と活動	0.32	0.638	0.44	0.705	0.72
9	体育科目の価値	0.29	0.719	0.47	0.662	1.05
10	授業時間数	0.47	0.748	0.47	0.788	0.01
	「よろこび」態度スコア	5.24	3.838	5.56	4.900	0.30
11	キビキビした動き	0.47	0.662	0.53	0.662	0.37
12	体力づくり	0.74	0.567	0.68	0.589	−0.42
13	明朗活発な性格	0.18	0.673	0.62	0.493	3.08**
14	精神力の養成	0.50	0.663	0.47	0.615	−0.19
15	堂々がんばる習慣	0.59	0.557	0.53	0.615	−0.41
16	協力の習慣	0.47	0.662	0.56	0.561	0.59
17	基本的理論の学習	0.32	0.727	0.53	0.615	1.26
18	深い感動	0.53	0.563	0.79	0.410	2.21*
19	授業のまとまり	0.56	0.613	0.62	0.604	0.40
20	授業の印象	0.38	0.739	0.53	0.706	0.84
	「評価」態度スコア	4.79	3.217	5.85	3.751	1.25
21	チームワーク発展	0.74	0.511	0.47	0.748	−1.70
22	みんなの活動	0.62	0.604	0.50	0.707	−0.74
23	みんなのよろこび	0.18	0.576	0.41	0.701	1.51
24	利己主義の抑制	0.24	0.554	0.26	0.710	0.19
25	永続的な仲間	0.82	0.459	0.65	0.597	−1.37
26	主体的人間の形成	0.24	0.654	0.26	0.710	0.18
27	理論と実践の統一	0.47	0.563	0.56	0.613	0.62
28	授業のねらい	0.44	0.705	0.79	0.479	2.42*
29	教師の存在価値	0.06	0.649	0.09	0.793	0.17
30	体育科目の必要性	0.74	0.511	0.68	0.638	−0.42
	「価値」態度スコア	4.53	3.107	4.68	4.021	0.17

注：＊＊ p< .01　＊ p< .05

表4-8 単元前後の跳躍距離の変化 (N=34)

単元前	単元終盤	差
239.5 [1] (65.63)	257.5 (64.79)	18.0 [2] (t=2.23)

注：(1)（ ）内は標準偏差。
　　(2) p<.05

ニング戦略とインセンティブ戦略ならびにシグナリング戦略の発揮により，子どもの課題（めあて）の明確化と意味理解を図っていたことが，課題解決場面では，子ども一人ひとりに対してモニタリング戦略やコミットメント戦略を時系列的に組み合わせて，すなわち〈肯定的フィードバック→矯正的フィードバック〉及び〈肯定的フィードバック→発問〉といった順列戦略の発揮により，さらに，課題（めあて）の解決に向けた矯正的（技術的）フィードバック，練習活動の工夫（ロック・イン戦略）や観察学習の設定（シグナリング戦略）により，子どもの課題（めあて）の自立解決を図っていた様子が，それぞれ認められた。

（3）学習成果の測定結果

　表4-7は，介入・授業前の単元学習と介入・授業後の単元学習における態度得点の各項目点を示したものである。項目毎に介入前と介入後の数値を比較したところ，「13.明朗活発な性格」「18.深い感動」「28.授業のねらい」の3つの項目において有意差が認められ，いずれの項目も介入後の単元の数値が，介入・授業前の単元学習のそれよりも高いことが認められた。

　次に，表4-8は，介入・授業後の単元学習の「走り幅跳び」教材における単元前後の跳躍距離の平均値とその変化を示したものである。これより，単元前後で，跳躍距離が有意に向上する結果（p<.05）であった。

　図4-6は，単元経過に伴う助走スピード-跳躍距離の関係の結果を示したものである。これより，単元前から単元序盤にかけて回帰係数が高くなっているが，単元中盤から単元終盤にかけて回帰係数が低くなっていた。単元終盤で全体的に助走スピードが速くなっているにもかかわらず，跳躍距離が変化しておらず，助走スピードの向上が跳躍距離の増大に活かしきれていないものと考え

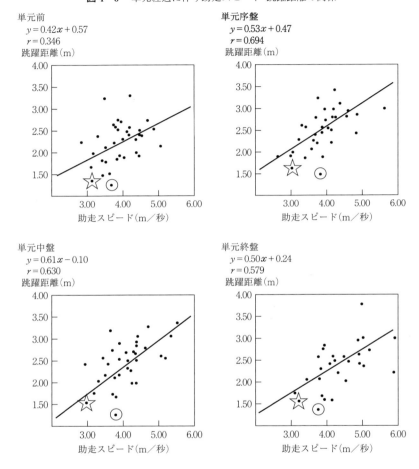

図4-6 単元経過に伴う助走スピード-跳躍距離の関係

られた。とりわけ、○印や☆印で示した低位な子どもほど、技能が伸びていないことが明らかになった。これより、全体的に単元経過に伴う助走スピード-跳躍距離の技能の向上が図られたとは言いがたい結果であった[5]。

　以上のことから、走り幅跳びの跳躍距離の平均値は、単元前後で有意に上昇していたことが認められたものの、総じて、介入・授業の学習成果（態度得点と技能）は、十分に高まったとはいえない結果であった。

3 教師の戦略的思考を高めるためには

　これまでみてきたように，介入・授業前の単元学習と介入・授業後の単元学習において，E教師が発揮した「戦略的思考」には変容が認められた。

　課題形成・把握場面では，E教師は，介入・授業前の単元学習において，シグナリング戦略を単発で発揮して臨んでいた。これに対して，介入・授業後の単元学習では，〈スクリーニング–シグナリング–インセンティブ〉というように3つの戦略の連続使用による戦略の多様性が認められた。前者は，子どもの活動の自由性（自分で技を選ぶ）を認めながらも，あらかじめ制限区域（技によっては活動場所と範囲を制限する）を設けており，子どもの主体性を，教師の権威によって保とうとしていたことが，後者は，子どもの活動の自由性を認めながらも，大事なところで収束させる，すなわち，子どもの主体性と教師の指導性のマッチングを図ろうとしていたことが，それぞれうかがえた。

　次に，課題解決場面では，E教師は，介入・授業前，介入・授業後の単元学習ともに，モニタリング戦略とコミットメント戦略を発揮していたことが認められた。しかしながら，介入・授業前の単元学習における，E教師のコミットメント戦略は，「課題解決の観点の明示」を基軸に多様に発揮されていたけれどもそれらは単発的なものであった。これに対して，介入・授業後の単元学習におけるそれは，〈肯定的フィードバック→矯正的フィードバック〉ならびに〈肯定的フィードバック→発問〉というように順列戦略で展開されていた。これより，前者は'即時的・即興的'に発揮されており，後者は'意図的・計画的'に発揮されていたものと考えられる。

　これらの結果より，E教師は，介入により授業展開を戦略的に思考してきたことをうかがわせるものである。では，なぜ介入・授業前と介入・授業後の単元学習で，E教師の教授戦略が前述のように変容したのであろうか。これには，本研究で行った介入によるものと考えられる。すなわち，一次情報（運動の構造的〔技術的〕知識の提示）の介入によるものか，二次情報（走り幅跳びの最適プ

ログラムの提示）の介入によるものか，あるいはこれら2つの介入が連動しているのかのいずれかであろう。

　この問いを解く鍵は，コミットメント戦略が順列戦略として，「意図的・計画的」に発揮できるようになってきたことにある。すなわち，コミットメント戦略の変容には，それに付随してモニタリング戦略も高まっているものと推察される。では，モニタリング戦略はどのようにして高まるのか。

　梅野ら（1997）は，態度得点の上位群教師と下位群の教師の間に巡視行動の相違が認められ，態度得点を高めるためには「質的な巡視」が重要であることを，その上で，こうした巡視行動の相違には，専門的知識や教材解釈力，運動を見る目などの教師の先有的条件が影響していることを，それぞれ指摘している。梅野らの研究でいう「質的な巡視」とは，本書における教授戦略の立場からみたとき，モニタリング戦略に相当するものであり，それに専門的知識や教材解釈力が影響を与えるとするならば，本研究における運動の構造的（技術的）知識の介入が，E教師のモニタリング戦略を高めたものと解せられよう。E教師が運動の構造的（技術的）知識を豊富に持ち得たことは，「展開型」の表現様式の記述の変容から明らかである。

　しかしながら，前述してきたように，E教師の教授戦略は，介入・授業前と介入・授業後の単元学習で変容が認められたけれども，学習成果（態度得点と技能）についてみてみると，走り幅跳び（介入・授業後の単元学習）の単元前後の跳躍距離の平均値は向上していたものの（表4-8），介入・授業前の単元学習と介入・授業後の単元学習の態度得点の結果（表4-7）や「単元経過に伴う助走スピード-跳躍距離」の結果（図4-6）より，子どもにとって十分な学習成果が得られたとは言いがたい結果であった。なぜ，十分な学習成果を得ることができなかったのであろうか。この点について若干の考察を試みる。

　表4-9は，E教師が記したジャーナル（授業日誌）の内容を吟味し，記述内容を「児童の課題解決への手応え」「児童の技術的つまずきへの反省」「自らの指導に対する反省と戸惑い」「学習指導法に対する手応え」の4つの観点を軸に，単元序盤（1・2・3時間目），単元中盤（4・5・6時間目），単元終盤

（7・8・9時間目）に分類したものである。これらジャーナルの記述を考察の手がかりとして論を進めていくこととする。

　まず，態度得点の項目点の向上について検討する。表4-7より，態度得点の項目点が上昇したのは，「13. 明朗活発な性格」「18. 深い感動」「28. 授業のねらい」であった。E教師は，介入前のマット運動の単元では，「課題選択型（めあて学習）」により授業を展開していたが，介入後の走り幅跳びの単元では，「課題解決型」の指導法を用いていた。介入前の単元では，E教師が授業を展開していく上で，多様な子どもたちのめあてに対する対応への戸惑いや困難性が見て取れた。とりわけ，課題形成・把握場面において，インセンティブ戦略を基盤とした教師の指導性が発揮されておらず，子ども一人ひとりが課題（めあて）を明確にしていない様子が認められた。この結果，課題解決場面における指導を困難なものにしたものと考えられる。

　これに対して，介入後の単元では，課題形成・把握場面において，〈スクリーニング-インセンティブ-シグナリング〉戦略が多様に発揮され，課題（めあて）の意味理解と明確化が図られている様子が認められた。また，課題解決場面では，モニタリング戦略と〈肯定的フィードバック→矯正的フィードバック〉及び〈肯定的フィードバック→発問〉を駆使したコミットメント戦略の時系列的組み合わせにより，子ども一人ひとりの動きを診断し，的確な矯正的（技術的）フィードバックを行い，子どものめあての解決を促していた。これにより，子どもからすれば，マット運動の学習に比して，課題（めあて）が明確で，その解決が図られることによる〈できる-わかる〉経験を多く得られたこと，その結果，積極的な運動への取り組みが助長されたことなどから，これら3つの項目点を向上させたものと考えられる。とりわけ，「28. 授業のねらい」の向上は，〈肯定的フィードバック→発問〉は態度得点の「価値」尺度を高める働きがあるとする先行研究（梅野ら 1997）の結果と合致するものであった。

　次に，「走り幅跳び運動」技術の習得が十分に図れなかったことについて考える。

　介入・授業後の単元学習（走り幅跳び）におけるE教師の指導内容は，「着地

表4-9　ジャーナルによる記述例

	単元序盤	単元中盤	単元終盤
児童の課題解決への手応え	・反り跳びとはさみ跳びの方法を教えた後に練習を行ったが，本当に子どもたちの動き（様子）が変わっていった。特に，お尻から着地をした子どもを認めたことで足を前方に伸ばすことを同じように行った子がいた。ほぼすべての子どもが記録を伸ばしているはずなので次時が楽しみである。その一方で，空中動作でおへそを出すような動きや，腕の使い方がまだ不十分なので意識づけていきたい。（2時間目） ・反り跳びを取り上げたので反り跳びをする子どもが増えた。教師のもっていき方（展開の仕方）で子どもの様子が変わると改めて感じた。前回できなかった観点をもたせてから観察することで，どのポイントを見ればいいのかがわかるようになり，動きも変わっていった。この方法は今後も続けていく。（3時間目）	・踏み切り直前のリズムをつかませる言葉かけは有効だった。タ・タ・ターンといった言葉かけをすると踏み切りの様子が変わった子がいた。（中略）リズムや音といった感覚が大切なんだと感じられた。（6時間目）	
児童の技術的つまずきへの反省		・（横木幅跳びの練習で）フープ（横木の代わりにフープを使用している）が動いてしまい，足を合わせられない。最後の歩幅を狭くしすぎたために跳びにくそうにしている様子などが見られた。また，フープを意識しすぎて，跳べなくなっている子どももいた。学習の前に，なぜこのような学習をするのかという説明はしたが，場が学習には有効ではなかったため，子どもも私自身も少し違和感をもって終わってしまった。次時で変えていきたい。学習の場として，フープではなく横木の方がよかったのかもしれない。動かないし，ある程度自由度があるので。フープも足を合わせるにはいいのだが……。他の方法も考えていく必要がある。（5時間目） ・本時では，前時よりもスピードを生かして踏み切りができるように，横木幅跳びを行ったが，子どもたちに教師の思いや考え（活動のねらいや留意事項）が十分に伝わっていなかったため，ただ与えられた活動をこなしているような状態になってしまった。なぜ，その活動をするのか，めあては何なのかを意識させてこそ学習であるので忘れずに行っていきたい。（6時間目）	・（前時にそれまでの学習で身につけた着地と空中姿勢を忘れていると感じたので）着地と空中姿勢の練習を少しするだけで，跳び方が戻ってきた。しかし，しっかりと踏み切れない（高く跳び上がれない）子が，踏み切り板がなくなった時に空中姿勢などができずにすぐに着地してしまう。結局，跳び方が学習前とあまり変わっていないように感じる。踏み切れるようにする手だてをもっていないので教師が勉強しないといけないと感じた。（7時間目）

第4章 教師の戦略的思考をいかにして高めるか

自らの指導に対する反省と戸惑い	・うまく跳べない子どももいた。踏み切り後の高さが低く，すぐに足をついてしまう。踏み切り板を使っていこうと思っているが，跳び箱を使用した方がいいのかもしれない。今後の様子を見て決める。（1時間目） ・観察学習を行ったが，子どもの示範を見るだけで終わってしまっていたので，あまり意味がなかったと感じた。よい動きを行うための観点をもって見ると，その後の練習での動きが変わってたのではないかと思う。次からは，観点をもって見ることができるようにしたい。（2時間目） ・子どもの動きとして，手を回せていない子が多かった。示範や「バタフライみたいに」といったアドバイスをしたところ改善が見られたが，手の動きまでは意識がいっていないようであった。また，気になることとして，踏み切りがうまくできていない子が何人かいた。すぐに砂に着地してしまうので空中姿勢を行えていないようである。どんな手だてが有効か考えていかなければならない。（3時間目）	・準備するのが不十分だと活動にも影響を与えてしまう。今回であれば，最後の踏み切り手前の間隔が狭くなり跳びにくそうであった。自分で考えてラインを引いたが実際の動きをあまりイメージできていなかったためだと思われる。子どもの実態に合ったものを準備していかないといけない。（6時間目） ・気になることとして，（踏み切り練習の時に）踏み切れずに走りに抜けてしまう子どもがいる。踏み切り板以外の手だてはどのようなものがあるのだろうか。（6時間目） ・踏み切りの学習をしていく中で，前時までの学習（着地，空中姿勢）を忘れている子どもがいた。（中略）新しい動きを覚えていく時は，そちらに意識がいってしまうので，前の動きを体にしっかり覚えさせることが必要である。言葉かけをして思い出させるようにしたい。（6時間目）	・助走から着地までの全体の動きであるが，常に意識をもっていないと跳べないのがわかる。何事も意識せずにできるレベルまでに繰り返して行わないとできない。だから，教師は常に意識させ続ける言葉かけが必要である。（8時間目）
学習指導法に対する手応え	・この授業の流れでは，とても子どもの動きを見ることができた。そして，アドバイスもしやすかった。見るポイントが限られる（明確になる），つまり子どもにとっては意識するポイントが限られる（明確になる）ので，そのこともいい。次からは子どもたちが互いにアドバイスができるようにしていきたい。（2時間目）		・自分の助走地点を見つけた子どもは，踏み切り線でしっかり踏み切れていた。助走地点を少しずつ変えれば，自分に合った助走地点が見つけられるようになるので子どもたちも意欲的に活動していた。これがめあてをしっかりもって活動している姿だと感じた。子どもにめあてを伝える大切さを実感できた。（7時間目） ・本当に，自分の助走地点が決まると，踏み切り線でピッタリ足が合うという子どもたちの姿に驚いた。何回跳んでも，毎回同じように踏み切っていた子がひとりいて，本当にすごいと思った。子どもの力に適した学習方法でこれほどにも変わるので，他の単元，他の教科でも生かしていきたい。（8時間目） ・子どもたちの跳び方が最初に比べて変わっているのにはとても驚いている。子どもが変化した姿を見ることができたのは正直，とてもうれしかった。こんな風に子どもを変化させるような学習を続けていきたい。（9時間目）

における跳躍距離の獲得（2時間目）」→「踏切手前一歩の歩幅調整（5時間目）」→「助走距離と助走スピードの調整（8時間目）」の順に展開されていた。この流れは，今回提示した最適プログラムに準ずるものであった。梅野ら（1991a；1991b）によると，①この指導プログラムが学習成果に直結したものと考えれば，着地における跳躍距離獲得の技術の習得によって平均助走スピードは変わらず，跳躍距離が伸びることが期待され，とりわけ，その効果は平均助走スピードの遅い子どもにおいて顕著な効果が認められていること，②続く踏み切り手前一歩の歩幅調整においては，踏み切り時のブレーキ動作が改善されることで平均助走スピードの速い子どもに効果の高いことが認められていること，③最終段階の助走距離と助走スピードの調整においては，平均助走スピードの遅い速いにかかわらず，平均助走スピードの向上により，跳躍距離が増大されることが期待されることを報告している。その上で，「平均助走スピード-跳躍距離」関係の回帰直線は，単元前から単元序盤にかけて回帰直線の切片が向上し，単元序盤から単元中盤にかけて切片はそのまま回帰係数が高くなり，単元中盤から単元後にかけて回帰直線が上へ平行移動するものと考えられると述べている。

　この説明に即して本研究のデータを検証したとき，単元序盤では向上が認められたことから，子どもたちの着地における跳躍距離の獲得は図られたものと考えられる。このことは，E教師のジャーナル（表4-9）における'児童の課題解決への手応え'の2時間目の記述からもE教師が，子どもの着地動作の習得状況に手応えを感じている様子が伺える。同様に，3時間目の記述からも観察学習の効果を実感している様子が読み取れる。中には，'自らの指導に対する反省と戸惑い'の2時間目や3時間目で記されているような懸案事項も挙げられるが，単元序盤の学習は概ね円滑に進められていたものと解せられた。

　そこで，単元中盤以降での技能の向上が認められなかったことから，この段階での学習に何らかの停滞要因があるものと考えられた。これより，5時間目の授業VTRを再度確認したところ，ロック・イン戦略（練習活動の工夫）の内容が希薄であるものと考えられた。すなわち，「横木幅跳び」による踏切動作

第4章 教師の戦略的思考をいかにして高めるか

表4-10 練習活動（横木幅跳び）における逐語記録

	ねらい：踏み切り前の走り方を工夫しよう（5時間目）
T1	ちょっと越えてしまう人はお隣行きや。 （別の子どもの試技に対して）
T2	○○さん，良くなった良くなった。最後タ・ターン，もうちょっと最後もっと短く。 （別の子どもの試技に対して）
T3	○○さんオッケイ。今のでいいから。 （別の子どもの試技に対して）
T4	あれ，○○さん，タ・ターンになってない，ただ歩いているだけやで。 （別の子どもの試技に対して）
T5	もう一回やってみ。○○さん，もう一回やってみ。 （別の子どもの試技に対して）
T6	そう。それで○○さん，上に上がる（高く跳ぶ）。 （別の子どもの試技に対して）
T7	最後タ・ターンやで。 （別の子どもの試技に対して）
T8	もう一回。○○さんもう一回。 （別の子どもの試技に対して）
T9	最後，（踏み切りで）上に上がらなあかん，○○さん。 （別の子どもの試技に対して）
T10	○○さん，普通にトン・トン・トン・ト〜ンになってるで。最後の二歩をしっかりと。

　の習得場面において問題点が発見された。E教師は，「横木幅跳び」のねらいや注意点の説明を行っていたが，子どもは「短助走」で取り組んでいたのである。第二次の介入時，E教師に提示した最適プログラムには，「横木幅跳び」が中助走で取り組むことが記されていた。E教師がこの点を理解していなかったのか，忘れてしまっていたのかは定かではない。いずれにせよ，短助走で取り組んでいた子どもが，踏切動作の習得を図れなかったものと思われる。

　表4-10は，このときの逐語記録を示したものである。これより，E教師は，T2の発言より，踏み切り手前最後の一歩の走り方を指示している様子が認められた。しかしながら，T6，T9より，踏切時の速度を跳躍高に変換させようとする発言が認められた。さらにT4，T10より，子どもたちが踏み切り手前の歩幅調整を意識化していないまま試技を行っている様相や，T5，T7，T8より，子どもたちの活動が課題（めあて）の解決に向かわず停滞している様相も見受けられる。

これらのことから，練習活動（横木幅跳び）時における教師の教授活動が，単調であったことが看取できる。さらに，単元終盤の助走距離と助走スピードの調整段階において，中助走から長助走へと助走距離が長くなったときに，踏切動作の習得が不十分なことによる子どもの混乱が助長され，技能の向上が認められなかったものと推察される。

　ここで，表4-9のE教師のジャーナル（授業日誌）の記述より，「児童の技術的つまずきへの反省」欄の内容をみてみると，前述の推察を裏付ける記述が認められる。すなわち，上段の記述より，横木に変わるフープの使用による子どもたちの学習活動の混乱（5時間目）や，学習のねらいの伝達不明確さからくる子どもたちの技能獲得の停滞（6時間目）を，感じていたことが認められる。E教師は，3回目の「展開型」表現様式への記述から「横木幅跳び」に最も高い利得（10，10）をつけており（図4-5），最も重要な練習活動と認識していた。しかしながら，ここでの活動に十分な成果を得ることができずに，この後の学習にも影響を与えたものと推察される。

　本書における介入により，E教師は，運動の構造的（技術的）知識と運動教材に対するつまずきの類型とその手だてに対する知識は深まったことは明らかである。しかしながら，これらの知識は机上の知識であり，実践場面において生きて活用できる知識として身体化されていなかったものと考える。すなわち，なぜ，踏み切り手前最後の一歩を狭くする方がよいのか——ブレーキ動作を小さくするためである——といった運動指導を行う上で必要な運動原理についての理解がなされていなかったものと考えられる。

　中井（1997）は，学校教育において生徒たちが「知識を身につけた状態とはどういう状態であるのか」という問いに対して，彼らが「知識を現実の状況（真正の活動の場）において使うことができたとき，もしくはできること」と押さえている。この真正の活動の場で発現（発揮）されるスキルを《わざ》と称し，テストや入試という「エセ出力の場」において発現（発揮）されるスキルとの区別化を行っている[6]。その上で，「食事作り」を例に，授業実践の中で生徒たちが，他者が示す事例を模倣しつつ（なぞりつつ），繰り返し慣れ親しむこ

とによって初めて，彼らは，自らの技能の「かたどり」方をはじめ，食事作りの《わざ》を習得していくことができるとしている。さらに，教師は食事作りの《わざ》を直接生徒たちに教えることはできない。それは生徒たち個々が自分なりに身につけるしかない身体的，暗黙的なわざ（暗黙知）であり，彼ら一人ひとりにとって差異的，多義的なものにならざるを得ないという見解を述べている。

　この中井の言を教師の立場に置き換えて考えると，教師が，自ら身につけた知識が真に子どもの学びを促進させる教授技術として'我がもの'になるには，成功体験や失敗体験といった経験を重ねることによって，培われていくものであることを示唆している。E教師は，「横木幅跳び」について，身につけた知識を教授技術として発揮させたとき，それらが《わざ》としてはなり得ていなかったものと解せられる。

　こうしたロック・イン戦略の実践的展開が単調であった結果，子どもたち，とりわけ低位な子どもの技能の向上が図られず，パフォーマンスを伸ばしていたのも高位な子どもによるものと考えられた。○印や☆印で示した低位な子どもの様子からもこれらのことがうかがえる。もっと言うならば，E教師は，こうした低位な子どもの存在に気づいていなかったものと考えられる。これより，E教師がこうした低位の子どもの存在に気づき，この子たちを高めていく授業実践が行えるようにするためには，「運動教材に対するつまずきの類型化とその対処法の知識」が高まった段階で，評価の知識に介入する，すなわち「走り幅跳び診断表」のような評価道具の開発とその活用ができるようになることが求められるのではないだろうか。いずれにせよ，これらの結果より，子どもの学習成果（技能）の向上には，ロック・イン戦略が有効に機能する必要があることが示唆されたといえよう。

　他方，E教師のジャーナル（授業日誌）（表4-9）の「自らの指導に対する反省と戸惑い」欄の内容をみてみると，自分が事前に描いていた子どものイメージと子どもの実態とが合っていないこと，目の前で気になる子どもの動き（運動）に対して的確な対処法を持ち得ていないことが随所に記述されていた。こ

れらのことから，E教師が，単元を通して授業設計段階での構想と実際の展開場面での子どもの様相との間で生じる'ズレ'に戸惑い，その対応に苦慮していたことが看取できる。このことは，いくら授業設計段階の知識を豊富に有しても，それらの知識がすべて授業展開場面に活かされるとは限らないこと，すなわち，技能や態度得点を高めるには，授業設計段階の知識とは異なる授業展開場面における知識が必要であることを示唆しているといえよう。E教師は，こうした知識を持ち得なかったことにより技能や態度を伸ばすことができなかったものと考える。このことは，技能や態度得点を高めるには，授業展開場面における知識を明らかにし，その知識に介入していく必要性があることを示唆している。

態度得点による授業評価は，子どもからすれば，目に見える教師の教授技術の総体としての授業を評価しているのである。本実践においても，E教師が身につけた知識と実際に施される教授技術との'ズレ'の重なりにより，多くの子どもが技能面での成果を感じることができなかったものと考えられ，このことが子どもの愛好的態度を高めることができず，3項目のみの向上にとどまったものと推察される。

一方，表4-4の結果より，E教師は本書を通して学力観の変容の構えが看て取れた。すなわち，介入前の記述より，E教師は「課題選択型（めあて）学習」を重視する性向にあったが，介入・授業後の単元学習終了時には，「課題解決型学習」に総じて高い数字を，次いで「心理的系統学習」に高い数字をつけていた。その一方で，「課題選択型（めあて）学習」への重みづけが最も低くなるという結果であった。なぜ，E教師の重みづけは変容したのであろうか。

ここで，E教師のジャーナル（表4-9）の「学習指導法に対する手応え」欄の記述を見てみると，E教師は，「課題解決型学習」の有効性について，単元を通して実感していた様子が看取できる。すなわち，課題（めあて）が焦点化されていることにより，子どもへのフィードバックが容易になったと感じていること（2時間目），子ども一人ひとりが課題（めあて）を明確にもち，課題（めあて）の自立解決を図る様子に感嘆していること（7時間目），こうした指導

法を他の単元や他教科においても活用していきたいと考えていることが記されていた(8時間目)。E教師は，今回の実践を通して，「課題選択型(めあて)学習」の短所や「課題解決型学習」の長所を学び，そのことが自らの学力観・指導観を編み直すこととなったのではないだろうか。これにより，E教師は，広岡(1976：45-52)のいう「態度的学力」を基盤に「能力的学力(結果学力)」を形成することを重視しようとする構えに変容したものと考える。

このようにみてくると「運動の構造的(技術的)知識」に「運動教材における予想される児童のつまずきの類型とその手だてに関する知識」が合わさることで「学力観に関わる知識」が形成される素地になり得る可能性があるものと推察される。

以上より，「見込みのある教師」の授業実践段階の知識に介入・実験すること，すなわち，「走り幅跳び運動の構造的(技術的)知識」と「走り幅跳び教材の最適なプログラム」の提示により，彼の教授戦略の発揮の実態が変容していたことが認められた。しかしながら，子どもの学習成果(技能)を高めるためにはロック・イン戦略を機能させること，学習成果(態度得点)を高めるためには授業実践段階の知識だけでなく，授業展開場面における独自の知識が必要であることが推察され，そうした知識を明らかにしそれらの知識に介入していく必要性があることが，それぞれ考えられた。

4 介入・実験授業がもたらしたもの

本章では，「見込みのある」教師，すなわち，小学校高学年担任の男性教師1名の走り幅跳びの授業を対象に，前章で導出された4つの知識のうち下位層に位置する2つの知識，すなわち「運動の構造的知識(走り幅跳び運動の技術的知識の提示)」を一次情報として，また「児童のつまずきの知識(走り幅跳びの最適なプログラムの提示)」を二次情報として，それぞれ介入(提示)し，彼の教授戦略が従前に比してどのように変化するのかを，実際の授業観察と授業分析を

通して明らかにすることを目的とした。このとき，介入・実験授業の手続きとして，被験教師には3度にわたる「展開型」の表現様式への記述を依頼し，その間に，1度目の介入（1度目の記述と2度目の記述の間）として一次情報の提示を，2度目の介入（2度目の記述と3度目の記述の間）として二次情報の提示を，それぞれ行った。

　本章で得られた結果の概要は，以下に示す通りである。

1. E教師は「走り幅跳び運動の構造的（技術的）知識」と「走り幅跳び教材の最適なプログラム」の介入（提示）により，「展開型」の表現様式の記述が顕著に変容したことが認められた。これより，本研究における介入・実験の手法は，教師の授業設計段階における知識を豊富に有させるものと解せられた。
2. 介入授業前の単元学習の観察・分析の結果，E教師は，課題形成・把握場面では，シグナリング戦略を単発的に発揮し，授業に臨んでいたことが明らかになった。また，課題解決場面では，E教師はモニタリング戦略とコミットメント戦略を発揮していたことが認められた。とりわけ，コミットメント戦略は，「課題解決の観点の明示」を基軸に多様に発揮されていたけれども，それらは単発的なものであった。
3. 介入授業後の単元学習の観察・分析の結果，E教師は，課題形成・把握場面では，課題解決場面では，〈スクリーニング-シグナリング-インセンティブ〉というように3つの戦略の連続使用による戦略の多様性が認められるようになった。課題解決場面では，E教師はモニタリング戦略とコミットメント戦略を発揮していたことが認められた。とりわけ，コミットメント戦略においては，介入前には認められなかった〈肯定的フィードバック→矯正的フィードバック〉ならびに〈肯定的フィードバック→発問〉といった時系列的な組み合わせ（順列戦略）で展開されていた。
4. 前述の3の結果の背景には，モニタリング戦略の高まりが影響してい

るものと推察された。こうしたモニタリング戦略の高まりは，本研究における運動の構造的（技術的）知識の介入によるものと解せられた。

5．前述の2～4の結果より，E教師が介入により，授業展開を戦略的に思考してきたことをうかがわせるものであった。

6．しかしながら，子どもの学習成果（態度得点と技能）についてみてみると，顕著な向上が認められなかった。これには，ロック・イン戦略（練習活動の工夫）における実践的展開が単調であったことが原因の一つとして考えられた。これより，子どもの学習成果，とりわけ，技能を高めるためには，身につけた知識を実践場面において生きて活用できる知識として身体化させる必要があるものと考えられた。

7．以上の結果より，「見込みのある教師」の授業実践段階の知識に介入・実験すること，すなわち，「走り幅跳び運動の構造的（技術的）知識」と「走り幅跳び教材の最適なプログラム」の提示により，彼の教授戦略の発揮の実態が変容していたことが認められた。しかしながら，子どもの学習成果（技能）を高めるためにはロック・イン戦略を機能させること，学習成果（態度得点）を高めるためには授業実践段階の知識だけでなく，授業展開場面における独自の知識が必要であることが推察され，そうした知識を明らかにしそれらの知識に介入していく必要性があることが，それぞれ考えられた。

注

(1) 子ども一人ひとりの認知スタイルの違いは，総じて，彼らの「生活」の違いによって生じるものと考える。すなわち，生活経験や生活の仕方だけでなく，生活環境（住居環境，風土環境）や家風，家系等が挙げられる。これを長岡（1985：13-20）は「〈この子〉の生活」としてBourdieu（1980＝1989：82-104）は「ハビトス」概念として，それぞれ押さえている。さらに，Mollenhauer（1985＝1993：78）は，「ハビトス」を文化の再生産過程において「フィルター」として作用すると押さえ，「ハビトス」の教育学的有用性について指摘している。さらに梅野・片岡（1995）は，前述のモレンハウアーの指摘した「ハビトス」の教育学的有用性について，「子どもたちの認識の違いは，認識能力の違いによってもたらされるものではなく，

「生」の基盤であるハビトスが異なるがゆえに個々人の認知スタイルが異なっていることに起因すると考えているのである。したがって，教師が文化（財）を子どもたちに内面化させていく場合，彼らの認知スタイルの違いというものを実践の前提に据えておくことが教育学の普遍的原理である」と解釈している。

(2) これまでのアメリカを中心とするティーチング・エキスパタイズ研究の発展により，学習成果を高める教師の卓越性が説明されてきた。一方，学習成果の低い教師を対象とした研究からは，学習成果を高める方途は見出だせなかったことが明らかになってきた（厚東ら 2010）。これに呼応するかのように「優れた教師になるためには，優れた教師になるための動機付けを持ち，教育実習経験の最初で出てくる疑問を持ちつづけた時，あなたは能力のある，優れたレベルに到達する専門職としての体育教師になれることができる」（Siedentop 1991：1-21）とする見解が認められるようになってきた。これらより，誰しもが優れた教師（学習成果を高める教師）になれるわけではなく，優れた教師（学習成果を高める教師）になるためには，そのために必要な資質を有することが必要なことを示唆するものである。ゆえに，本研究では優れた体育授業の創造を企図する立場から，こうした授業を意図的に展開させるときに「見込みのある教師」を対象とすることとした。

(3) 分析者4名は，VTRを視聴しながら逐語記録を精読し，3つの教授戦略（コミットメント，モニタリング，ロック・イン）の発揮につながる教授技術の使用が認められた場面の逐語記録を摘出した。その後，以下に示す4つの段階により，被験教師の教授戦略の発揮の有無を確定させた。すなわち，①摘出した教授戦略の発揮場面の照合において4名共通して認められた場合，その被験教師はその教授戦略を意図的に発揮しているものと見なす，②摘出した教授戦略の発揮場面の照合において1名だけが認めていなかった場合，他の3名との合意形成を図る，③摘出した教授戦略の発揮場面の照合が2：2に分かれた場合，合議の上，合意形成が図られるまで合議を重ね，合意形成が図られなかった場合は，その教授戦略を意図的に使用しているとする判断を見送る，④摘出した教授戦略の発揮場面の照合において1名だけが認めた場合，その教授戦略の意図的に使用しているとする判断を見送る，の4段階である。

(4) ロック・イン戦略とは，「練習活動の工夫」や「場づくりの工夫」ととらえている。しかしながら，こうした「練習活動の工夫」や「場づくりの工夫」は，単元期間中，固定化されているものではなく，その日の学習の目標・ねらいに対応して，変化していく戦略としてとらえている。「走り高跳び」を例にすると，「背面跳び」の技術の習得をねらいとした学習を展開するとき，その練習活動は，正面からあおむけとび−横からのはさみ跳び−背面跳びという順序で練習の仕方（活動内容）が変化してくる。このように「教材が動く」戦略を，優れたロック・イン戦略ととらえ

ている。

(5) 今回提示した最適プログラムは,「着地・滞空→踏み切り→助走」と走り幅跳びの運動経過と逆行する順路で学習を展開するところに特徴がある。これより,指導内容は「着地における跳躍距離獲得→踏み切り手前一歩の歩幅調整→助走距離と助走スピードの調整」の順に展開されている。この指導プログラムが学習成果に直結したものと考えれば,着地における跳躍距離獲得の技術の習得によって平均助走スピードは変わらず,跳躍距離が伸びることが期待される。とりわけ,その効果は平均助走スピードの遅い児童において顕著な効果が認められている（梅野・辻野 1991a）。続く踏み切り手前一歩の歩幅調整においては,踏み切り時のブレーキ動作が改善されることで平均助走スピードは変わらないが,跳躍距離は伸びるという効果が期待される。この現象は,とりわけ平均助走スピードの速い児童に効果の高いことが認められている（梅野ら 1991b）。最終段階の助走距離と助走スピードの調整においては,平均助走スピードの遅い速いにかかわらず,平均助走スピードの向上により,跳躍距離が増大されることが期待される。よって,「平均助走スピード-跳躍距離」関係の回帰直線は,単元前から単元序盤にかけて回帰直線の切片が向上し,単元序盤から単元中盤にかけて切片はそのままで回帰係数が高くなり,単元中盤から単元後にかけて回帰直線が上方へ平行移動するものと考えられる。これより,本研究における児童の様相からは,前述のような変容が認められず,走り幅跳びの技能を十分習得したとは考えられないものと判断できた。

(6) 「知識を身につけた状態」のうちには,「身につけたその知識を使用できる」という能力（わざ）が含まれている。だだし,その能力（わざ）がテストや入試という「エセ出力の場」においてではなく,真正の活動の場において発現（発揮）されるという意味で,ここではそれを試験のスキルと区別して,《わざ》と示すことにする。この《わざ》を発揮できたとき初めて,生徒たちはその概念の意味をも理解したということができる。教師は（生徒たちにとって）《わざ》を習得し得る媒介となる「型」（典型事例）を例示することを通じて彼らに教えていく（示していく）とともに,一方,彼らもまた,知的協力を介して自分なりに「まなび」とっていくしかないと述べている。

資料 4-1　走り幅跳び指導プログラム

1. 単元の目標
   ○「助走スピード－跳躍距離」関係がわかり、自分の助走スピードに応じた跳躍ができる。
   ○跳躍距離や平均助走スピードを正しく測定することができる。
   ○仲間と協力して練習したり、仲間のよい動きを認め合ったりすることができる。
2. 指導の計画

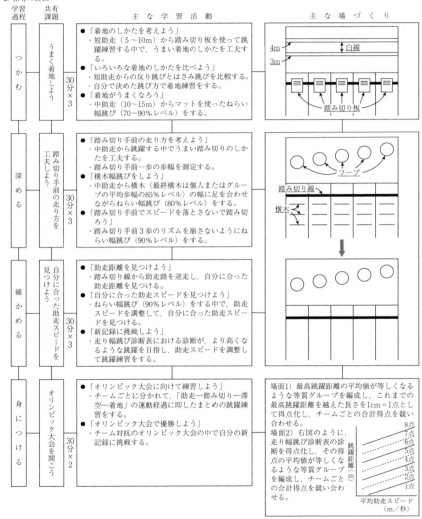

学習過程	共有課題	主な学習活動	主な場づくり
つかむ	うまく着地しよう 30分×3	●「着地のしかたを考えよう」 ・短助走（5～10m）から踏み切り板を使って跳躍練習する中で、うまい着地のしかたを工夫する。 ●「いろいろな着地のしかたを比べよう」 ・短助走からの反り跳びとはさみ跳びを比較する。 ・自分で決めた跳び方で着地練習をする。 ●「着地がうまくなろう」 ・中助走（10～15m）からマットを使ったねらい幅跳び（70～90％レベル）をする。	
深める	踏み切り手前の走り方を工夫しよう 30分×3	●「踏み切り手前の走り方を考えよう」 ・中助走から跳躍する中でうまい踏み切りのしかたを工夫する。 ・踏み切り手前一歩の歩幅を測定する。 ●「横木幅跳びをしよう」 ・中助走から横木（最終横木は個人またはグループの平均歩幅の85％レベル）の幅に足を合わせながらねらい幅跳び（80％レベル）をする。 ●「踏み切り手前でスピードを落とさないで踏み切ろう」 ・踏み切り手前3歩のリズムを崩さないようにねらい幅跳び（90％レベル）をする。	
確かめる	自分に合った助走スピードを見つけよう 30分×3	●「助走距離を見つけよう」 ・踏み切り線から助走路を逆走し、自分に合った助走距離を見つける。 ●「自分に合った助走スピードを見つけよう」 ・ねらい幅跳び（90％レベル）をする中で、助走スピードを調整して、自分に合った助走スピードを見つける。 ●「新記録に挑戦しよう」 ・走り幅跳び診断表における診断が、より高くなるような跳躍を目指し、助走スピードを調整して跳躍練習をする。	
身につける	オリンピック大会を開こう 30分×2	●「オリンピック大会に向けて練習しよう」 ・チームごとに分かれて、「助走―踏み切り―滞空―着地」の運動経過に即したまとめの跳躍練習をする。 ●「オリンピック大会で優勝しよう」 ・チーム対抗のオリンピック大会の中で自分の新記録に挑戦する。	場面1）最高跳躍距離の平均値が等しくなるような等質グループを編成し、これまでの最高跳躍距離を越えた長さを1cm＝1点として得点化し、チームごとの合計得点を競い合わせる。 場面2）右図のように、走り幅跳び診断表の診断を得点化し、その得点の平均値が等しくなるような等質グループを編成し、チームごとの合計得点を競い合わせる。

第 5 章　「優れた授業」の創造に求められる戦略的思考

1 教授戦略の追求からみえてきたもの

「よい授業」は，優れた教師が有する多様な資質や能力の発揮により，創造されるものであることに疑いの余地はないであろう。

本書では，小学校体育授業を対象に，「優れた授業」の創造に資する教師の実践的思考様式を「戦略的思考」と押さえ，'優れた教師' が有する「戦略的思考」の実体を明らかにすることを目的とした。すなわち，'優れた教師' の実践的思考様式の内実を教授戦略の立場から検討するとともに，教授戦略をいかに工夫・実践すれば学習成果の高い体育授業になるのかについて実践事例の分析を中心に検討するところに目的があった。

これまで幾多の研究者によって熟練教師の実践的思考様式が検討されてきた。その中の一つである佐藤ら（1990）は，熟練教師と初任教師を対象に，「オン・ライン・モニタリング法（発話プロトコル）」と「オフ・ライン・モニタリング法（診断レポート）」を用いて，彼らの実践的思考様式の内実を量的な視点と質的な視点の両面から分析している。その結果，熟練教師は，初任教師に比して，「即興的思考」「状況的思考」「多元的思考」「文脈化された思考」「思考の再構成」という5つの性格で特徴づけられることを報告している。一般教育学においては，他にも秋田ら（1991）や岩川（1991）らの研究が認められる。

これら一連の研究より，熟練教師の有する実践的思考様式の内実を明らかにした点は評価できる。しかしながら，どのようにすればこうした実践的思考様式を意識的に形成できるかまでは明らかにされていない。

一方，わが国の体育分野における授業研究についてみてみると，前述した教師の「実践的思考様式」に関する研究は中心的かつ継続的な研究テーマとして検討されてこなかった（中井 2000：290-306）。すなわち，「プロセス-プロダクト研究法」に代表される「授業の科学」を志向するところに主たる関心が向けられてきた。そこでは，「ALT-PE観察法」（高橋ら 1989；米村ら 2004）や「組織的観察法」（高橋ら 1989, 1991；梅野 1997）を用いて積極的に授業研究が展

開されてきた。しかしながら，それにより得られた研究成果，例えば，「マネージメント行動を少なくして相互作用を多くすれば授業評価は高まる」は，およそ「優れた授業の創造」に資するものにはなり得なかった。すなわち，「授業の科学」が優れた授業の創造に対して関与的でないことが問題視されるようになった。

このような中で，近年，体育分野においても教師の「実践的思考様式」に関する研究が認められるようになってきた。齋木・中井（2001）は，イメージマップテストを用いて，単元構想時の思考プロセスを抽出した結果，どの年代の教師も単元構想時の知識や関心は「授業の内容」に集約しており，経験年数が高まるにつれて「授業の内容」に「授業の方法」を関連づけるようになることを明らかにした。さらに，中井・齋木（2002）は，「オン・ライン・モニタリング法」を用いて，同一の体育授業のモニタリング過程に現れる思考活動の記述・分析を行った結果，経験年数が高い教師でも「教材内容」「教授方法」「子ども」といった「単一的知識」で思考する教師もいれば，経験年数が低い教師でも「単一的知識」が相互に関連し合った「複合的知識」で思考する教師も存在し，必ずしも経験年数が高いからといって熟練度が高いとは限らないことを明らかにした。とりわけ，こうした傾向は，「子ども」との複合領域に関わるモニタリング内容において顕著な相違を認めている。

これら中井らの一連の研究より，教師の授業モニタリングには教職の経験によって拡大・深化する内容と，教職経験という体験だけでは拡大・深化しがたい内容とが存在していることを示している。特に後者の内容は，教師の「子ども」に関する知識の適用力の高低が深く関係していることを示唆している。しかしながら，「子ども」を中心とする複合的知識を拡大・深化させる授業研究のあり方までは言及されていない。

いずれにしても，これまでの授業研究は，佐藤（1996：73-79）の「授業研究栄えて，授業滅ぶ」とする見解に認められるように，「優れた授業の創造」に資するものとしてなり得ていなかった。

こうした現状にあっては，「優れた授業」の創造に資する授業研究法を開

発・工夫する必要がある。しかし，これまで，体育分野に限ってみても，教師の思考様式を検討するため，面接・インタビュー法（Housner & Griffey 1985），ジャーナル記述法（Tsangaridou & O'Sullivan 1997），授業VTR視聴による再生刺激法（中井 2000）やVTR中断法（吉崎 1983），「出来事」調査法（厚東ら 2004）など多面的な方法による試みが認められるが，いずれの方法についてもそれぞれの研究目的に限定されるため，具体的な思考活動の全体性をとらえているとは言いがたい現実があった。

　これらのことから，本書では，「子どもを中心とする複合的知識」を基盤に「子ども」が望む体育授業の展開を可能にしている教師の実践的思考様式を「戦略的思考」と押さえ，その内実を明らかにしようとするところに動機がある。もっと言うならば，経済学分野で発達してきた「ゲーム理論」を手がかりに，'優れた教師'の「戦略的思考」を客観的に記述・分析する方法を開発することに着手した。その結果は，第1〜4章に掲載した通りである。

2　教授戦略のコンビネーション──順列戦略と重複戦略

　本節では，本書の結論として優れた体育授業を成立させる教師の「戦略的思考」のあり方，すなわち，戦術手法について考察を試みたい。
　まず，課題（めあて）の形成・把握場面について検討する。
表5-1は，上原・梅野（2000）の『小学校体育授業における教師の言語的相互作用に関する研究』より，抜粋したものである。彼らは，この研究において小学校高学年の走り幅跳び授業を対象に，態度得点を高めた教師（上位群の教師）と高められなかった教師（下位群の教師）の逐語記録を「品詞分析法」を用いて分析している。表5-1に示した内容は，上位群と下位群の教師の課題（めあて）形成・把握場面における逐語記録である。

　これより，上位群の教師は2つの戦術手法を用いて臨んでいるものと考えられる。一つ目は，順列戦略である。上位群の教師の発言内容に着目してみると，T1, T5, T8, T11の発言より，子どもの個人カードから得た課題形成情報を記

表5-1　先行研究からみた課題（めあて）形成・把握場面の逐語記録の例

	上位群 A 学級		下位群 F 学級
	教師の発言内容		教師の発言内容
T1	えー、次○○さん。着地する前の空中の時、足をそろえて粘り強く着地したら記録が伸びる。説明してくれ。	T1	○○さん何やったんだったっけ。うん、着地をどうするんだったかな。
T2	おう。おう。	T2	○○さん。
T3	あぁー。その粘り強くっていうのは。	T3	うん、着地をできるだけ足を両足をきちっとそろえる着地をしましょうって。
T4	あっ、空中で何かする。なるほどなあ。はい、ありがとう。空中で何かする。	T4	うん、で倒れるときには横か前、後ろには倒れないようにしましょうってことを勉強しましたね。
T5	○○君。着地する時はできるだけ前に体重をかけてかかとを使うとうまく着地できる。砂場でやってみて。	T5	で、今日はその着地の少し前です。少し前ってあなたたちはどうなっていますか。
T6	おう。おう。おう。	T6	うん。
T7	わかった。何かおもしろいね。かかとの使い方でしりもちをつかないそうです。本当かうそか、先生知らん。	T7	○○君。
		T8	うん、ジャンプして、どこにおるん。
T8	えー、○○さん。着地の仕方で立ってそのままするのじゃなくて前に進むように着地すればいいということ。	T9	うん、でその空中でいる時なんですが、その時の練習をしたいんです。
T9	おう。おう。おう。		
T10	えーと、足が足がすっと、すっとおりないで、おりる着地じゃなくて前へぐっと斜めからきて前へわっと進むようにと、そういう着地やね。はい。		
T11	○○さん。着地の時のポーズ。これがようわからんのやけど。しゃがめて、しゃがめて、ちょっとの間しゃがんするとバランスをくずさない。このちょっとの間って何や。		
T12	うん、どないするの言うて。		
T13	うん。うん。うん。あー前へつんのめるのね。なるほどね。おもしろいですね。		

出所：上原・梅野（2000：34）。

述した子どもの言葉で話させ、課題（めあて）を共有化しようとしている。さらに、T3, T12では、課題（めあて）解決に有益な情報については、さらに詳しく子どもに問いかけ、引き出そうとしている様子がうかがえる。これらは、スクリーニング戦略に相当する。それを受けて、T4, T7ではシグナリング戦略

により，課題解決への観点を暗示している。そして，T10, T13の発言より，課題（めあて）解決に向かう観点を明示している。これらはインセンティブ戦略の実際的発揮によるものである。これより，上位群の教師は，スクリーニング戦略とシグナリング戦略を組み合わせて子どもを探り，課題解決へ向かう観点の暗示を繰り返しながら，最終的にインセンティブ戦略で学習の道づけを行うという3つの戦略の発揮により，もっと言うならば，これら3つの戦略を順列戦略で発揮し，授業に臨んでいるものと解せられる。

　2つ目は，複数の戦略の「空間的コンビネーション」による発揮である。すなわち，上位群の教師は，前述したようにスクリーニング戦略を発揮し，子どもの思考体制を探り，子どもが書いた個人カードの記述内容を紹介したり，本人の言葉で説明させたりしていた。これにより，課題（めあて）の解決へ向かう情報の提供を図っていた。しかしながら，このとき上位群の教師が紹介した子どもの順番には意図がある。すなわち，課題（めあて）の解決へ向かう'動きの観点'が，より子どもが理解しやすいように子どもの発表順序によって仕組まれているのである。これはシグナリング戦略に相当する。さらに，最後の発表者により，それまでの発表者から提供された課題解決情報の集約化を図っているのである。これは，インセンティブ戦略に相当する。これら3つの戦略は，前述した順列戦略とは異なり時間的な重複性を有して発揮されているものと考えられる。このように，上位群の教師は，スクリーニング戦略とシグナリング戦略ならびにインセンティブ戦略を重複して発揮しているものと推察される。すなわち，3つの戦略の「空間的コンビネーション」（以下，このような空間的な戦略の重複性を「重複戦略」と称し，「／」で記す）である。

　これより，課題（めあて）形成・把握場面において，'優れた教師'は〈スクリーニング→シグナリング→インセンティブ〉による順列戦略と〈スクリーニング／シグナリング／インセンティブ〉による重複戦略を多様に発揮し，子どもに課題（めあて）の意味理解と明確化を図っているものと推察される。

　次に，課題（めあて）の解決場面について検討する。

　第4章の結果より，E教師は，介入・授業前及び介入・授業後の単元学習と

もに，モニタリング戦略とコミットメント戦略を発揮していたことが認められた。しかしながら，介入・授業前の単元学習における，E教師のコミットメント戦略は，「課題解決の観点の明示」を基軸に多様に発揮されていたけれどもそれらは単発的なものであった。これに対して，介入・授業後の単元学習におけるそれは，〈肯定的フィードバック→矯正的フィードバック〉ならびに〈肯定的フィードバック→発問〉というように順列戦略を発揮し，授業に臨んでいたことが明らかになった。さらにこうしたE教師の変容は，モニタリング戦略の高まりにより，「質的な巡視」（梅野ら 1997）を展開させることができたことによるものと推察された。これより，モニタリング戦略が高まることで他の教授戦略の高まりにも大きな影響を与えるものと推察できる。

　さらに，'優れた教師'は子どもの活動を観察する中で，「できない子の動きを教師が再現する」「子どもの動きを診断する」といったモニタリング戦略と前述した「あと何時間あったらできるかがわかり，その瞬間を見逃さない」といったスクリーニング戦略を，コンビネーションで発揮して臨んでいるものと考えられる。すなわち，'優れた教師'は，前述のモニタリング戦略とコミットメント戦略にスクリーニング戦略を加えて，これら3つの戦略を順列戦略と重複戦略により，発揮させているものと推察される。

　最後に，前述の課題（めあて）の形成・把握場面と課題（めあて）の解決場面の教授戦略をつなぐ（ジョイント）役割を果たすのがロック・イン戦略である。厳密にはロック・イン戦略は課題（めあて）の解決場面における重要な戦略であり，前述してきたコミットメント戦略とモニタリング戦略による順列戦略及び重複戦略は，ロック・イン戦略を基盤にしながら，発揮して臨む必要がある。もっと言うならば，ロック・イン戦略は，スクリーニング戦略，インセンティブ戦略，シグナリング戦略といった上位層の戦略とコミットメント戦略とモニタリング戦略といった下位層の戦略とをつなぐジョイントとしての機能を有しているものと考えられる。

　これらのことから，課題（めあて）の解決場面において，'優れた教師'は，ロック・イン戦略を基盤に，〈スクリーニング→コミットメント→モニタリン

グ〉による時系列的な組み合わせと〈スクリーニング／コミットメント／モニタリング〉による空間的な組み合わせを多様に発揮し，子どもの課題の自立解決を促しているものと推察される。

　いずれにせよ，'優れた教師'は，課題（めあて）形成・把握場面ならびに課題（めあて）の解決場面のそれぞれにおいて，子どもの学習様態（活動状況）との関係から，単一な教授戦略を場当たり的に用いるのではなく，いくつかの教授戦略を時系列的に組み合わせ（順列戦略）たり，空間的に組み合わせ（重複戦略）たりして，授業を展開させているものと推察された。

　これまで述べてきた体育授業における'優れた教師'の「戦略的思考」の関係性と知識の関係性を構造化すれば，図5-1のようになるものと考えられる。上段には課題（めあて）の形成・把握場面−課題（めあて）の解決場面における各教授戦略の関係性を，下段には各教授戦略の発揮に関与する知識の関係性をそれぞれ示しており，これらは表裏一体の関係にある。

　本書では，'優れた教師'の実践的思考様式を「ゲーム理論」を考察視座とし，教授戦略の立場から明らかにしようとしてきた。その結果，授業設計段階に限定されたものではあったが，いくつかの知見を見出すことができた。

　第1章に記したように，これまでにも佐藤ら（1990）によって，教師の実践的思考様式を明らかにしようとする研究が認められた。しかしながら，そこから導出された知見は，「優れた授業の創造」に資するものにはつながらなかった。むしろ，佐藤（1992：63-88）自身が指摘しているように「授業研究栄えて授業滅ぶ」という現象をもたらした。一方，体育授業研究の場においても，「授業の科学」の発達によりALT-PE観察法や組織的観察法を用いて積極的に授業研究が進められてきた。しかしながら，それにより得られた研究成果，例えば，「マネージメント行動を少なくして相互作用を多くすれば授業評価は高まる」は，およそ「優れた授業の創造」に資するものにはなり得なかった。すなわち，Lyotard（1984＝1998：33-35）やApple（1986）の批判[1]に認められるように，「授業の科学」の進歩は教師の授業力の画一化・一般化へと向かうことになり，過去の卓越した実践者を想定し「どのようにすればそうした実践者に

第5章 「優れた授業」の創造に求められる戦略的思考

図5-1 体育授業における優れた教師の「戦略的思考」の構造と知識の構造

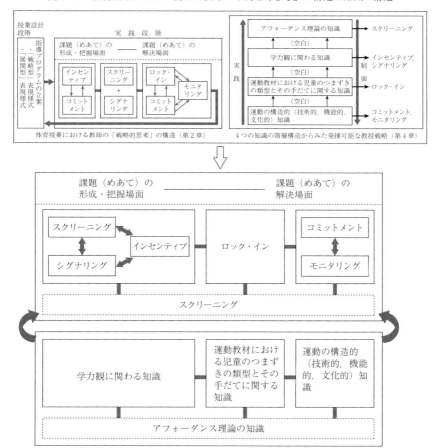

近づけるようになるのか」を明らかにしてこなかったのである。すなわち，秋山・梅野 (2001) が「子ども一人ひとりの個性を伸ばす教育とは対峙する関係にあり，『授業の創造』という観点からは難点がある」と指摘しているように，優れた体育授業を創造するメカニズムの追求を阻害してしまったのではないだろうか。

では，優れた体育授業を創造するメカニズムの追求のためには，どのような

研究を推し進めていくべきであろうか。Lyotard（1984＝1998：33-35）は，技術的実践に偏した今日の学校現場の舵取りは，授業の科学のホモロジー（相同性）のうちに見出すのではなく，授業の探究におけるパラロジー（推論性）のうちに求める必要があると主張している。これより，「授業の科学」への志向ではなく「授業の探究」を志向することにあると考える。すなわち，一つひとつの授業を詳細に分析する「事例研究」を積み重ねていくことである。本書において，実践事例の分析を中心に検討してきたのもこの点にある。

梅野（2010：26-37）は，教師の成長・発達の内実に裏打ちされた指導能力を「実践的指導力」と称し，これは「いま－ここ」の現実から出発して'これからどうする'という未来志向性を希求する教師の「実践知」を，児童・生徒に対する「指導」によって発現させる行為能力のことであり，教師の技術的実践と反省的（省察的）実践の同時性をいかに担保していくかという課題性を内含していると押さえている。その上で，「実践的指導力」には，児童・生徒の真正な学力向上に向けた授業研究をより一層現実的・建設的に高める意図が内含された概念でもあり，科学の論理の成立だけではなく，よりよい体育授業の創造に資する論理も含みもっていると指摘している。これより，「実践的指導力」の内容的側面は，実践的思考様式そのものであり，こうした実践的思考様式をよりよい体育授業の創造に資するものとして，いかに形成していくかに向かう授業研究への志向を示唆しているものと解せられる。

このような中で，本書では，教師の実践的思考様式をとらえる研究方法の一つとして，経済学分野で発達してきた「ゲーム理論」を手がかりに，'優れた教師'の「戦略的思考」を客観的に記述・分析する方法を開発することに着手し，研究を進めてきた。その結果，優れた体育授業の創造に資する研究方法を提示したと考える。すなわち，経済学分野の「ゲーム理論」を考察視座とし体育教授学に援用したところ，本書で構築した手法は適応性の高いことが認められた。具体的には，被験教師の授業レベル（どのような教授戦略が発揮できるか）が明らかになる点である。実践的思考様式とは，「実践的知識」と「実践的思考」が合わさった一体的な様態であり重層構造をなしているものと解せられる

が，そのレベルを教授戦略の発揮という立場から指摘できるものである。

　さらに，今あるレベルを高めていこうとしたときに，介入の視点（教授戦略の発揮に関与する知識）が明確に示せていることから，個々に応じた実践的思考様式を意識的に形成できる可能性が高い。第4章のE教師は，介入前の授業では教授戦略の発揮の仕方が一様でなかった状態から，介入後の授業になると教授戦略が時系列的に組み合わすようになった。このことは，介入により被験教師が授業展開を戦略的に思考してきたことをうかがわせるものである。もっと言うならば，教師の教授戦略が変われば授業も変わることを示唆しており，そうした教授戦略を高める視点が明示されているのである。すなわち，誰もがよりよい体育の授業を創造することができる仕組みを内包しているのである。

　優れた体育授業の創造のメカニズムは，介入・実験授業の事例を積み上げて明らかにされると考えられる。これからは，優れた体育授業の創造に向けて，こうした介入・実験授業を積み重ねていくことにより，その教師自身が有する「戦略的思考」を高めていくことが必要だと考える。

　以上より，経済学分野の「ゲーム理論」から援用した6つの教授戦略は，優れた体育授業の創造に資する教師の実践的思考様式の内実を明示しているものと考えられ，この視点から教師の教授戦略を記述・分析する方法は，優れた授業を創造する授業研究法の一つとして意味あるものと考えられた。

3　さらなる教授戦略の追求がもたらす可能性

　本書では，優れた体育授業の創造に資する教師の実践的思考様式を「戦略的思考」と押さえ，'優れた教師'が有する「戦略的思考」の実体を明らかにしてきた。その結果，経済学分野の「ゲーム理論」で発展してきた6つの戦略に基づく教師の教授戦略は，教師の実践的思考様式を明示しているものと考えられた。さらに，モニタリング戦略とコミットメント戦略の発揮には「運動の構造的（技術的，機能的，文化的）知識」が，ロック・イン戦略の発揮には「運動

教材における児童のつまずきの類型とその手だてに関する知識」が，インセンティブ戦略とシグナリング戦略の発揮には「学力観の知識」が，スクリーニング戦略の発揮には「アフォーダンス理論」の知識が，それぞれ関係していることが認められた。併せて，これら4つの知識は階層的な構造にあるものと考えられた。これらは，授業設計段階における教師の「戦略的思考」の発揮に寄与する知識と考えられ，さらに「運動の構造的（技術的・機能的・文化的）知識」と「運動教材における児童のつまずきの類型とその手だてに関する知識」を「見込みのある教師」に介入することによって，彼の授業設計段階の知識が拡大・深化していくこと，そのことにより，彼の教授戦略が変容していたことが実証された。

いずれにしても，これらのことから，本書は，よりよい体育の授業の創造に寄与する授業研究法の一つを提示した。しかしながら，子どもの学習成果（態度得点と技能）の顕著な向上は認められなかったことから，子どもの学習成果（態度得点と技能）を高めるためには，授業展開段階における「戦略的思考」の発揮に関与する知識を明らかにし，それらの知識に介入していく必要性が示唆された。

そこで，本書を終えるにあたって，今後の展望について述べる。

これまで述べてきたように，本書は，〈授業設計（Plan）－授業展開（Do）－授業評価（See）〉における〈授業設計（Plan）〉段階に限定して進めてきた。もっというならば，第3章で示した介入・実験の組み合わせ，すなわち，①「運動の構造的（技術的，機能的，文化的）知識」と「運動教材における児童のつまずきの類型とその手だてに関する知識」に介入・実験する場合，②「運動の構造的（技術的，機能的，文化的）知識」「運動教材における児童のつまずきの類型とその手だてに関する知識」と「学力観に関する知識」に介入・実験する場合，③「運動の構造的（技術的，機能的，文化的）知識」「運動教材における児童のつまずきの類型とその手だてに関する知識」「学力観に関する知識」と「アフォーダンス理論の知識」に介入・実験する場合の3つが考えられたが，その中の①「運動の構造的（技術的，機能的，文化的）知識」と「運動教材における児

童のつまずきの類型とその手だてに関する知識」の介入・実験を終えたにすぎない。したがって，②，③についても進めていきたい。②については，第4章の介入・実験的授業を終えた被験者に行う必要がある。しかしながら，「学力観に関する知識」へ直接介入することは不可能である。そこで「走り幅跳び診断表」のような「評価道具」を提示し，その活用により，被験教師の授業実践の変容を分析していく。さらに，その上で，個人ノートの活用やグループノートの活用について，それらを用いたこれまでの効果的な実践例を提示することにより，スクリーニング戦略が発揮されるかどうか，また，発揮される場合はどのような様態かについて検討していきたい。すなわち③の介入・実験的授業である。

次の研究課題として，前述したように〈授業展開（Do）〉段階の研究に着手していきたい。さらに，〈授業展開（Do）〉段階の研究の後には，続いて〈授業評価（See）〉段階の研究へと進む。いずれの研究においても，第3章と第4章で示したように，「戦略的思考」の発揮に関与する知識を導出すること，それらの知識を「見込みのある教師」に介入する研究を積み重ねていきたい。

本書では，〈授業設計（Plan）〉段階における教師の「戦略的思考」について検討を試みてきた。その中で，'優れた教師'は6つの教授戦略を単発で発しているのではなく，順列戦略と重複戦略を駆使して臨んでいるものと考えられた。〈授業展開（Do）〉の研究では，'優れた教師'は，さらに複雑に戦略を組み合わせ（順列戦略及び重複戦略）て授業に臨んでいることが予想される。これらを分析していきたい。そのためには，これまでの教師行動観察法から脱却しなければならない。すなわち，順列性や重複性を組み込んだカテゴリーを開発したり，分析単位も6秒ではなくもっと精密な時間単位で観察・計測したりする方法を開発していく必要がある。この点については，すでに「体育科における教授戦略観察法（ORRTSPE観察法）」を開発している（山口ら 2012）。このシステムはタギング機能の活用により，前述の問題に対応した分析を可能にするものである。今後は，ORRTSPE観察法を用いた分析事例を増やしていきたい。

また，前述したように，本研究を通してモニタリング戦略の重要性が認識で

きた。'優れた教師'は「子どもの動きの診断」が的確で，その判断を基に子どもの課題（めあて）の自立解決へ向けた効果的なコミットメント戦略を多様に発揮しているものと考えられた。すなわち，'優れた教師'は，教室とは比べものにならない授業空間ならびに刻々と状況が変わる授業展開場面において，視覚に入ってくる種々の情報を瞬時に的確に処理し，教授戦略を発揮しているはずである。これより，授業展開場面で駆使される教授戦略は，モニタリング戦略が基軸になっているものと考えられ，教師の視線，すなわち'何を，どれだけ見ていたか'を分析し明らかにすることで授業展開場面における効果的な教授戦略の解明につながると考える。このような教師の視線を分析する方法も開発していきたい。この点についても，アイマークレコーダーを用いた研究を進めているところである。近い将来，これらの成果についても公開していきたい。

　さらに，'優れた教師'が発揮している戦略のコンビネーション（順列戦略及び重複戦略）の伝達可能性についても検討していきたい。しかしながら，これら戦略のコンビネーション（順列戦略及び重複戦略）は，直接的に伝えられるものではない。したがって，6つの戦略の単発的な発揮が可能になった状態から，さらにそれらを組み合わせて発揮させる状況設定としての「コアモデル」を開発していくことが必要である。例えば，被験教師に課題（めあて）形成・把握場面でスクリーニング戦略を発揮させるべく個人カードやグループノートの読み取りを行わせるときに，課題（めあて）の明確化と意味理解を図ることも求めることで被験教師が子どもの思考体制を探ることから得られた情報を課題形成情報としてナラティブに構成する必要性が生じる。これにより，スクリーニング戦略とシグナリング戦略ならびにインセンティブ戦略の重複戦略が発揮される可能性がある。こうした「コアモデル」を多く開発していき，自分に必要なモデルを選択できるようになれば，よりよい体育授業の創造が効果的・効率的に進むと考える。

第 5 章 「優れた授業」の創造に求められる戦略的思考

注
(1) Lyotard (1984 = 1998：33-35) は,「いつでも,どこでも,誰にでも」通用する指導プログラムや指導技術による子どもの学習経験の操作性の追求は,社会を機能的な一つの全体としてとらえる世界観,つまりサイバネティクス理論に依拠したシステムズ・アプローチの考え方に立つため,「技術的・官僚的構造」に授業の関心を寄せる「官僚主義の思想（テクノクラート）」が流布していることを,また,Apple (1986) は,教授技術のレパートリーとして耐教師性（teacher proof）を保障されたものが学校現場に普及すればするほど,教授技術がレシピへと転落し,教育内容はファーストフードのような安易な内容になってしまい,教師の「deskilled（無能化）」を促してしまうことを,それぞれ批判している。

引用・参考文献

秋田喜代美・佐藤学・岩川直樹（1991）「教師の授業に関する実践的知識の成長――熟練教師と初任教師の比較検討」『発達心理学研究』2（2），88-98頁。

秋山裕右・梅野圭史（2001）「体育授業における『出来事』の教育学的意義に関する一考察――デイヴィドソンの『出来事』論を考察視座として」『体育・スポーツ哲学研究』23（2），27-41頁。

飽戸弘（1970）東洋他編『心理学の基礎知識』有斐閣。

出原泰明（1991）『「みんながうまくなること」を教える体育』大修館書店。

井上和子「態度・態度構造」（1993）森岡清美他編『新社会学辞典』有斐閣，950-952頁。

今井晴雄・岡田章（2002）『「ゲーム理論」の新展開』勁草書房。

岩川直樹（1991）「教師の実践的思考様式に関する事例研究――学習者中心の授業における教師の思考過程に注目して」『学校教育研究』6，46-55頁。

岩崎次男（1979）『フレーベル人間の教育』有斐閣。

岩田一彦（2006）兵庫教育大学大学院連合学校教育学研究科編『教育実践学の構築――モデル論文の分析と理念型の提示を通して』東京書籍。

梅野圭史・辻野昭（1980a）「体育分野における学習指導の基本的問題」辻野昭・松岡弘編著『保健体育科教育の理論と展開』第一法規。

梅野圭史・辻野昭（1980b）「体育科の授業に対する態度尺度作成の試み――小学校低学年児童について」『体育学研究』25（2），139-148頁。

梅野圭史・辻野昭（1982）「体育科における学習形態と児童の授業に対する態度との関係――小学校低学年を中心として」『体育学研究』27（1），1-15頁。

梅野圭史・辻野昭（1984）「体育科の授業診断に関する研究――態度得点と学習形態の関係」『スポーツ教育学研究』3（2），67-87頁。

梅野圭史・藤田定彦・辻野昭（1986）「体育科の授業分析――教授活動の相違が児童の態度に及ぼす影響」『スポーツ教育学研究』6（2），1-13頁。

梅野圭史・林修・長谷川重和（1990）提案要項・学習指導案集『自ら求め，問い続ける子の育成――個を伸ばす学習過程を求めて（Ⅱ）』兵庫教育大学附属小学校。

梅野圭史・辻野昭（1991a）「学習過程の組織化とその展開（その1）――6年・走り幅跳び」『体育科教育』39(11)，大修館書店，74-77頁。

梅野圭史・林修・辻野昭（1991b）「学習過程の組織化とその展開（その2）――6年・走り幅跳び」『体育科教育』39(12)，大修館書店，76-79頁。

梅野圭史・片岡暁夫（1995）「課題形成的学習における『共有課題』のもつ教育学的意義に関する一考察——モレンハウアーの教育論を考察視座にして」『体育・スポーツ哲学研究』17（2），27-49頁。

梅野圭史・中島誠・後藤幸弘・辻野昭（1997）「小学校体育科における学習成果（態度得点）に及ぼす教師行動の影響」『スポーツ教育学研究』17（1），15-27頁。

梅野圭史（2003）「『体育』の存在理由を考える——教育学・教員養成の立場から」『大阪体育学研究』41，80-85頁。

梅野圭史（2006）「優れた体育授業の創造を企図する体育授業学の構築に関する試論」『大阪体育学研究』44，1-14頁。

梅野圭史（2010）梅野圭史他編『教師として育つ——体育授業の実践的指導力を育むには』明和出版。

岡沢祥訓・高橋健夫・中井隆司（1990）「小学校体育授業における教師行動の類型に関する検討」『スポーツ教育学研究』10（1），45-54頁。

岡田章（1996）『ゲーム理論』有斐閣。

岡田章（2008）「『ゲーム理論』の成立と展開」『現代思想』36(10)，58-71頁。

小笠原道雄（1992）『文化伝達と教育』福村出版。

奥村基治・梅野圭史・辻野昭（1989）「体育科の授業に対する態度尺度作成の試み——小学校中学年児童について」『体育学研究』33（4），309-319頁。

小野慶太郎（1982）『人間形成における教材選択の視点』東洋館出版。

梶井厚志（2002）『「戦略的思考」の技術——「ゲーム理論」を実践する』中央公論新社。

片岡暁夫・森田啓之（1990）「体育科の展望としての『楽しさ』論の哲学的検討」『体育・スポーツ哲学研究』12（1），63-76頁。

鐘ヶ江淳一・江原武一・高橋健夫（1985a）「生徒による授業評価の検討（1）」『体育科教育』33（5），大修館書店，52-56頁。

鐘ヶ江淳一・江原武一・高橋健夫（1985b）「生徒による授業評価の検討（2）」『体育科教育』33（6），大修館書店，52-56頁。

鐘ヶ江淳一・江原武一・高橋健夫（1985c）「生徒による授業評価の検討（3）」『体育科教育』33（7），56-61頁。

鐘ヶ江淳一・竹村昭・高橋健夫（1987）「体育授業の『楽しさ』の構造—種目別にみた因子分析の結果を中心として」『日本スポーツ教育学会第6回大会抄録集』。

鎌原雅彦（2002）『新版現代学校教育大辞典』ぎょうせい。

金子郁容（1998）川本隆史編『新哲学講義6——共に生きる』岩波書店。

上寺久雄（1982）「自発性を伸ばす教育——学校教育の課題として」『児童心理』36（2），30-37頁。

上原禎弘・梅野圭史（2000）「小学校体育授業における教師の言語的相互作用に関する

研究――走り幅跳び授業における品詞分析の結果を手がかりとして」『体育学研究』45(1), 24-38頁。
上原禎弘・梅野圭史（2003）「小学校体育授業における教師の言語的相互作用の適切性に関する研究――学習成果（技能）を中心として」『体育学研究』48(1), 1-14頁。
上原禎弘・梅野圭史・厚東芳樹・岩谷論・渡邉哲博（2003）「小学校体育授業における教師の言語的相互作用の適切性に関する研究――サッカー授業における品詞分析の結果を手がかりとして」『鳴門教育大学実技教育研究』13, 85-93頁。
上原禎弘・梅野圭史・厚東芳樹（2005）「小学校体育授業における教師の言語的相互作用の適切性に関する研究――学習成果を高める『体育授業の文法』解説」『日本スポーツ教育学会第25回記念国際大会論集』197-202頁。
川本幸則・後藤幸弘・辻延浩・梅野圭史（1991）「走り高跳び学習の適時期に関する研究」『第42回日本体育学会大会号Ｂ』。
河野哲也（2007）『善悪は実在するか――アフォーダンスの倫理学』講談社選書メチエ。
岸本肇・山口孝治（1992）「現職教師と教育実習生の比較からみた体育の教授技術の巧拙に関する研究」『体育科教育学研究』9, 23-32頁。
久保正秋（1992）体育原理専門分科会編『スポーツの倫理』不昧堂。
熊谷一乗（1990）「潜在的カリキュラムの発掘」『教育心理』38(7), 78-79頁。
厚東芳樹・梅野圭史・上原禎弘・辻延浩（2004）「小学校体育授業における教師の授業中の『出来事』に対する気づきに関する研究――熟練度の相違を中心として」『教育実践学集』5, 99-110頁。
厚東芳樹（2007）「小学校体育授業における教師の反省的実践のあり方に関する実証的研究――授業に対する反省的思考と『出来事』への気づきとの関係について」兵庫教育大学大学院連合学校教育学研究科博士論文。
厚東芳樹・長田則子・梅野圭史（2010）「アメリカの Teaching Expertise 研究にみる教師の実践的力量に関する文献的検討」『教育実践学論集』11, 1-13頁。
小久保昇治（1981）「みんなが跳び越せる跳び箱の段階指導」『現代教育科学』24(9), 39-46頁。
小島寛之（2008）「社会の『協力』に, 理論はどこまで迫れるか」『現代思想』36(10), 132-141頁。
古藤高良・山西哲郎・清水克哉・小笠原正人・菅谷薫（1980）『陸上競技指導ハンドブック保健体育指導選書』大修館書店。
後藤幸弘（2007）「教育内容と適時性に基づく『走り幅跳び』カリキュラムの提言」『日本教科教育学会誌』30(3), 21-30頁。
小林篤（1978）『体育の授業研究』大修館書店。
小林篤（1986）『体育授業の原理と実践――体育科教育学原論』杏林書院。

今野一雄訳（1962）『エミール』岩波文庫。
齋木あかね・中井隆司（2001）「体育授業における教師の実践的知識に関する研究――イメージマップ・テストによる知識構造の検討」『日本スポーツ教育学会第20回記念国際大会論集』359-364頁。
佐々木宏夫（2003）『入門「ゲーム理論」――「戦略的思考」の科学』日本評論社。
佐々木賢太郎（1984）『子どもたちの全面発達と体育』地歴社。
佐々木正人（1994）『アフォーダンス――新しい認知の理論』岩波書店。
佐々木正人（2008）『時速250kmのシャトルが見える――トップアスリート16人の身体論』光文社新書。
佐藤学・岩川直樹・秋田喜代美（1990）「教師の実践的思考様式に関する研究（1）――熟練教師と初任教師のモニタリングの比較を中心に」『東京大学教育学部紀要』30，177-198頁。
佐藤学（1992）森田尚人他編『「パンドラの箱」を開く――授業研究批判』瀬織書房，63-88頁。
佐藤学（1996）『教育方法学』岩波書店。
清水克俊・堀内昭義（2003）『インセンティブの経済学』有斐閣。
杉崎憲男（1995）「陸上運動・陸上競技③走り幅跳び」宇土正彦監修，坂田尚彦・高橋健夫・細江文利編『学校体育授業事典』大修館書店。
鈴木秀一（1988）『現代教育学事典』労働旬報社。
鈴木光男（1994）『新「ゲーム理論」』勁草書房。
鈴木光男（1999）『「ゲーム理論」の世界』勁草書房。
高久清吉（1990）『教育実践学――教師の力量形成の道』教育出版。
高田典衛（1972）『授業としての体育』明治図書。
高田典衛（1979）『実践による体育授業研究』大修館書店。
高田俊也・岡沢祥訓・高橋健夫（1999）「学習者の体育授業に対する態度構造の研究――態度構造からみる学習指導の在り方の検討」『スポーツ教育学研究』19(1)，27-38頁。
高田俊也・岡沢祥訓・高橋健夫（2000）「態度測定による体育授業評価法の作成」『スポーツ教育学研究』20(1)，31-40頁。
高橋健夫・鐘ヶ江淳一・江原武一・増田辰夫・谷敏光（1985）「生徒による授業評価の検討（4）」『体育科教育』33(9)，大修館書店，60-65頁。
高橋健夫・鐘ヶ江淳一・江原武一（1986）「生徒の態度評価による体育授業診断法の作成の試み」『奈良教育大学紀要』35，163-180頁。
高橋健夫・岡沢祥訓・中井隆司（1989）「教師の『相互作用』行動が児童の学習行動及び授業評価に及ぼす影響について」『体育学研究』34(3)，191-200頁。

高橋健夫・岡沢祥訓・中井隆司・芳本真（1991）「体育授業における教師行動に関する研究――教師行動の構造と児童の授業評価との関係」『体育学研究』36(3)，193-208頁。
高橋健夫（1992）「体育授業研究の方法に関する論議」『スポーツ教育学研究』特別号，19-31頁。
高橋健夫・歌川好夫・吉野聡・日野克博・深見英一郎・清水茂幸（1996）「教師の相互作用及びその表現のしかたが子どもの形成的授業評価に及ぼす影響」『スポーツ教育学研究』16(1)，13-23頁。
高橋健夫・林恒明・鈴木和弘・日野克博・深見英一郎・平野隆治（1997）「体育授業中の教師の相互作用行動が授業評価に及ぼす影響――相互作用行動に対する介入実験授業の分析を通して」『スポーツ教育学研究』17(2)，73-83頁。
高村賢一・厚東芳樹・梅野圭史・林修・上原禎弘（2006）「教師の反省的視点への介入が授業実践に及ぼす影響に関する事例検討――小学校体育授業を対象として」『体育科教育学研究』22(2)，23-43頁。
竹原弘（1994）『意味の現象学――フッサールからメルロ＝ポンティまで』ミネルヴァ書房。
竹村和久（2009）日本心理学会編『社会心理学事典』丸善。
田中国夫（1981）『新版心理学事典』平凡社。
辻正三・今井省吾訳（1960）『コミュニケーションと説得』誠信書房。
辻延浩・梅野圭史・渡邊哲博・上原禎弘・林修（1999）「小学校体育科における学習成果（集団技能）を高める指導ストラテジーに関する事例的検討――3つの異なる課題解決的学習によるサッカーの実践を例として」『スポーツ教育学研究』19(1)，39-54頁。
辻野昭・梅野圭史（1995）「課題解決的学習の授業」宇土正彦監修，坂田尚彦・高橋健夫・細江文利編『学校体育授業事典』大修館書店。
辻野昭（1997）「体育科教育の未来像――体育科教育の過去・現在・未来」『体育学研究』41(5)，389-394頁。
土田昭司（1999）中島義明他編『心理学事典』有斐閣。
土井捷三（1986）『教科指導の基礎』梓出版。
中井孝章（1986）「教育実践の基層としての人間存在における問いの研究――現象学的人間理解の試みⅡ」『教育方法学研究』12，19-27頁。
中井孝章（1997）「教育法法学における『学校知』の検討――《わざ》から のアプローチ」『教育方法学研究』23，29-38頁。
中井隆司（2000）「体育授業における教師の知識と思考に関する研究の可能性」近藤英男・稲垣正浩・高橋健夫編『新世紀スポーツ文化論』タイムス，290-306頁。

中井隆司・高橋健夫・岡沢祥訓（1991）「体育の学習成果に及ぼす教師行動の影響——特に小学校における台上前転の実験的授業を通して：体育授業改善のための基礎的研究」『平成1・2年度文部省科学研究費報告書』。

中井隆司・高橋健夫・岡沢祥訓（1994）「体育の学習成果に及ぼす教師行動の影響——特に，小学校における台上前転の実験授業を通して」『スポーツ教育学研究』14，1-16頁。

中井隆司・齋木あかね（2002）「小学校体育授業における教師の実践的力量に関する研究——実践的思考からみた教師の実践的力量形成の検討」『第22回スポーツ教育学会発表資料』

長岡文雄（1977）『子どもの力を育てる筋道』黎明書房。

長岡文雄（1981）岩浅農也他編『授業を深める』教育出版。

長岡文雄（1985）『〈この子〉を拓く学習法』黎明書房。

中田基昭（1993）『授業の現象学』東京大学出版会。

中野光（1998）『大正自由教育の研究』黎明書房。

七沢朱音・深見英一郎・高橋建夫・岡出美則（2001）「体育授業に対する教師の反省的思考の変容過程について——インストラクション場面とフィードバックに着目して」『日本スポーツ教育学会第20回記念国際大会論集』365-368頁。

橋爪大三郎（2003）『言語ゲームと社会理論——ヴィトゲンシュタイン・ハート・ルーマン』勁草書房。

橋本三太郎（1990）『ルソー教育学の形成に関する研究』風間書房。

広岡亮蔵（1972）『学習過程の最適化』明治図書。

広岡亮蔵（1976）『学習論——認知の形成』明治図書。

深見英一郎・高橋健夫・日野克博・吉野聡（1997）「体育授業における有効なフィードバック行動に関する検討——特に，子どもの受けとめかたや授業評価との関係を中心に」『体育学研究』42（3），167-179頁。

深見英一郎・七沢朱音・高橋健夫・岡出美則（2001）「教師のフィードバック行動に対する反省的思考の効果」『日本スポーツ教育学会第20回記念国際大会論集』369-374頁。

細江文利・青木真・品田龍吉・池田延行（1990）『こども・せんせい・がっこう』大修館書店。

鈎治雄（1997）『教育環境としての教師——教師の認知・子どもの認知』北大路書房。

舛本直文（1992）体育原理専門分科会編『スポーツの倫理』不昧堂。

水越敏行（1989）『学び方の学習』教育出版。

山口孝治・梅野圭史・厚東芳樹（2006）「体育授業における教師の『戦略的思考』に関する一考察——『ゲーム理論』からみた教師の『戦略的思考』の観点の整理」『体育・スポーツ哲学研究』28（2），85-104頁。

山口孝治・梅野圭史・林修・上原禎弘（2010）「小学校体育授業における教師の教授戦略に関する実践的研究——学習成果（態度得点）の高い教師を対象として」『スポーツ教育学研究』29（2），33-55頁。

山口孝治・長田則子・梅野圭史（2012）「体育科における教授戦略観察法開発の試み（ORRTSPE観察法）」『佛教大学教育学部論集』23，91-106頁。

山本貞美（1984）『体育科扱いにくい単元の教え方2——陸上運動編』明治図書。

吉岡洋（1997）「生態学的ラディカリズム——J・J・ギブソンとカント」『現代思想』25（2），118-135頁。

吉崎静夫（1983）「授業実施過程における教師の意志決定」『日本教育工学雑誌』8，61-70頁。

吉崎静夫（1987）「授業研究と教師教育（1）——教師の知識研究を媒介として」『教育方法学研究』13，11-17頁。

吉崎静夫（1991）『教師の意思決定と授業研究』ぎょうせい。

米村耕平・福ケ迫善彦・南島永衣子・荻原朋子・今野賛・高橋健夫（2004）「学習の勢いと雰囲気を生み出すための条件についての検討——基本の運動単元の分析を通して」『第24回スポーツ教育学会大会号』。

ルーメル，クラウス（2004）『モンテッソーリ教育の精神』学苑社。

和田修二（1982）『子どもの人間学』第一法規。

渡辺隆裕（2008）「『ゲーム理論』のキーワード」『現代思想』36(10)，44-57頁。

Ajzen, I. (1988) *Attitudes, personality, and behavior*, Milton Keynes : Open University Press.

Akerlof, G. A. (1970) "The market for 'lemons': quality uncertainty and the market mechanism" *Quarterly Journal of Economics* 84, pp. 488-500.

Allport, G. W. (1935) "Attitudes. in G. G. Murchison (ed.)" *Handbook of social psychology*, Clark University Press.

Allport, G. W. (1954) "The historical background of modern social psychology" in Lindzey, G. (ed.) *The handbook of social psychology* 1(1), Addison-Wesley, pp. 3-56.

Allport, G. W. (1961) *The Nature of Prejudice*, Addison-Wesley.（＝1961，原谷達夫・野村昭訳『偏見の心理』培風館。）

Apple, M. (1986) *Teachers and Texts: A Political Economy of Class and Gender Relations in Education*, Routledge & Kegan Paul.

Bester, H. (1985) "Screening vs. rationing in credit markets with imperfect information" *American Economic Review* 75, pp. 850-855.

Birdwell, D. (1980) *The effects of modification of teacher behavior on the academic learning time of selected students in physical education(doctoral dissertation)*, The

Ohio State University: Ann Arbor, MI: University Microfilms.

Bollnow, O. F. (1965) *Anthropologische Pädagogik*, Alber（=1969，浜田正秀訳『人間学的に見た教育学』玉川大学出版部。）

Bourdieu, P. (1980) *Le Sens Pratique*, Les Éditions de Minuit（=1989，今村仁司・港道隆訳『実践感覚1』みすず書房。）

Brehm, J. W. (1966) *A theory of psychological reactance*, Academic Press.

Bruner, J. S. (1966) *Toward a Theory of Instruction*, Harvard University Press（=1969，田浦武雄・水越敏行訳『教授理論の建設』黎明書房。）

Calderhead, J. (1992) "The Role of Reflection on Learning to Teach", in L. Valli (ed.), *Reflective Teacher Education*, State University of New York Press.

Colvin, W. W. & Roundy, E. S. (1976) "An instrument for the student evaluation of teaching effectiveness in physical education activity classes", *Research Quarterly* 47, pp. 296-298.

David, P. (1985) "Clio and the Economics of QWERTY", *American Economic Review* 75, pp. 32-337.

Dixit, A. & Nalebuff, B. (1991) *Thinking Strategically*, W. W. Norton & Company.（=1991，菅野隆・嶋津祐一訳『「戦略的思考」とは何か——エール大学式「ゲーム理論」の発想法』TBSブリタニカ。）

Dodds, P. (1983) "Relationships between academic learning time and teacher behavior in a physical education majors skills class" in Templin, T. & Olson, J. (eds) *Teaching in physical education*. C. I. C. Big Ten Symposium: Champaign, I. L. Human Kinetics.

Eysenck, H. J. (1954) *The Psychology of Politics*, Handbook of Social Psychology.

Festinger, L. (1957) *A theory of cognitive dissonance*, Harper and Row.

Gibson, J. J. (1979) *The Ecological Approach to Visual Perception*, Houghton Mifflin Company.（=1985，古崎敬ら訳『生態学的視覚論——ヒトの知覚世界を探る』サイエンス社。）

Griffin, L. L. (1997) *Teaching Sport Concepts and Skills: A Tactical Games Approach*, Human Kinetics.

Guttman, L. (1950) "The basis for scalogram analysis" *Measurement and prediction*, Princeton University Press.

Heider, F. (1946) "Attitudes and cognitive organization" *Journal of Psychology* 21, pp. 107-112.

Hollis, M. (1987) *The Cunning of Reason*, Cambridge University Press（=1988，槻木裕訳『「ゲーム理論」の哲学——合理的行為と理性の狡智』晃洋書房。）

Housner, L. P. & Griffey, D. C. (1985) "Teacher cognition: differences in planning and interactive decision making between experienced and inexperienced teachers" *Research Quarterly for Exercise and Sports* 56, pp. 45-53.

Hovland, C. I., Janis, I. L. & Kelly, H. H. (1953) *Communication and Persuasion: Psychological Studies of Opinion Change*, Yale University Press.（＝1960, 辻正三・今井省吾訳『コミュニケーションと説得』誠信書房。）

Key, E. K. S.（1909）*The Century of the Child*, Putnam's Sons（＝1960, 原田実訳『児童の世紀』玉川大学出版部。）

Krech, D., Grutchfield, R. S., & Ballachey, E. L. (1962) *Individual in Society*, McGraw-Hill.

Kydland, F. & Prescott, E. (1977) "Rules rather than discretion: The inconsistency of optimal plans" *Journal of Political Economy* 85, pp. 473-492.

Likert, R. (1932) "A technique for the measurement of attitudes" *Archives of Psychology* 22, pp. 1-55.

Lucas, R. (1976) "Economic policy evaluation: A critique" *Journal of Monetary Economics, Supplement* 1, pp. 19-46.

Lyotard, J. F. (1984) *The Postmodern Condition: A Report on Knowledge*, University of Minnesota Press.（＝1998, 小林康夫訳『ポスト・モダンの条件――知・社会・言語ゲーム』水声社。）

McDougall, J. (1908) "Introduction to Social Psychology" *Journal of Psychology* 10, pp. 13-30.

Mollenhauer, K. (1972) "Theorien zum Erziehungsprozeß: Eine Einfuhrung in erziehungswissenschaftlich" *Fragestellungen, 3. Aufl.* Juventa Verlag.

Mollenhauer, K. (1985) *Vergessene Zusammenhänge: Über Kultur und Erziehung*, Juventa Verlag.（＝1993, 今井康雄訳『忘れられた連関――〈教える-学ぶ〉とは何か』みすず書房。）

Neumann, J. & Morgenstern, O. (1944) *Theory of Games and Economic Behavior*, Princeton University Press（＝1972, 銀林浩・橋本和美・宮本敏雄訳『ゲームの理論と経済行動』（全5巻），東京図書。）

Noble, L. & Cox, R.H. (1983) "Development of the form to survey student reactions on instructional effectiveness of life time sports classes" *Research Quarterly* 54(3), pp. 247-254.

Okuno-Fujiwara, M. (1987) "Monitoring Cost, Agency Relationships, and Equilibrium Modes of Labor Contents" *Journal of the Japanese and International Economics*, pp. 147-167.

Petty, R. E. & Cacioppo, J. T. (1986) "The Elaboration Likelihood Model of Persuasion" in Berkowitz L., (ed.) *Advances in experimental social psychology*, Academic Press.

Polanyi, M. (1966) *The Tacit Dimension*, Routledge & Kegan Paul Ltd.（＝1995，佐藤敬三訳『暗黙知の次元』紀伊國屋書店。）

Reigeluth, C. M. (1983) *Instructional design: Theories and models*, Lawrence Erlbaum Associates, inc, publishers.

Rink, J. E. (2005) *Teaching Physical Education for Learning*, McGraw-Hill.

Romiszowski, A. (1981) *Designing instructional systems*, Koban Page.

Rosenberg, M. J., Hovland, C.I., & Rosenberg, M.J. et al., (1960) *Cognitive, Affective, and Behavioral Components of Attitudes*, Attitude Organization and Change.

Ross, S. (1977) "The determination of financial structure: The incentive-signaling Approach" *Bell Journal of Economics* 8, pp. 23-40.

Schelling, T. C. (1980) *The Strategy of Conflict*, Harvard University Press.（＝2008，河野勝監訳『紛争の戦略――ゲーム理論のエッセンス』勁草書房。）

Schwab, J. (1969) "The practical: A language for curriculum" *School Review 78*, pp. 1-24.

Schwab, J. (1971) "The practical: Arts of eclectic" *School Review 79*, pp. 493-543.

Sherif, M. & Cantril, H. (1945) "The Psychology of 'Attitudes' Part" *The Psychological Review*, p. 52.

Shulman, L. S. (1986) "Those who understand: Knowledge growth in teaching" *Educational Research* 15(2), pp. 4-14.

Shulman, L. S. (1987) "Knowledge and teaching: Foundations of the new reform" *Harvard Educational Review* 57(1), pp. 1-22.

Siedentop, D. (1983) *Developing Teaching Skills in Physical Education second edition*, Mayfield Publishing Company.（＝1988，高橋健夫ら訳『体育の教授技術』大修館書店。）

Siedentop, D. & Tannehill, D. (1991) *Developing Teaching Skills in Physical Education (3rd ed.)*. Mayfield Publishing Company.

Siedentop, D. & Tannehill, D. (2000) *Developing Teaching Skills in Physical Education (4th ed.)*. Mountain View: Mayfield.

Siegfried, T. (2006) *A Beautiful Math: John Nash, Game Theory, and the Modern Quest for a Code of Nature*, The National Academies Press.（＝2008，冨永星訳『もっとも美しい数学「ゲーム理論」』文藝春秋。）

Simmel, G. (1917) *Grundfragen der Soziologie: Individuum und Gesellschaft*, Walter de Gruyter.（＝1979，清水幾太郎訳『社会学の根本問題――個人と社会』岩波文庫。）

Smith, M. (1982) *Evolution and the Theory of Games*, Cambridge University Press.

Spence, A. M. (1973) *Market Signalling: Information Transfer in Hiring and Related Processes,* Harvard University Press.

Stiglitz, J. E. (1974) "Incentives and risk sharing in sharecropping" *Review of Economic Studies* 41, pp. 219-255.

Thomas, W. I. & Znaniecki, F. (1918) *The polish peasant in Europe and America,* University of Chicago Press.

Thurstone, L. L. (1928) "Attitudes can be measured" *American Journal of Sociology* 33, pp. 529-544.

Thurstone, L. L. & Chave, E. J. (1929) *The measurement of attitudes,* University of Chicago Press.

Thurstone, L. L. (1951) "Two scales for measuring attitude toward physical education" *Research Quarterly* 34(1), pp. 114-126.

Tröler, D. (1988) *Philosophie und Pädagogik bei Pestalozzi,* Paul Haupt Bern und Stuttgart.（＝1992，乙訓稔訳『ペスタロッチ哲学と教育学』東信堂。）

Tsangaridou, N. & O'Sullivan, M. (1994) "Using pedagogical reflective strategies to Enhance reflection among preservice physical education teachers" *Journal of Teaching in Physical Education* 14, pp. 13-23.

Tsangaridou, N. & O'Sullivan, M. (1997) "The role of reflection in shaping physical education teachers educational values and practices" *Journal of Teaching in physical Education* 17, pp. 2-25.

Wear, C.L. (1951) "The evaluation of attitude toward Physical education as an activity course" *Research Quarterly* 22, pp. 114-126.

Wittgenstein, L. (1953) *Philosophical Investigations,* Basil Blackwell & Mott, Ltd.（＝1976，藤本隆志訳『哲学探究』〔ヴィトゲンシュタイン全集8〕大修館書店。）

Wittgenstein, L. (1969) *Über Gewißheit,* Basil Blackwell.（＝1975，黒田亘訳『確実性の問題・断片』〔ヴィトゲンシュタイン全集9〕大修館書店。）

あとがき

　本書は，兵庫教育大学大学院連合学校教育学研究科に提出した学位論文「優れた体育授業の創造に資する教師の戦略的思考に関する実践的研究――「ゲーム理論」からの接近」に一部，加筆・修正したものである。

　ささやかながら，このような形で学位論文が刊行されることは，大変喜ばしいことではあるが，多くの方々からのご指導・ご助言をいただいたからである。大学院博士課程でご指導いただいた梅野圭史先生（鳴門教育大学大学院教授）は私の恩師である。先生には，研究の構成段階から論文の審査に至るまで懇切丁寧にご指導いただいた。「ゲーム理論」の教育学への援用という着想は，先生からご指導いただいたものである。博士課程でお世話になるようになってから今日まで，研究の進め方，研究者としての心得等はもちろんのこと，人を大切にすること，研究者・教育者としての生き方までをもご示唆いただいたことに深甚の謝意を申し上げたい。

　同様に，これまで常によき先輩として研究だけではなく，仕事の面でも的確な助言・指導をいただいた林修先生（和歌山大学大学院教授），上原禎弘先生（兵庫教育大学大学院教授）にも感謝申し上げたい。思うように研究が進まなかったときに，暖かく励ましていただいたことで，何度救われたかわからない。有り難い思いで一杯である。

　本書を出版するにあたっては，平成28年度佛教大学研究叢書の出版助成を受けている。佛教大学の先生方，とりわけ教育学部長の篠原正典先生や前教育学部長の原清治先生，及び事務職員の皆様のお陰でこのような機会を与えて頂いたことに深く感謝申し上げたい。本学でお世話になって以来，快適な研究環境を与えて頂いていることを心より感謝申し上げる次第である。ここ数年は，本来の研究・教育に加え，大学内での役職者としての役割も増えたが，それでも

こうして自説をまとめることができたのは，そうした方々のご配慮あってのことである。また，出版に際して親身に携わって頂いたミネルヴァ書房の音田潔氏にも厚くお礼を申し上げたい。

　こうして自分の研究成果を発表することができたのも，関わっていただいた多くの方々のお力添えの賜であることをあらためて感じる。お一人おひとりを記すことはできないが，感謝してもし尽くせない思いである。

　最後に，研究を支えてくれた家族にも感謝したい。

2017年1月

山口孝治

巻末資料

たいいくのじゅぎょうについてのちょうさ

1ねん（　）くみ　　なまえ（　　　　　　　　）

●いままでの　たいいくのじかんをおもいだして
　　はい　　いいえ　　わからない　のなかから　ひとつに　○を　してください。

1．たいいくのとき　いつも　はりきります。
　　　　　　　　　　　　　　　　　　　　　はい　　いいえ　　わからない

2．たいいくが　おわったあと　とても　きもちが　よいです。
　　　　　　　　　　　　　　　　　　　　　はい　　いいえ　　わからない

3．たいいくのじかんが　すこししか　ないので　もっと　おおくしてほしいとおもいます。
　　　　　　　　　　　　　　　　　　　　　はい　　いいえ　　わからない

4．たいいくのじかん　うまく　できたときのきもちは　いまでも　わすれません。
　　　　　　　　　　　　　　　　　　　　　はい　　いいえ　　わからない

5．たいいくをすると　どんなときにも　がんばるちからが　つくと　おもいます。
　　　　　　　　　　　　　　　　　　　　　はい　　いいえ　　わからない

6．たいいくのじかん　うまく　できないことが　できるようになったら　いいと　おもいます。
　　　　　　　　　　　　　　　　　　　　　はい　　いいえ　　わからない

7．たいいくのじかん　だんだん　じょうずに　なっていくのが　とても　たのしみです。
　　　　　　　　　　　　　　　　　　　　　はい　　いいえ　　わからない

8．たいいくのじかん　うまく　できなかったら　いつも　れんしゅうを　します。
　　　　　　　　　　　　　　　　　　　　　はい　　いいえ　　わからない

たいいくのじゅぎょうについてのちょうさ

2ねん（　）くみ　なまえ（　　　　　　　）

●今までの　たいいくのじかんをおもいだして　|はい　いいえ　わからない|
　の中から　ひとつに　○を　してください。

1．じかんわりの中で　たいいくが　いちばんすきです。　|はい　いいえ　わからない|
2．たいいくのとき　いつも　はりきります。　|はい　いいえ　わからない|
3．たいいくが　おわったあと　とても　きもちがよいです。
　|はい　いいえ　わからない|
4．たいいくのじかん　うまく　できたときの　きもちは　今でも　わすれません。
　|はい　いいえ　わからない|
5．たいいくをすると　どんなときでも　がんばるちからが　つくとおもいます。
　|はい　いいえ　わからない|
6．たいいくのじかん　だんだんじょうずに　なっていくのが　とても　たのしみです。
　|はい　いいえ　わからない|
7．たいいくのじかん　うまくできないときでも　いつも　がんばります。
　|はい　いいえ　わからない|
8．たいいくは　たいせつな　べんきょうだと　おもいます。
　|はい　いいえ　わからない|
9．たいいくが　おわったあと　みんなと　あとかたづけを　するのは　きらいです。
　|はい　いいえ　わからない|
10．たいいくのじかん　はじめのたいそうや　おわりのたいそうは　おもしろくないです。
　|はい　いいえ　わからない|
11．あせが　いっぱいでるような　しんどい　たいいくは　きらいです。
　|はい　いいえ　わからない|
12．ふつうの　たいいくのじかんは　うんどうかいのときより　やるきが　でません。
　|はい　いいえ　わからない|
13．たいいくのじかん　おとこのこと（おんなのこと）いっしょにするのは　きらいです。
　|はい　いいえ　わからない|
14．たいいくのじかん　うまくできるこばかり　ほめられるので　つまらないと　おもいます。
　|はい　いいえ　わからない|
15．たいいくのじかん　すきなうんどうが　なかったら　おもしろく　ありません。
　|はい　いいえ　わからない|
16．たいいくが　できるより　さんすうや　こくごが　できるほうがいいと　おもいます。
　|はい　いいえ　わからない|

体育のじゅぎょうについてのちょうさ

3年（　　）組　名前（　　　　　　　）

●今までの　体育の時間を思いだして
　　はい　いいえ　わからない　の中から　ひとつに　〇を　してください。

1. 体育の時間を　もっと　長くしてほしいと思います。　　　はい　いいえ　わからない
2. うまくできない運動でも　やっている時は　たのしいです。
　　　　　　　　　　　　　　　　　　　　　　　　　　　　　　はい　いいえ　わからない
3. １つの運動がうまくいくと　もう少しむずかしい運動に　ちょうせんしようと思います。
　　　　　　　　　　　　　　　　　　　　　　　　　　　　　　はい　いいえ　わからない
4. 時間わりの中で　体育の時間を　もっと　多くしてほしいと思います。
　　　　　　　　　　　　　　　　　　　　　　　　　　　　　　はい　いいえ　わからない
5. 体育は　勉強の中で　一番　好きです。　　　　　　　　　はい　いいえ　わからない
6. きらいな運動の時も　がんばって　体育の勉強をします。
　　　　　　　　　　　　　　　　　　　　　　　　　　　　　　はい　いいえ　わからない
7. 体育で　体を　動かすと　とても　きもちがいいです。
　　　　　　　　　　　　　　　　　　　　　　　　　　　　　　はい　いいえ　わからない
8. 体育の時間　いつもはりきります。　　　　　　　　　　　はい　いいえ　わからない
9. 体育でならったことは　いつまでも　おぼえていると思います。
　　　　　　　　　　　　　　　　　　　　　　　　　　　　　　はい　いいえ　わからない
10. 体育をすると　つよい心をもった人に　なると思います。
　　　　　　　　　　　　　　　　　　　　　　　　　　　　　　はい　いいえ　わからない
11. うまい子や　つよいチームを見て　うまくできる方ほうを　いつも　考えます。
　　　　　　　　　　　　　　　　　　　　　　　　　　　　　　はい　いいえ　わからない
12. 体育の時間　いつもみんなで　いけんを出しあったり　きょうりょくしたりします。
　　　　　　　　　　　　　　　　　　　　　　　　　　　　　　はい　いいえ　わからない
13. 体育がおわると　きもちが　スッとします。　　　　　　はい　いいえ　わからない
14. 体育の時間　きらいな運動のときも　がんばってすると　楽しくなってきます。
　　　　　　　　　　　　　　　　　　　　　　　　　　　　　　はい　いいえ　わからない
15. 体育の時間　いろいろな運動を　自分たちで　くふうすることが　多いです。
　　　　　　　　　　　　　　　　　　　　　　　　　　　　　　はい　いいえ　わからない
16. うまくできた時の　きもちは　いまでも　わすれません。
　　　　　　　　　　　　　　　　　　　　　　　　　　　　　　はい　いいえ　わからない
17. うまくできない子が　うまくできるように　なったらいいと　いつも思います。
　　　　　　　　　　　　　　　　　　　　　　　　　　　　　　はい　いいえ　わからない
18. 体育の時間に　うまくできない時　休み時間や家で　れんしゅうします。
　　　　　　　　　　　　　　　　　　　　　　　　　　　　　　はい　いいえ　わからない

巻末資料

体育の授業についてのちょうさ

4年（　　）組　　名前（　　　　　　　　）

●今までの体育の授業を思いだして，次の27の意見のそれぞれに対して，さんせいなら○を，反対なら×を，どちらともいえないときは△を，マスの中に記入してください。

1. 体育の時間をもっと長くしてほしい。……………………………………………□1
2. 時間割の中で，体育の時間をもっと多くしてほしい。…………………………□2
3. 体育は勉強の中で一番好きです。…………………………………………………□3
4. 手や足がいたくなるような運動はしたくありません。…………………………□4
5. 体育の時間は，たのしいことより，くるしいことのほうが多い。……………□5
6. 体育で体をうごかすと，とてもきもちがいい。…………………………………□6
7. 体育の時間，いつもはりきります。………………………………………………□7
8. 体育の勉強でする運動は，みんなすきになりたいとおもいます。……………□8
9. 体育をすると，つよい心をもった人になるとおもいます。……………………□9
10. 1つの運動がうまくいくと，もうすこしむずかしい運動にちょうせんしようとおもいます。………………………………………………………………………………□10
11. 体育の時間，だんだんうまくなっていくのがたのしい。………………………□11
12. うまい子やつよいチームを見て，うまくできるほうほうをいつもかんがえます。…□12
13. 体育の時間，いつもみんなでいけんを出しあったり，きょうりょくしたりします。…□13
14. 体育の勉強の中できらいな運動がなくなるように，もっとがんばろうとおもいます。…□14
15. 体育がおわると，きもちがスッします。…………………………………………□15
16. 生きていくのに運動はとてもたいせつだとおもいます。………………………□16
17. 体育の時間に，友だちがはげましてくれるとやる気がでます。………………□17
18. 体育をすると，いろんなことにがんばれるじしんがつきます。………………□18
19. じぶんのしたい運動をあまりしてくれないとき，体育の勉強はおもしろくありません。…□19
20. 体育の時間，教室の勉強よりもわがままな子が多くでてきます。……………□20
21. 体育の時間，みんなのいけんがまとまらなくてこまることがよくあります。…□21
22. 体育をすると体力がつくとおもいます。…………………………………………□22
23. いつも，運動のうまい子は，かってなことばかりする。………………………□23
24. うまくできない子にわるぐちをいったり，わらったりする子が多い。………□24
25. 体育の時間にする運動が，むずかしすぎたり，かんたんすぎたりすることが多い。…□25
26. 体育の時間，がんばって運動していると，いざというときにやくだつとおもいます。…□26
27. 体育の時間，きらいな運動だったら，もうやる気がしません。………………□27

体育の授業についての調査

（　　）年（　　）組　　名前（　　　　　　　　　）

●今までの体育の授業を思いだして，次の30の意見のそれぞれに対して，賛成なら○を，反対なら×を，どちらともいえないときは△を，マスの中に記入してください。

1. 体育の学習のあとは，気持がすっとする。……………………………………… □1
2. 体育は，はりつめた心やからだをほぐすことができる。…………………… □2
3. 体育の授業がある日はたのしい。……………………………………………… □3
4. 体育の学習では，たのしいことより苦しいことが多い。…………………… □4
5. 体育でいろいろな人といっしょに活動することはとてもたのしい。……… □5
6. 体育の学習で，仲良しの友だちをつくることができる。…………………… □6
7. 体育のときは自分から進んで汗を流し，からだをきたえようという気持ちになる。… □7
8. 体育では，先生に言われたとおり動くだけでなく，自分たちで考え，活動することができる。……………………………………………………………… □8
9. 体育は，国語，算数，理科などいろいろな学習の中でも，とくに大切なものの1つだ。… □9
10. 体育の授業時間は少なすぎる。………………………………………………… □10
11. 体育の学習は，キビキビした動きのできるからだをつくる。……………… □11
12. 体育の学習は体力づくりに役立つ。…………………………………………… □12
13. 体育の学習で，ほがらかで活発な性格をつくることができる。…………… □13
14. 体育の学習で，ねばり強くがんばる態度が身につく。……………………… □14
15. 体育の学習で，どんなときにも正々堂々とがんばる習慣が身につく。…… □15
16. 体育の学習で，おたがいに助け合い協力し合う習慣が身につく。………… □16
17. 体育の学習では，運動のやり方だけでなく，なぜそのようにするのがよいのかというわけを学ぶことができる。……………………………………… □17
18. 体育の学習では，心がおどるほどうれしかったりたのしかったりすることが，ときどきある。…………………………………………………………… □18
19. 体育の学習は，中途はんぱでまとまりがない。……………………………… □19
20. 体育の学習は，その場かぎりのもので，いつまでも思い出に残るようなことはない。… □20
21. 体育の学習で，とてもよいチームワークをつくり出したり，うまいチームプレーをしたりするのはむりだ。……………………………………………… □21
22. 体育のときは，うまい人やわがままな人が勝手にする。…………………… □22
23. 体育の学習のとき，体育をするよろこびを味わうことができるのは一部の人にすぎない。………………………………………………………………… □23
24. 体育の学習のときは，教室でのべんきょうのときよりも，人のわがまま（自分勝手さ）がそのまま出る。………………………………………………… □24
25. 体育のときの仲間は，体育の時間だけの仲間である。……………………… □25
26. 体育の学習は，なにも考えずに，先生にいわれたままにうごく人をつくりやすい。… □26
27. 先生が，ふだん体育についていわれていることと，じっさいの体育の学習のしかたとはちがっている。……………………………………………… □27
28. 体育の学習は，なんの目的でやっているのかわからない。………………… □28
29. 体育は，ほかのべんきょうにくらべ，先生がいなくても自分たちでできることが多い。… □29
30. 放課後に自由に運動ができる時間や場所があれば，体育の時間はなくてもよい。… □30

巻末資料

表 「よろこび」「評価」の各尺度の平均値と標準偏差(a)
並びに学級態度得点に関する診断基準(b)

(a)

学年	尺度	性別	X	S・D
一学年	よろこび	男子	5.61	1.23
		女子	5.70	1.20
二学年	よろこび	男子	5.47	1.24
		女子	5.46	1.12
	評価	男子	3.97	1.98
		女子	4.91	1.57

(b)

学年	尺度		A	B	C	D	E
一学年	よろこび		～7.5	7.4～6.3	6.2～5.0	4.9～3.7	3.6～
二学年	よろこび		～7.2	7.1～6.1	6.0～4.9	4.8～3.8	3.7～
	評価	男子	～7.0	6.9～5.0	4.9～3.0	2.9～1.0	0.9～
		女子	～7.3	7.2～5.7	5.6～4.2	4.1～2.6	2.5～

図 1学期間の態度得点の変化量に関する診断基準

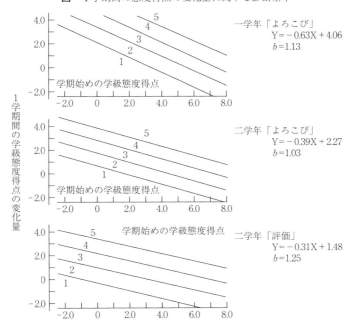

一学年「よろこび」
Y=−0.63X+4.06
b=1.13

二学年「よろこび」
Y=−0.39X+2.27
b=1.03

二学年「評価」
Y=−0.31X+1.48
b=1.25

表　項目点の変化量に関する診断基準

学年	尺度	項目点	学期始めの項目点	100~91	90~81	80~71	70~61	60~51	50~41	40~31	30~21	20~11	10~01	00~-09	-10~-19	-20~-29	-30~-39	-40~-49	-50~-59
1学年	よろこび	1	はりきる気持ち	00/-15	10/-05	15/00	25/10	35/15	40/25	50/35	60/45	65/50	75/60	85/65	90/75	100/85	105/90	115/100	125/110
		2	運動のそう快さ	-05/-30	05	15	25	35	40/15	50/25	60/45	70/50	80/50	85/60	95/70	105/85	115	125	130/105
		3	授業時数	00/-30						50/20	60/30		50/40	90/60	95/65		85		135/105
		4	深い感動	-05/-30	-05/-25	15/-10	20/-10	25/00	45/15	50/30	60/40	65/50	75/40	90/60	95/65	90/65	85/70	95/80	115/90
		5	がんばる習慣	-05/-20	05/-15	15/-05	25/05	30/15	40/20	45/25	55/35	60/40	70/50	75/55	85/65	85/75	100/80	105/100	130/110
		6	仲間への思いやり	00/-20	10/-10	15/-05	25/05	30/10	40/25	45/35	55/40	60/50	70/55	75/65	85/70	90/75	100/85	110/90	115/95
		7	学習のよろこび	00/-15	00/-05	15/05	15/-15	20/-10	25/10	30/05	40/10	45/15	50/25	55/30	65/35	70/40	75/50	85/55	115/100
		8	主体的活動	-05/-35	00/-30	05/-20	15/-05	20/-10	20	30	40/15	45/20	50/00	55/35					90/60
	よろこび	1	体育をするよろこび	-05/-20	10/-15	15/-10	15/-15	15	25	30/-10	40/-05	45/-05	50/00	55/30	65/45	70/50	75/55	80/60	40/15
		2	はりきる気持ち	-05	00/-20	10/-10	15/-05	15/-15	25	30	40/20	45/25	50/30	55/35	60/45	65/55	75/55	80/60	85/65
		3	運動のそう快さ		05	10	15	20	25	30	35/15	40/20	25/20	30/25	35	40	45/45	50/50	55
		4	深い感動	00/-25	00/-20	00/-15	15	-05	-05	40	40	45/20	25	55/30	45	65	75/45	80/55	85/60

巻末資料

こび	5	がんばる習慣	−05 −30	00 −20	−05 −15	05 −15	−10	25 00	25 00	35 10	45 15	50 25	60 30	65 45	70 50	80 55	85 65	90 70
	6	学習のよろこび	−05 −20	05 −10	10 −05	20 05		25 15	35 20	40 30	50 35	65 45	75 50	80 65	90 75	95 85	105 90	110 95
	7	挑戦する態度	−05		10			15		20	25 45			30	35 10	40 15	40	20
	8	体育科目の価値	−05 −10	00 −15	10	−10		20	−05	20	25		30	−05		00	35 05	
評価	9	仲間との協力	−05 −25	00 −20	05 −15	10 −10	15 −05	20 00	20 05	25 10	25 15	35 15	40 15	40 25	45 30	50 30	55 30
	10	授業の流れ	−05 −30	00 −25	05 −20	10 −15	25 −05	30 05	30 10	35 20	40 30	50 25	60 30	65 40	70 45	75 50	80 55
	11	体力づくり	−05 −25	00 −20	05 −15	10 −10	20 −05	25 05	30 10	35 15	45 25	50 30	55 35	60 40	65 45	70 50
	12	授業の印象	−05 −25	00 −20	00 −15	10 −10	20 −05	25 05	30 05	40 10	45 20	55 30	65 40	75 50	85 60	90 65
	13	男女意識	−35	00 −30	05	−25	15 −15	15 −15	20		25 −05	35			45	50	20
	14	みんなのよろこび	−05 −30	00 −25	05 −20	10 −15	20 −05	30 05	35 10	40 15	40 10	55	60	65 35	70 45	75 50	80 55
	15	体育授業に対する好嫌	00 −30	05 −25	10 −25	15 −20	20 −10	30 05	35 05	40 10	45 15	50 20	70 40	70 45	75 45	80 50	90 60
	16	体育授業に対する評価	−10 −40	−05 −35	00 −30	05 −25	10 −20	15 −15	20 −15	25 −05	30 00	40 10	45 15	50 20	55 25	60 30	65 35	70 40

二学年

注：学期末の項目点と学期始めの項目点との差が、表中の左側（上）の値以上なら標準以上（記号イ）、右側（下）の値以下なら標準以下（記号ハ）とする。
表中の数値は小数点を省略している。たとえば10は0.10と読む。

表　学級態度得点に関する診断型の判定基準(a),
　　並びに態度得点の変化量に関する診断型の判定基準(b)

(a)

学年	個数 A / C / B	個数 D / / E	判定
一学年	1 0 0		高いレベル
	0 1 0		ふつうのレベル
	0 0 1		低いレベル
二学年	2 0 0		高いレベル
	1 1 0		やや高いレベル
	0 2 0		ふつうのレベル
	0 1 1		やや低いレベル
	0 0 2		低いレベル
	1 0 1		アンバランス

(b)

個数 5 / 3 / 4	個数 2 / / 1	判定
1 0 0		成功
0 1 0		横ばい
0 0 1		失敗
2 0 0		成功
1 1 0		やや成功
0 2 0		横ばい
0 1 1		やや失敗
0 0 2		失敗
1 0 1		アンバランス

表　意見項目の平均値と標準偏差，並びに項目点の診断基準

学年	尺度	意見項目	X	S.D	標準以上～標準以下
一学年	よろこび	1　はりきる気持	0.82	0.16	0.90～0.75
		2　運動のそう快さ	0.69	0.23	0.80～0.60
		3　授業時数	0.66	0.27	0.80～0.50
		4　深い感動	0.68	0.22	0.80～0.55
		5　がんばる習慣	0.77	0.18	0.85～0.70
		6　仲間への思いやり	0.78	0.19	0.90～0.70
		7　学習のよろこび	0.86	0.15	0.95～0.80
		8　主体的活動	0.53	0.35	0.70～0.35
二学年	よろこび	1　体育をするよろこび	0.62	0.21	0.75～0.50
		2　はりきる気持ち	0.64	0.20	0.75～0.55
		3　運動のそう快さ	0.67	0.24	0.80～0.55
		4　深い感動	0.61	0.24	0.75～0.50
		5　がんばる習慣	0.66	0.21	0.75～0.55
		6　学習のよろこび	0.82	0.15	0.90～0.75
		7　挑戦する態度	0.80	0.18	0.90～0.70
		8　体育科目の価値	0.73	0.21	0.85～0.60
	評価	9　仲間との協力	0.68	0.25	0.80～0.55
		10　授業の流れ	0.58	0.30	0.75～0.45
		11　体力づくり	0.68	0.26	0.80～0.55
		12　授業の印象	0.66	0.24	0.80～0.55
		13　男女意識	0.22	0.44	0.45～0.00
		14　みんなのよろこび	0.62	0.28	0.75～0.50
		15　体育授業に対する好嫌	0.60	0.33	0.75～0.45
		16　体育授業に対する評価	0.40	0.32	0.55～0.25

巻末資料

表　各尺度の学期始めの診断基準

学年	尺度	性別	MEAN	S.D	診断基準 A	B	C	D	E
3年	よろこび		5.316	1.347	〜7.35	7.34〜6.00	5.99〜4.65	4.64〜3.30	3.29〜
	評価		3.670	1.847	〜6.45	6.44〜4.60	4.59〜2.75	2.74〜0.90	0.89〜
4年	よろこび	男	4.343	1.338	〜6.35	6.34〜5.00	4.99〜3.65	3.64〜2.35	2.34〜
		女	3.579	1.764	〜6.20	6.19〜4.45	4.44〜2.70	2.69〜0.95	0.94〜
	評価		5.365	1.671	〜7.85	7.84〜6.20	6.19〜4.55	4.54〜2.85	2.84〜
	価値	男	2.238	1.363	〜4.60	4.59〜3.00	2.99〜1.45	1.44〜0.10	−0.09〜
		女	2.973	1.566	〜5.30	5.29〜3.75	3.74〜2.90	2.89〜0.60	0.59〜

注：(A＞MEAN＋1.5 S.D＞B＞MEAN＋0.5 S.D＞C＞MEAN−0.5 S.D＞D＞MEAN−1.5 S.D＞E)

表　授業診断のための判定基準

学年	(A) 個数 A/B	C	D/E	判定	(B) 個数 5/4	3	2/1	判定
3学年	2	0	0	高いレベル	2	0	0	成功
	1	1	0	やや高いレベル	1	1	0	やや成功
	0	2	0	ふつうのレベル	0	2	0	横ばい
	0	1	1	やや低いレベル	0	1	1	やや失敗
	0	0	2	低いレベル	0	0	2	失敗
	1	0	1	アンバランス	1	0	1	アンバランス
4学年	3	0	0	高いレベル	3	0	0	成功
	2	1	0	かなり高いレベル	2	1	0	かなり成功
	1	2	0	やや高いレベル	1	2	0	やや成功
	0	3	0	ふつうのレベル	0	3	0	横ばい
	0	2	1	やや低いレベル	0	2	1	やや失敗
	0	1	2	かなり低いレベル	0	1	2	かなり失敗
	0	0	3	低いレベル	0	0	3	失敗
	1	1	1	アンバランス	1	1	1	アンバランス
	2	0	1	〃	2	0	1	〃
	1	0	2	〃	1	0	2	〃

注：（A）　学級態度得点からの診断型の判定基準。
　　（B）　態度得点の変化量からの診断型の判定基準。

図 学級態度得点の変化の診断基準（3年生）

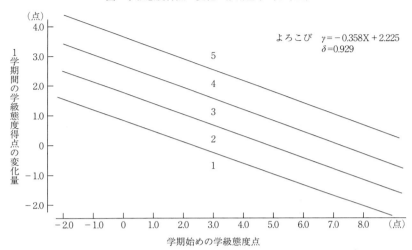

よろこび　$\gamma = -0.358X + 2.225$
　　　　　$\delta = 0.929$

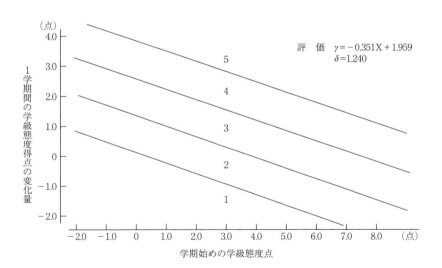

評　価　$\gamma = -0.351X + 1.959$
　　　　$\delta = 1.240$

巻末資料

図 学級態度得点の変化の診断基準（4年生）

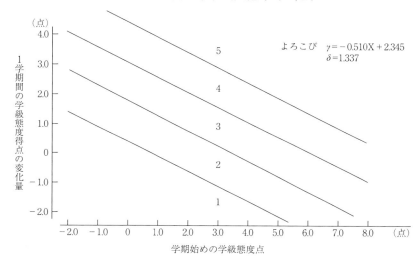

よろこび　$\gamma = -0.510X + 2.345$
$\delta = 1.337$

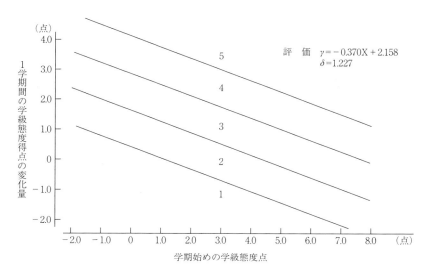

評　価　$\gamma = -0.370X + 2.158$
$\delta = 1.227$

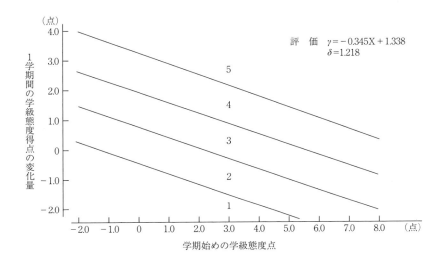

巻末資料

表 各項目点の平均値と標準偏差及び学期始めの診断基準

尺度	項目	MEAN	S.D	標準以上	標準以下	尺度	項目	MEAN	S.D	標準以上	標準以下
		3 年						4 年			
よろこび	1	.69	.24	.80	.55	よろこび	1	.50	.29	.75	.45
	2	.75	.24	.85	.65		2	.56	.30	.70	.40
	3	.78	.19	.90	.70		3	.24	.34	.40	.05
	4	.64	.20	.75	.55		4	.38	.29	.55	.25
	5	.40	.28	.55	.25		5	.37	.34	.55	.20
	6	.75	.22	.85	.65		6	.66	.22	.75	.55
	7	.75	.20	.85	.65		7	.46	.30	.60	.30
	8	.55	.30	.70	.40		8	.70	.22	.80	.60
評価	9	.31	.25	.45	.20	評価	9	.31	.27	.45	.15
	10	.43	.27	.55	.30		10	.75	.18	.85	.65
	11	.32	.27	.45	.20		11	.81	.15	.90	.75
	12	.13	.35	.30	−.05		12	.27	.33	.45	.10
	13	.50	.27	.65	.35		13	.09	.37	.30	−.10
	14	.68	.24	.80	.55		14	.72	.19	.80	.60
	15	−.08	.44	.15	−.30		15	.45	.29	.60	.30
	16	.58	.26	.70	.45		16	.76	.15	.85	.70
	17	.63	.25	.75	.50		17	.63	.23	.75	.50
	18	.15	.33	.30	.00		18	.59	.22	.70	.50
						価値	19	.18	.36	.35	.00
							20	.05	.32	.20	−.10
							21	−.09	.31	.05	−.25
							22	.87	.11	.90	.80
							23	.14	.32	.30	.00
							24	.09	.33	.25	−.10
							25	.02	.33	.15	−.15
							26	.78	.21	.90	.70
							27	.55	.24	.70	.45

注：標準以上…MEAN＋0.5 S.D, 標準以下…MEAN−0.5 S.D

表　第3学年用　項目点の変化の診断基準

項目番号	100	91	90	81	80	71	70	61	60	51	50	41	40	31	30	21	20	11	10	01	00	-09	-10	-19	-20	-29	-30	-39	-40	-49	-50	-59
1	00	-20	05	-15	10	-10	15	-05	20	00	25	05	30	10	35	15	40	20	45	25	50	30	55	35	60	40	65	45	70	50	75	55
2	05	-15	10	-10	15	-05	20	05	30	10	35	15	40	20	45	25	50	35	60	40	65	45	70	50	75	55	80	65	90	70	95	75
3	00	-15	05	-10	15	-05	20	05	25	10	30	15	35	20	45	30	50	35	55	40	60	45	70	50	75	60	80	65	85	70	90	75
4	00	-25	05	-20	10	-10	15	-05	20	00	25	05	30	10	35	15	40	20	45	25	50	30	60	35	65	40	70	45	75	50	80	55
5	-10	-35	-05	-35	-05	-30	00	-25	05	-20	05	-20	10	-15	15	-10	20	-10	20	-05	25	00	30	05	35	05	35	10	40	15	45	20
6	05	-15	10	-10	15	-05	20	00	30	10	35	15	40	20	45	25	55	35	60	40	65	45	70	50	80	60	85	65	90	70	95	75
7	10	-10	15	-05	20	00	25	05	30	10	40	20	45	25	50	30	55	35	60	40	65	45	75	55	80	60	85	65	90	70	95	75
8	00	-25	05	-20	10	-15	10	-10	15	-05	20	00	25	05	30	10	35	15	40	15	45	20	50	25	55	30	60	35	65	40	70	45
9	00	-25	00	-20	05	-15	10	-15	10	-10	15	-05	20	-05	25	00	25	05	30	10	35	10	40	15	40	20	45	20	50	25	50	30
10	-10	-35	-05	-30	00	-10	05	-05	00	-15	15	-10	15	00	25	05	30	10	35	15	40	20	50	25	55	30	60	35	65	40	70	45
11	-25	-55	-20	-50	-10	-40	-05	-35	00	-30	10	-20	15	-15	25	-10	30	00	35	05	45	10	50	20	55	25	65	30	70	40	80	45

巻末資料

12	-05 / -35	-05 / -30	-05 / -30	00 / -30	00 / -25	05 / -25	05 / -20	05 / -20	05 / -20	10 / -20	10 / -15	15 / -15	15 / -15	15 / -10	15 / -10	20 / -10
13	-10 / -35	-05 / -30	05 / -20	10 / -15	15 / -10	25 / 00	30 / 05	35 / 10	45 / 20	50 / 25	55 / 30	65 / 40	70 / 45	75 / 50	85 / 60	90 / 65
14	00 / -20	05 / -15	15 / -05	20 / 00	25 / 05	35 / 15	40 / 20	45 / 25	50 / 30	60 / 40	65 / 45	70 / 50	80 / 60	85 / 65	90 / 70	95 / 75
15	-30 / -65	-25 / -60	-20 / -55	-15 / -50	-10 / -45	-05 / -40	00 / -35	05 / -30	10 / -30	15 / -25	15 / -20	20 / -15	25 / -10	30 / -05	35 / 00	40 / 05
16	00 / -25	05 / -20	05 / -10	10 / -05	25 / 00	30 / 05	35 / 10	40 / 20	45 / 25	55 / 30	60 / 35	65 / 40	70 / 45	75 / 55	85 / 60	90 / 65
17	00 / -25	10 / -15	20 / -10	25 / 00	35 / 10	45 / 20	55 / 25	60 / 35	70 / 45	80 / 55	90 / 60	95 / 70	105 / 80	115 / 90	120 / 95	130 / 105
18	-15 / -50	-10 / -45	-05 / -40	-05 / -30	10 / -25	15 / -20	20 / -15	30 / -05	35 / 00	40 / 05	45 / 10	55 / 20	60 / 25	65 / 30	70 / 35	80 / 45

注：学期末の項目点と学期始めの項目点との差が、表中の左側（上）の値以上なら標準以上（記号ハ）、右側（下）の値以下なら標準以下（記号ニ）とする。
表中の数値は小数点を省略している。たとえば10は0.10と読む。

表 第4学年用 項目点の変化の診断基準

項目番号	100/91	90/81	80/71	70/61	60/51	50/41	40/31	30/21	20/11	10/01	00/-09	-10/-19	-20/-29	-30/-39	-40/-49	-50/-59
1	00/-25	05/-20	10/-15	15/-10	20/-05	25/00	30/05	35/05	40/10	40/15	45/20	50/25	55/30	60/35	65/40	70/45
2	00/-30	05/-25	05/-20	10/-15	15/-10	20/-05	25/00	30/05	35/10	40/15	45/20	50/25	50/30	60/30	65/35	70/40
3	-10/-35	-05/-35	-05/-30	00/-25	05/-25	05/-20	10/-20	15/-15	15/-10	20/-10	25/-05	25/00	30/00	35/05	35/10	40/10
4	-20/-50	-10/-45	-05/-35	-05/-30	10/-20	20/-10	30/-05	35/05	45/10	50/20	60/25	70/35	75/45	85/50	90/60	100/65
5	-15/-50	-10/-40	-05/-35	-05/-35	00/-25	05/-15	15/-15	25/-05	30/00	40/05	45/15	50/20	55/25	60/30	70/35	75/45
6	00/-15	10/-15	15/-05	20/00	25/05	30/10	35/15	40/20	45/25	50/30	55/35	60/45	65/50	70/55	80/60	85/65
7	-05/-30	00/-25	05/-20	10/-15	15/-10	20/-05	25/-05	30/05	35/10	40/15	45/20	50/25	55/30	60/35	70/40	75/45
8	-05/-30	00/-25	05/-20	10/-15	15/-10	20/-10	25/-05	30/05	35/10	40/15	45/20	50/25	55/30	60/35	70/40	75/45
9	-10/-30	-05/-30	00/-25	00/-20	05/-15	10/-10	15/-05	20/-05	20/00	25/05	30/10	35/15	40/15	45/20	45/25	50/30
10	00/-15	05/-15	10/-10	20/10	15/20	20/05	25/15	30/15	35/20	40/20	45/25	50/30	50/35	55/40	60/45	65/50
11	05/-10	10/-05	15/00	20/10	30/15	35/20	40/30	50/35	55/40	60/45	65/55	75/60	80/65	85/70	90/80	100/85
12	-25/-55	-20/-50	-15/-45	-05/-35	00/-30	05/-25	10/-20	15/-15	25/-05	30/00	35/05	40/10	50/20	55/25	60/30	65/35
13	-15/-50	-10/-45	-10/-40	-05/-40	00/-35	05/-30	10/-25	15/-25	15/-20	20/-15	20/-10	25/-10	30/-05	35/00	35/05	40/05

巻末資料

14	00 / −20	05 / −15	10 / −10	20 / 00	25 / 05	35 / 10	40 / 20	45 / 25	55 / 30	60 / 40	65 / 45	75 / 55	80 / 60	85 / 65	95 / 75	100 / 80
15	−05 / −30	00 / −25	05 / −20	10 / −15	15 / −10	20 / −05	25 / 00	35 / 05	30 / 10	40 / 15	50 / 20	55 / 25	60 / 35	65 / 40	70 / 45	75 / 50
16	00 / −20	05 / −15	10 / −05	15 / 00	25 / 05	30 / 10	35 / 15	40 / 25	45 / 30	55 / 35	60 / 40	65 / 45	70 / 55	75 / 60	85 / 65	90 / 70
17	00 / −25	05 / −20	05 / −15	10 / −10	15 / −10	20 / −05	25 / 00	25 / 05	30 / 10	35 / 10	40 / 15	45 / 20	45 / 25	50 / 30	55 / 30	60 / 35
18	−10 / −40	−05 / −30	05 / −25	10 / −15	15 / −10	25 / −05	30 / 05	40 / 10	45 / 20	55 / 25	60 / 30	65 / 40	75 / 45	80 / 55	90 / 60	95 / 70
19	−15 / −45	−10 / −40	−05 / −35	00 / −30	05 / −25	15 / −20	20 / −15	25 / −10	30 / −05	35 / 05	40 / 10	45 / 15	50 / 20	55 / 25	60 / 30	65 / 35
20	−15 / −45	−10 / −40	−05 / −40	−05 / −35	−05 / −30	05 / −25	10 / −20	10 / −20	15 / −15	20 / −10	25 / −05	30 / 05	30 / 00	35 / 05	40 / 10	45 / 15
21	−40 / −75	−30 / −65	−25 / −60	−20 / −50	−10 / −45	−05 / −40	05 / −30	10 / −25	15 / −15	25 / −10	30 / −05	40 / 05	45 / 10	50 / 20	60 / 25	65 / 30
22	00 / −15	05 / −10	15 / 00	20 / 05	30 / 15	35 / 20	40 / 25	50 / 35	55 / 40	65 / 50	70 / 55	75 / 60	85 / 70	90 / 75	100 / 85	105 / 90
23	−10 / −40	−10 / −35	−05 / −35	00 / −30	00 / −30	05 / −25	10 / −25	10 / −20	15 / −15	15 / −15	20 / −10	25 / −10	25 / −05	30 / 00	30 / 00	35 / 05
24	−10 / −40	−05 / −35	−05 / −35	05 / −30	05 / −25	10 / −20	15 / −20	20 / −15	20 / −10	25 / −05	30 / −05	35 / 00	35 / 05	40 / 10	45 / 10	50 / 15
25	−30 / −65	−25 / −60	−20 / −55	−15 / −45	−10 / −40	00 / −35	05 / −30	10 / −25	15 / −20	20 / −10	25 / −05	35 / 00	40 / 05	45 / 10	50 / 15	55 / 20
26	00 / −25	10 / −15	15 / −10	25 / 00	30 / 10	40 / 15	50 / 25	55 / 35	65 / 40	75 / 50	80 / 60	90 / 65	100 / 75	105 / 85	115 / 90	125 / 100
27	−05 / −30	00 / −25	05 / −20	15 / −15	20 / −15	25 / 00	30 / 05	40 / 15	45 / 20	50 / 25	60 / 30	65 / 30	70 / 45	75 / 50	85 / 60	90 / 65

注：学期末の項目点と学期始めの項目点との差が、表中の左側（上）の値以上なら標準以上（記号イ）、右側（下）の値以下なら標準以下（記号ハ）とする。表中の数値は小数点を省略している。たとえば10は0.10と読む。

表　項目点の変化の診断基準

項目	0.94~0.85	0.84~0.75	0.74~0.65	0.64~0.55	0.54~0.45	0.44~0.35	0.34~0.25	0.24~0.15	0.14~0.05	0.04~-0.04	-0.05~-0.14	-0.15~-0.24	-0.25~-0.34	-0.35~-0.44
1	-05 -50	00 -45	05 -40	10 -35	15 -25	20 -25	25 -20	30 -15	35 -10	40 -05	45 00	50 05	55 10	60 15
2	00 -35	05 -30	10 -25	15 -20	20 -15	25 -15	30 -10	35 -05	40 00	45 05	50 05			
3	-10 -50	-05 -45	00 -40	05 -35	10 -30	15 -25	20 -20	25 -15	30 -15	35 -10	40 -05	45 -05		
4	05 -35	10 -35	15	-30	20 -25	25 -20	30 -15	-10	-15	35 -05	50 15	45 00	50 00	55 05
5	-05 -40	00			15 -20	15 -15	30 -10	-05	35 00	40 05	50 15	45 05		
6		-05 -45	-40	05 -35	10 -25	15 -25	20 -20	-15	30 -10	35 -05	45 05	50 10	50 10	55 15
7	-05 -40	00 -40	00 -35	05 -35	10 -30	15 -20	-20	25	25 -15	30 -10	35 -05	35 -05	40 00	40 05
8		-15 -50	-10 -45	-05 -40	00 -35	05 -30	10 -25	20	45 -05	35 -10	55 00	55 00	65 05	75 10
9			05 -30	05 -25	10 -25	15 20	15	20	30 -05	30 -05	40 00		45 00	05
10	05 -30	10 30	15 -25	20	20 -20	25	25 -15	-15	30	35 -10	40 -05		40 00	45 00
11	-05	-40	00 -40	05 -35	05 -30	10 -30	15 -25	15 -15	20 -10	30 -15	35 -05	35 -05	40 00	45 00
12	00 -35	05 -35	10 -30	15	-25	15 -20	20	-20	20 -10	-15	30	30	35	-05
13	-10 -50	-45	-40	-35	-30	-25	-30	10 -30	15 -25	20 -25	20 -20	25 -20	25 -15	40 -10
14	-05	-45	-05	00	00	05 -35	00 -25	15	-20	-15	25 -10	30 -10	35 -05	30 -10
15	-20 -55	-15 -50	-10 -45	-05 -40	-15 -25	-15 -30	-10 -25	-25	35 -05	40 -05	45 05	45 05	35 -05	40 00
16	00 -40	05 -35	05 -35	10 -30	05 -30	10 -30	10 -25	15 -25	20	-20			50 10	55 15
17	-05	-40	00	-35	15 -25	10 -30	15 -25	15 -25	20		-25	-15	30	-10
18	-20	-50	-15 -55	-10 -50	-05 -45	00 -40	05 -35	10 -30	15 -25	-20		30	35	

巻末資料

19	−10 −55	−05 −50	−05 −45		05 −35	10 −35	15 −30	20 −25	20 −20	25 −15	30 −10	35 −10	40 −05	40 00
20	−05 −50		00 −45	−40	05 −35	05 −30	10 −30	10 −25	15 −25	20 −20	25 −20	30 −15	35 −10		40 10
21	−10 −50	−05 −45	00 −40	05 −35	10	15 −25	20 −20	25 −15	30 −15	30 −10	35 −05	35 00	40 −10	45 05	40 −05
22	−05 −55	00 −55	05 −50	05 −45	10 −40	10 −35	15 −30	20 −25	25 −25	25 −20	30 −20	35 −15	40 −10	45 −05	40 00
23					−30	15	20 −25	25	30		35	35			
24	05 −35	10 −35	10 −30	15	20 −25	20 −25	25 −15		−15					−10	40 −05
25	−45	00 −40	05 −35	05 −30	10	15	20 −20	25 −10	30 −05	30 −05	35 00	40 05	45 00	45 00	50 15
26	−40	05 −35	10 −30	15 −25	20 −20	25 −15	30 −10	35 −05	45 05	45 10	45 15	50 15	55 20	60 25
27	−15	−50	−10 −45	−05 −40	05 −35	10 −30	20 −20	30 −10	35 −10	30 −05	35 00	40 00	45 05	50 15
28	00		05 −35	10	15 −30	15 −25	20 −20	25	30 −15	30 −10	35 05	40 −05	40 00
29		−40		15 −25	20 −20	25 −20	30 −15	35 −15	35 −05	40 00	40 05	45 05	45 10	50 15
30		05 −35	10 −35	15 −25	20 −20	25 −15	30	35	40 −05	45 00	50 05	50 10	45 10	50 15	55

注：(1) 学期末の項目点と学期始めの項目点との差が，表中の $\left\{\begin{array}{l}\text{左側の値以上なら標準以上（記号イ）} \\ \text{右側の値以下なら標準以下（記号ハ）}\end{array}\right\}$

(2) 表中の数値は小数点を省略している。たとえば −05 は −0.05 と読み，10 は 0.10 と読む。

図 学期始めと比較した学期末のスコアの増減

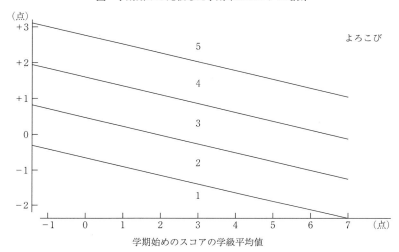

よろこび

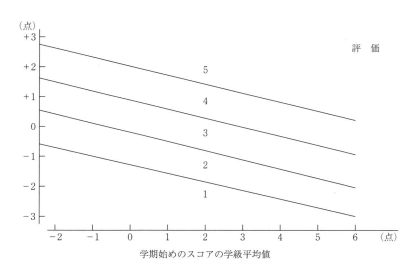

評　価

図 態度スコアの学級平均値の変化の診断基準

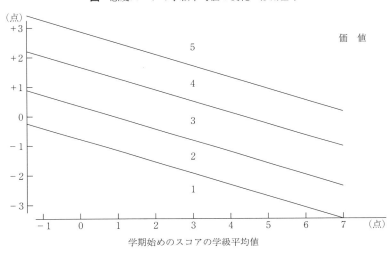

索　引

あ 行

アイマークレコーダー　188
アフォーダンス　122
アフォーダンス理論の知識　119
暗黙知　167
一次情報　159
一対多の対話　71
イメージマップテスト　177
入れ篭構造モデル　43
インセンティブ　52
動きの分解図　154
運動観察能力　81
運動教材　70
　　——における子どものつまずきの類型とその
　　　手だてに関する知識　117
運動特性　65
運動に関する専門的知識　116
運動の構造的（技術的，機能的，文化的）知識
　　117
運動の構造的知識　12
運動を見る目　160
エセ出力の場　166
演示　109
オフ・ライン・モニタリング法　6
オペラント条件づけ　19, 30
折り返し持久走　65
オン・ライン・モニタリング法　6

か 行

解概念　11, 29, 34
介入　128
介入・実験的研究　129
介入の視点　185
学習過程　95

学習指導法　44, 67
学習成果　84
　　——の技能的側面　136
　　——の情意的側面　136
学力観　93, 134
　　——に関わる知識　119
課題解決的の学習　122
課題解決場面　151
課題形成・把握場面　151
課題形成型学習　84
課題形成的の学習　69
課題選択型学習　84
価値観　131
『学校体育事典（走り幅跳び）』　139
観察学習　88, 104
官僚主義の思想　30, 189
官僚的構造　189
機会主義的行動　25
技術の構造　189
技術の実践　2, 8
技術的レディネス　46
基礎的条件　79, 90
基礎目標　44
技能的特性　65
技能レディネス　143
逆選択　54
教育観　131
教育実践学　19
教材解釈力　160
教材が動く　172
教師のV.S.O.P　116
教師の視線　188
教師の指導性　159
教師の先有的条件　160
教授技術　85
教授効果　84
教授戦略カテゴリー　12

229

教師を変える授業研究　129
教師を高める授業研究　129
矯正的フィードバック　100, 154
共有地のジレンマ　26
協力ゲーム　27
空間的な組み合わせ　182
グループノート　56, 115
経験知　137
形式合理性　25
形成的授業評価得点　79
系統的学習　94, 122
ゲームの木　42, 47
ゲームパフォーマンス評価　55
結果学力　118
言語ゲーム　23
言語的相互作用　62, 71, 80
限定合理性　39, 76
コアの概念　35
コアモデル　188
高次目標　44
肯定的フィードバック　154
行動科学　4
項目点　157
個人カード　56, 115
古典的条件づけ　19, 30
子どもの動きの診断　67, 98, 188
子どもの主体性　159
子どもの知覚情報　119
子どもの人間学　56
子ども理解　3
コミットメント　58, 61
混合戦略　75

さ　行

再生刺激法　8
最適戦略　53
最適な学習プログラム　141
サイバネティクス理論　2
試技　98
シグナリング　57
時系列的な組み合わせ　182

思考の再構成　176
思考プロセス　177
実践知　184
実践的思考　184
実践的思考様式　6, 7, 9
実践的指導力　184
実践的知識　4, 184
質的な巡視　116, 160
指導観　51, 134
指導技術　132
指導プログラム　82
示範　88
ジャーナル　131
　——記述法　8
社会的遊戯　24
シャプレイ値　75
囚人のジレンマ　31
集団間異質　88
集団内等質　88
授業研究　177
　——法　186
授業の科学　6, 176
授業の雰囲気　81
授業評価　21
循環規則　71
順列戦略　155, 178
状況的思考　176
情報（混合戦略）　39
助走地点　105
自立解決　168
事例研究　13
進化ゲーム理論　76
人工知能論　123
診断レポート　6
信用割当　54
心理的系統学習　84
スクリーニング　52
優れた教師　129
優れた授業の創造　182
ステージ状態　133
ステップ状態　133
説得的コミュニケーション　17

ゼロ和2人ゲームの理論　35
潜在的カリキュラム　59
戦術手法　178
専門的知識　160
戦略型ゲーム理論　10, 34
戦略型非協力ゲーム　28
戦略手法　154
戦略的思考　9
相互作用　61, 62
速度曲線　115
即興的思考　176
ソート・ユニット　103
反り跳び　108

た　行

体育科における教授戦略観察法　187
体育授業学　129
体育授業診断法　20
第一次ルール　60
大正自由教育運動　3
態度　13
態度間構造　16
態度構造　20
態度尺度　21
態度主義的学力観　20, 21
態度測定　15
　　──法　85
態度的学力　118
態度得点　78
態度内構造　16
態力主義的学力観　20, 21
タギング機能　187
多元的思考　176
タスクゲーム　51
タテの評価　66
単一的知識　5, 7
段階指導　65
単元構成レベル　138
短助走　95
逐語記録　85
知識領域　4, 5

着地動作　164
中助走　95, 166
長助走　166
重複戦略　180
跳躍技能　83
ティーチング・エキスパタイズ研究　172
出来事　131
　　──調査法　8
テクノクラート　30, 189
展開型ゲーム理論　10, 34
展開型非協力ゲーム　28
当為一元論　3
動学的不整合性　61
討議　70

な　行

内観法　103
内容的条件　79, 90
ナッシュ均衡　29, 75
ナッシュの均衡点　35
二次情報　159
認知科学　123
認知スタイル　124
認知的斉合性理論　17, 31
認知的バランス理論　18
認知的不協和理論　18
値踏み　51
ねらい幅跳び　65, 142
ノイマン・モルゲンシュテルン解　75
能力的学力　118

は　行

はさみ跳び　108
走り幅跳び診断表　55, 95, 104
8秒間走　65
場づくりの工夫　172
発見的学習　69
発問　57
発話プロトコル　6
　　──法　6

ハビトス　171
反省的思考　131
反省的実践　131
非協力ゲーム　27
表現のしかた　79
品詞分析法　80, 178
フィードバック行動　79
複合的知識　5, 7
プロセス–プロダクト研究法　6, 79
分解図　108
文脈化された思考　176
ペイオフ　41
平均助走スピード–跳躍距離　83
方法論的合理主義　25
歩幅調整　105
翻訳する思考　119

　　　　　　ま　行

マイクロティーチング　132
マックスミニ戦略　75
マット運動　149
マネージメント　62
見込みのある教師　10, 120, 141
ミニマックス戦略　75
めあて学習　69, 140
面接・インタビュー法　8
目的希求性　54

目的合理性　25
モニタリング　63, 66

　　　　　　や　行

「よい授業」への到達度調査　113
横木幅跳び　65, 108, 142
ヨコの評価　66

　　　　　　ら　行

利得　41
量的研究法　129
理論的知識　4
練習活動の工夫　172
練習の場　91
ロック・イン　63
論理的系統学習　84

　　　　　　欧　文

ALT-PE観察法　6, 176
HJS指標　55
n人ゲームの理論　35, 75
ORRTSPE観察法→体育科における教授戦略観察法
VTR中断法　8

◎著者紹介◎

山口孝治（やまぐち・こうじ）

1967年生まれ。1990年，京都教育大学教育学部卒業。2011年，兵庫教育大学大学院連合学校教育学研究科博士課程修了。学校教育学博士。現在，佛教大学教育学部准教授。
共著に『伝承遊びアラカルト――幼児教育・地域活動・福祉に活かす』（昭和堂，2009年），『絆づくりの遊びの百科――伝承遊びから現代風遊びまで205種』（昭和堂，2012年）がある。

佛教大学研究叢書 31

「学習成果の高い授業」に求められる戦略的思考
――ゲーム理論による「優れた教師」の実践例の分析――

2017（平成29）年2月25日発行　　　　定価：本体7,000円（税別）

著　者	山口孝治	
発行者	佛教大学長　田中典彦	
発行所	佛教大学	
	〒603-8301　京都市北区紫野北花ノ坊町96	
	電話075-491-2141（代表）	
制　作 発　売	株式会社　ミネルヴァ書房	
	〒607-8494　京都市山科区日ノ岡堤谷町1	
	電話075-581-5191（代表）	
印　刷	中村印刷株式会社	
製　本	新生製本株式会社	

Ⓒ Bukkyo University, 2017　ISBN978-4-623-07931-5　C3037

『佛教大学研究叢書』の刊行にあたって

二十一世紀をむかえ、高等教育をめぐる課題は様々な様相を呈してきています。科学技術の急速な発展は、社会のグローバル化、情報化を著しく促進し、日本全体が知的基盤の確立に大きく動き出しています。そのような中、高等教育機関である大学に対し、「大学の使命」を明確に社会に発信していくことが求められています。

本学では、こうした状況や課題に対処すべく、本学の建学の理念を高揚し、学術研究の振興に資するため、顕著な業績をあげた本学有縁の研究者に対する助成事業として、平成十五年四月に「佛教大学学術振興資金」の制度を設けました。本『佛教大学研究叢書』の刊行は、「学術賞の贈呈」と並び、学術振興資金制度による事業の大きな柱となっています。

多年にわたる研究の成果は、研究者個人の功績であることは勿論ですが、同時に本学の貴重な知的財産としてこれを蓄積し活用していく必要があります。また、叢書として刊行することにより、研究成果を社会に発信し、二十一世紀の知的基盤社会を豊かに発展させることに貢献するとともに、大学の知を創出していく取り組みとなるよう、今後も継続してまいります。

佛教大学